U0729167

中国老龄金融发展蓝皮书

（2023 年度）

巴曙松　周　岭　李成林　著

中国商务出版社

·北京·

图书在版编目（CIP）数据

中国老龄金融发展蓝皮书. 2023 年度 / 巴曙松，周岭，李成林著. -- 北京：中国商务出版社，2024. 9.
ISBN 978-7-5103-5240-9

Ⅰ. F832

中国国家版本馆 CIP 数据核字第 20245W4D81 号

中国老龄金融发展蓝皮书（2023 年度）

巴曙松　周　岭　李成林　著

出版发行：中国商务出版社有限公司
地　　址：北京市东城区安定门外大街东后巷 28 号　邮　　编：100710
网　　址：http://www.cctpress.com
联系电话：010—64515150（发行部）　010—64212247（总编室）
　　　　　010—64515164（事业部）　010—64248236（印制部）
责任编辑：云　天
排　　版：北京天逸合文化有限公司
印　　刷：宝蕾元仁浩（天津）印刷有限公司
开　　本：787 毫米×1092 毫米　1/16
印　　张：19. 75　字　　数：273 千字
版　　次：2024 年 9 月第 1 版　印　　次：2024 年 9 月第 1 次印刷
书　　号：ISBN 978-7-5103-5240-9
定　　价：158. 00 元

《中国老龄金融发展蓝皮书（2023 年度）》编写组成员

组　长：巴曙松

北京大学汇丰金融研究院执行院长

中国老年学和老年医学学会副会长

中国老年学和老年医学学会老龄金融分会主任委员

副组长：周　岭

中国老年学和老年医学学会老龄金融分会秘书长

中国老年大学协会团体标准专业委员会副主任

中国老龄事业发展基金会慈孝养老产业促进基金主任

李成林

中国老年学和老年医学学会老龄金融分会副秘书长

四川财经职业学院“银发经济与养老金融”研究中心副主任

组　员（按姓氏拼音排序）：

陈晋元　陈析伽　程之南　董星辰　董雪晗
方　立　龚书豪　何青峰　胡力丹　胡　鹏
黄开怀　吉　猛　姜明舟　姜同园　李博韬
李成林　李妮娜　李　萍　李伊涵　李紫浩
李梓瑜　梁洧铖　林天芬　齐雪莹　秦　杰
秦　怡　裘　遒　热万·托合达尔　司小涵
孙维嘉　唐芷瑄　田圣杰　田相茹　田雨豪
田　震　王鹭妍　汪子杰　汪修平　王梦寒
王　淼　王雅迪　王紫宇　韦嘉敏　魏　源
夏露然　徐佳蕾　徐舒昂　杨麓宁　叶静怡
于晓媛　原宏敏　岳淑媛　曾　好　曾　松
张可欣　张丽娜　张　威　赵浩深　周　澳
朱紫陌

前　言

人口老龄化是人类社会发展的客观趋势，也是当前及今后一段时期我国社会的一个重要特征。有效应对我国人口老龄化，事关国家发展全局、亿万百姓福祉。《人口学词典》将人口老龄化定义为：人口中老年人比重日益上升的现象，尤其是指在已经达到老年状态的人口中，老年人口比重继续提高的过程。这一定义具有两层含义：一是人口老龄化是一个老年人口比重不断提高的动态过程；二是指人口年龄结构已经进入老年型人口状态。从具体表现形式看，人口老龄化可以理解为：在人口生育率降低和人均寿命延长的共同作用下，年轻人口数量逐渐减少、年长人口数量逐渐增加，导致人口总规模在向老年型人口演变或者在老年型人口基础上进一步发展的过程。人口，兼具生产者和消费者的双重属性，是国民经济发展的基础性、长期性、关键性和战略性变量。因此，在人口老龄化趋势的大背景下，人口发展结构的变迁将对经济和社会运行产生深刻的影响，如何有效加以应对是国家制定各种经济与社会政策时必须认真考虑的重要因素。

当前，积极应对人口老龄化已上升为国家战略。经济是肌体，金融是血脉，积极融入国家战略是金融实现高质量发展，不断增强服务实体经济适应性、竞争力和普惠性的首要前提。长寿时代来临，积极应对人口老龄化需要从全生命周期进行一揽子准备，这其中离不开金融的媒介融通作用。2023年10月底，中央金融工作会议明确提出“做好科技金融、绿色金融、普惠金融、养老金融、数字金融五篇大文章”，“养老金融”首次在中央金融工作会议中被正式提出，结合2023年底召开的中央经济工作会议明确“发展银发经济”，我们认为，养老金融是与银发经济相对应的一个概念，是指为积极应对人口老龄化趋势，政府、企业、单位、个人等经济活动主体为推动老龄经济与备老经济的高质量发展而进行的各类金融活动的总和以及相应的制度安排；老龄金融，则是与人口老龄化相对应的一个更具综合性的概念体系，既包括银发经济形态下的各类金融活动和制度安排，也包括金融职能为更好适应人口条件变化，对要素投入、投资消费、公共服务、区域发展等可能产生的综合性影响。当前，我国老龄金融发展无论是在理论上还是在实践上都处于初级阶段，具体表现在：一方面，老龄金融的发展滞后于我国老龄化人口规模大、速度快的趋势特征，“未富先老”“未备先老”的特征突出；另一方面，由于银发客群的需求结构正在从生存型向发展型转变，同时养老服务供给正在致力于构建并完善兜底型、普惠型、多样化养老服务体系，老龄金融在供需两端对市场的深度融合尚有较大差距。在中国老年学和老年医学学会老龄金融分会的指导下，银色经济与老龄金融课题组在2022—2023年先后参加第八届、第九届“中国银色经济与健康财富论坛”，并发布我们在老龄金融领域的阶段性研究成果。《中国老龄金融发展蓝皮书（2023年度）》（以下简称《蓝皮书》），是立足当前政策现状、政策导向以及人口发展趋势，通过总结、更新、归纳和提炼过去两年的阶段性研究成果而形成的一本专著。《蓝皮书》的出版，旨在推动社会各界共同关注，积极参与并深入探索适应我国老龄金融事业的发展道路。

从结构上看，《蓝皮书》围绕“养老金金融”“老龄服务金融”“老龄产业金融”“人口老龄化对金融体系的影响”四方面内容展开。

第一篇是养老金金融，即第一章至第四章内容。第一章，在介绍当前整体人口老龄化趋势和特征的基础上，聚焦养老金替代率这一关键指标构建精算模型，测得基础设定下我国三大支柱综合养老金替代率达 68.70%。第二章，首先介绍我国基本养老金发展水平，之后聚焦城镇职工基本养老金自 2000 年以来的演变趋势，以及 2022 年不同区域养老金替代率的差异，进一步地，引入不同方式计算的基尼系数反映养老金收入不平等程度，并引入泰尔指数对我国城镇职工基本养老保险的收入差距和制度赡养率进行测度。第三章，聚焦个人养老金制度，采用结构方程模型系统分析个人养老金制度参与意愿的影响因素和相关影响机制，发现该制度的参与意愿与居民的年龄段、居住城市、工作状况及家庭金融资产规模紧密相关；认知水平和制度信任对感知有用性和感知易用性会产生显著的正向影响，进而影响参与意愿，而机制建设并非影响参与意愿的显著因素，据此提出未来个人养老金制度建设的可能性建议。第四章，讨论中国居民退休经济准备充分程度，构建了一个精算模型并引入延迟退休政策，以说明特定的社会个体的退休经济准备如何受到延迟退休影响，并分析了延迟退休影响的异质性，发现约 1/3 的个体退休经济准备充分，男性退休经济准备情况好于女性，并且进一步发现延迟退休年数较少时对男性积极效果更大，年数超过七年后对女性积极效果更大，以期为延迟退休政策的制定提供参考。

第二篇是老龄服务金融，即第五章至第八章内容。第五章，利用问卷调查研究居民对老龄金融认知情况、参与情况、参与意愿等，进而分析当前我国老龄服务金融现状。第六章，在厘清我国养老金融产品三个阶段的基础上，梳理了海外主要发达国家或地区的养老金融产品发展状况及其趋势性特征，最后聚焦我国养老金融产品的发展现状、特征以及存在的不足，提供政策建议。第七章，聚焦当前我国养老目标基金的发展现状和市场特征，通过对美国养老目标基金发展的内在特征和现实逻辑探讨，为我国提供参考。第八章内容，聚焦适老化金融产品和服务创新，在老龄化程度加深的背景下，介绍适老化金融服务的海外经验和国内当前的实践情况。

第三篇是老龄产业金融，即第九章至第十三章内容。第九章，创新性地以社会资本参与为视角，从支付、融资和投资三端切入，勾勒出社会资本参与老龄产业投融资体系建设的逻辑框架，并引入社会资本参与老龄产业发展的海外经验进行验证，得出三条启示，即增强养老储备保障、建设多元化的融资渠道、构建高效的投资运营能力。第十章，将案例研究和实证分析相结合，首先，以法、德、日、美四国为例进行多案例研究，总结归纳“拐点”出现的共性特征。其次，聚焦日本养老产业进行单案例研究。最后，选取九个养老产业相关指标进行实证分析，判断中国养老产业发展“拐点”可能出现的窗口期将在2026—2030年。第十一章，以长期护理保险49个试点城市政府公开发布的

57份政策文本为研究对象，构建了长期护理保险筹资政策的量化评价指标体系，发现当前长护险整体合格、部分错配的特点，以及政策有效性与一致性“北高南低”的特点，并针对政策强项和薄弱之处提供有效建议。第十二章，关注“区块链金融+智慧养老”发展路径并设计平台架构图，发现区块链可从需求端和供给端为智慧养老提供支持，并通过时间银行和商业银行提供个性化养老服务的例子分析区块链金融在其中的作用路径。第十三章，关注“医养结合”，通过对美国、日本和英国的“医养结合”模式的发展经验进行分析，以期从金融视角为我国“医养结合”模式的发展提出政策建议。

第四篇是人口老龄化对金融体系的影响，即第十四章和第十五章内容。第十四章，先采用文献综述的方式，在介绍家庭资产配置决策的理论基础之上，对人口老龄化与家庭的金融市场参与的相关研究进行了梳理，最后总结了研究现状和未来研究方向。第十五章，通过高频方法识别外生货币政策冲击，运用局部投影（LP）方法，从商业银行海外资产配置角度解释了人口老龄化对货币政策有效性的影响，并探讨了这种影响在不同区域的异质性。

《蓝皮书》在撰写过程中，得到了中国老年学和老年医学学会老龄金融分会的大力支持，胡鹏、张可欣、董星辰、秦怡、田震、张丽娜、董雪晗、胡力丹、陈析伽、李梓瑜、林天芬、王雅迪、田相茹、王鹭妍、曾松、姜同园、梁洧铖、徐佳蕾和汪修平等19名同学全程参与《蓝皮书》校对和后续修订工作，在此一并表示感谢！值得强调的是，未来课题组将以年度为频率持续发布《蓝皮书》。作为课题组开展研究以来的首期成果，本期《蓝皮书》恐因时间仓促、能力不足，且收集资料不易，难免存在疏漏，希望大家不吝指正。

中国老年学和老年医学学会老龄金融分会
银色经济与老龄金融课题组
2024年5月

第一篇 养老金金融

第二篇　老龄服务金融

第三篇 老龄产业金融

第一篇
养老金金融

第一章　我国养老金体系的替代率测度、评估与展望

本章在阐释当前我国人口老龄化趋势和特征的基础上，首先聚焦养老金替代率这一核心指标，明晰了养老金替代率的定义和衡量，并介绍了部分学术观点。其次在分析我国养老体系的三大支柱各自现状和整体概况的基础上，构建了精算模型并设定了相关数值，对基本养老保险、企业年金、个人养老金替代率进行了测算和评估，测得基础设定下综合替代率达68.70%。最后基于前述分析和测算，针对性提出政策建议并对未来发展进行展望。

一、研究背景及意义

2023年末，国家统计局数据显示我国60岁及以上人口已达到2.9697亿，占全国人口的21.10%，与2022年末相比60岁及以上人口增加了0.1693亿，占总人口比例增加了1.3个百分点。对比2020年第七次全国人口普查数据，60岁及以上人口增加了0.3295亿人，占比增加了2.4个百分点。此前普遍预测，我国将在“十四五”时期末即2025年转入中度老龄化阶段，但显然中度老龄化社会已提前到来。

从整体趋势来看，始于2022年，“60后”队列人口以“波峰”状态进入退休期，我国人口老龄化进程将再一次迎来“加速期”。具体来看，我国人口老龄化呈现出明显的特征：其一，人口老龄化区域差异明显。我国31个省（区、市）中30个省（区、市）均已进入老龄化社会，其中12个省（区、市）已达到中度老龄化社会程度，而在不同区域养老资源供给存在差异的实际情况下，缩小区域养老保障差距是应对人口老龄化的重要内容。

其二，人口老龄化城乡倒置。受乡村劳动力迁移影响[①]，我国乡村老龄化程度明显高于经济水平更为发达的城镇，第七次全国人口普查数据显示乡村老年人口占比达到23.81%，远高于城市老年人口占比15.54%和乡镇老年人口占比16.40%[②]，在人口老龄化程度与经济水平不匹配，即人口老龄化城乡倒置的情况下，促进城乡养老体系均衡发展是应对人口老龄化过程中不可忽视的问题。其三，未富先老。尽管我国经济社会发展水平不断提高，但与发达国家相比，国家和社会的财富积累仍显不足，这直接影响了社会保障体系的完善程度，使得国家在面对老龄化社会时，未能充分准备好相应的保障措施。这种财富积累的不足和社会保障体系的不完善，被视为“未富先老”的主要表现之一。此外，尽管我国当前已逐步建立起多层次、多支柱新型养老保险体系，以及功能完善、规模适度、覆盖城乡的养老服务体系等，但这些体系的建立和完善需要时间和资源的持续投入，而“未富先老”的现象表明，中国在面对老龄化挑战时，经济和社会的财富积累尚未达到能够充分应对老龄化挑战的水平。因此，“未富先老”特征，在一定程度上也体现出老龄化认识有待深化、养老体系尚未完善和物质资源相对不足的“未备先老”特征[③]。

基于以上背景，全面提高养老金替代率水平既是我国整体人口老龄化进程加速的合理措施，也是应对人口老龄化区域差异、城乡倒置、未富先老过程中兼顾效率与公平的必然选择。养老金替代率是劳动者退休时领取的养老金水平和退休前工资收入水平的比值，是衡量退休后的生活质量的重要参考指标[④]。在具体计算时养老金替代率主要有三种口径：第一，目标替代率，是职工退休时养老金与退休前一年收入的比值，关注退休前后收

① 钟睿. 我国人口老龄化城乡倒置的空间转移和规划应对——基于人口流动的视角 [J]. 城市发展研究，2019，26 (2)：24-30.

② 杨涵墨. 中国人口老龄化新趋势及老年人口新特征 [J]. 人口研究，2022，46 (5)：104-116.

③ 施文凯，董克用. 人口老龄化背景下建设中国特色养老金融体系研究 [J]. 中国高校社会科学，2024，(1)：96-104，159.

④ 严成樑. 延迟退休、财政支出结构调整与养老金替代率 [J]. 金融研究，2017 (9)：51-66.

入水平的纵向变化①，也是本章精算模型所采用的计算方式；第二，平均替代率，是全体退休职工人均养老金与在职职工人均工资的比值，关注代际公平性②；第三，交叉替代率，是退休职工个人养老金与在职职工人均工资的比值，关注个人养老金的相对水平③。当前我国替代率整体水平不高，且存在着明显的职业、性别、区域等差异④，学术界对我国养老金替代率展开了广泛的探讨。有学者指出职工平均缴费工资指数对养老金替代率的影响最大，而缴费年限、延迟退休、月平均工资等因素均能对养老金替代率产生影响⑤，同时也有学者发现养老金替代率能够对居民消费⑥等产生影响。但是现有研究对三大支柱养老金的具体测算以及整体替代率情况探究有待进一步拓展，加之个人养老金制度的正式实施后，2024 年 1 月 24 日人力资源和社会保障部进一步明确将积极推进养老保险全国统筹并扩大企业年金覆盖面，有望进一步提高我国养老金替代率水平。因此，有必要构建精算模型对基本养老保险、企业年金、个人养老金的替代率分别进行测算评估，且对综合替代率进行测算，以期为我国养老体系的完善和居民养老准备提供有益参考。

二、我国养老金体系发展现状概述

（一）三支柱体系

随着我国人口老龄化进程的推进，构建何种养老金制度体系成为迫切的议题。2020 年《中共中央关于制定国民经济和社会发展第十四个五年规划和二〇三五年远景目标的建议》明确提出，“发展多层次、多支柱养老保险体系”。结合

① 段迎君. 养老金替代率的储蓄效应及测度——基于 2006—2016 年省级面板数据的实证分析［J］. 经济问题探索，2019（10）：34-43.

② 高建伟，邱菀华. 现收现付制与部分积累制的缴费率模型［J］. 中国管理科学，2002（4）：83-86.

③ 褚福灵. 养老保险金替代率研究［J］. 北京市计划劳动管理干部学院学报，2004（3）：17-21.

④ 张苏，朱媛. 养老金替代率如何适应人口结构变化［J］. 甘肃社会科学，2023（3）：171-180.

⑤ 周延，吴晔鲜. 养老金替代率影响因素及其优化问题研究［J］. 经济体制改革，2017（4）：35-41.

⑥ 刘雯，杭斌. 微观视角下的养老金替代率与居民消费行为［J］. 经济理论与经济管理，2016（11）：27-36.

我国当前发展实际来看，初步形成了由三大支柱构成的养老金体系。

1. 基本养老保险

2023 年末，全国参加基本养老保险人数达 106643 万，比上年末增加了 1336 万人，全年基本养老保险基金收入 76175. 40 亿元、基金支出 68213. 80 亿元。近 5 年基本养老保险参保人数如图 1-1 所示。

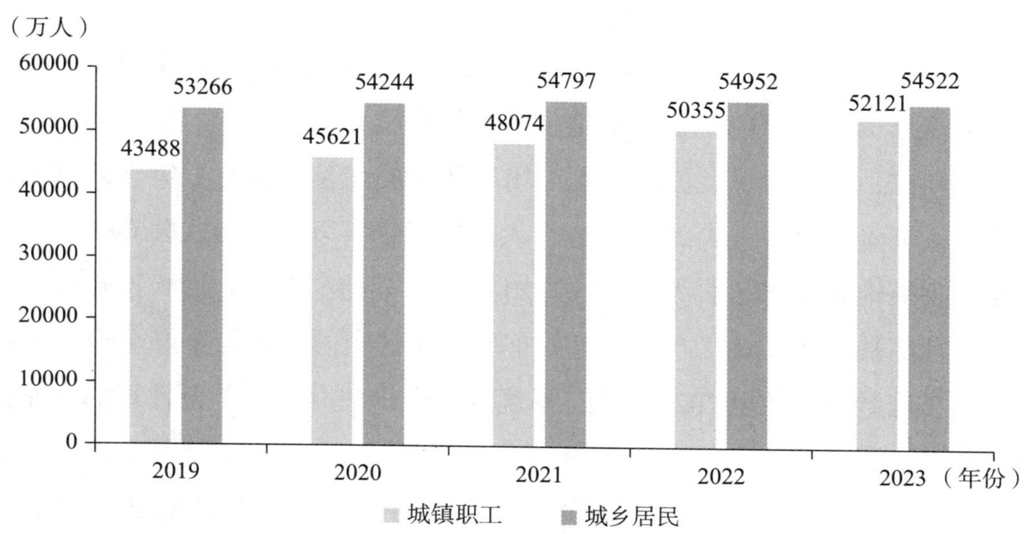

图 1-1　2019—2023 年基本养老保险参保人数

从参与构成来看，2023 年末，全国参加城镇职工基本养老保险人数达 52121 万，比上年末增加了 1766 万人。全国城乡居民基本养老保险人数为 54522 万，比上年末减少了 430 万人。从基金收支看，城镇职工基本养老保险基金收入 70115. 40 亿元、基金支出 63594. 80 亿元。而城乡居民基本养老保险基金收入 6060. 00 亿元、基金支出 4619. 00 亿元。

2. 企业年金

我国的年金体制起源于 1991 年，《国务院关于企业职工养老保险制度改革的决定》首次提倡企业建立补充养老保险，指出发展中国家养老保险制度的核心目标是建立多样化的养老保险制度。2000 年末，国务院发布《关于完善城镇社会保障体系的试点方案》，在辽宁省、吉林省、黑龙江省等地区陆续开展社会保障体系试点工作，指出企业年金补充养老保险需要改进，并把企业补充养老保险改名为“企业年金”。2004 年,《企业年金试行办法》《企业年金基金管理试行办法》颁布，为年金的实际运营提供了准则，确定了企业年金的设立为自愿参保性质。2005 年首批年金管理机构名单公布，2006 年下半年起，企业年金开始投入市场化运作。至此，我国企业年金市场化运作时代正式拉开帷幕。随后,《国务院办公厅关于印发机关事业单位职业年金办法的通知》《关于印发职业年金基金管理暂行办法的通知》于 2015 年和 2016 年相继颁布，职业年金正式出台，成为年金行业的又一动力源，年金作为养老金第二支柱的地位不断筑牢强化。

多年来，随着宏观经济和资本市场不断发展完善，养老金年金的市场化运作也逐渐走向成熟。从 2008 年起，人社部每半年以厅函形式公布企业年金基金管理机构业务情况季度数据；从 2012 年底开始，以专刊形式按年度和季度在人社部基金监管局官方网页上公布。根据《全国企业年金基金业务数据摘要》披露数据，截至 2023 年第三季度末，全国建立企业年金计划的企业共 138709 个，覆盖职工人数达 3102. 95 万，累积基金 31159. 00 亿元。建立年金计划 1884 个，其中单一计划 1807 个、集合计划 58 个、其他计划 19 个。投资资产净值 30902. 31 亿元，建立组合数 5541 个。2023 年第三季度投资收益 −78. 38 亿元。2007—2022 年全国企业年金基本情况如图 1−2 所示。

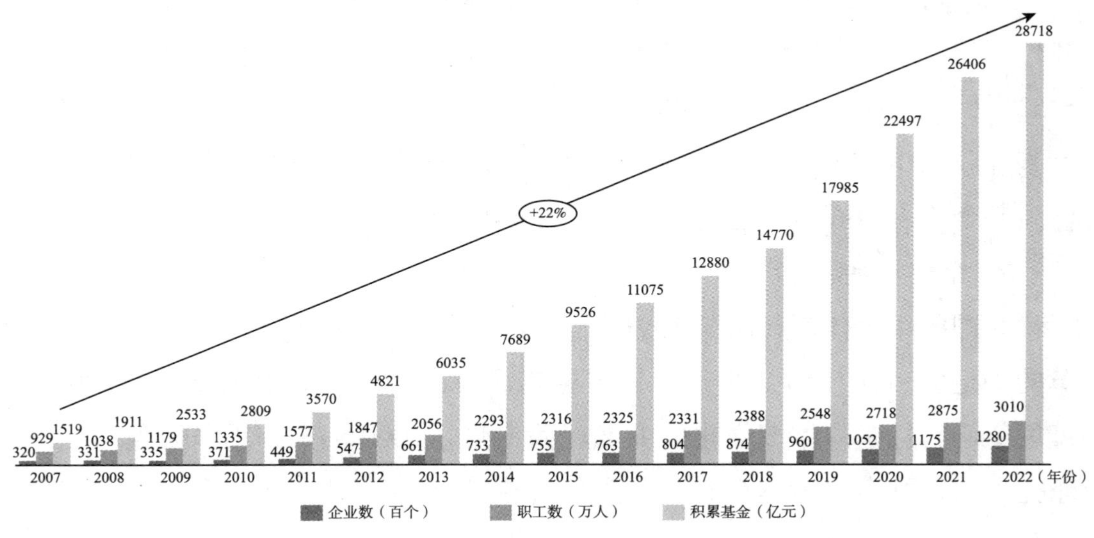

图 1−2　2007—2022 年全国企业年金基本情况

与基本养老金相比，年金的投资运营模式更具市场化，但整体投资收益仍有较大提升空间。自2006年逐步开展市场化运作以来，企业年金投资品种日益丰富，累计结存规模不断加大，截至2022年末，企业年金规模2.83万亿元，2007年至2022年平均收益率达6.96%，其中2022年加权平均收益率-1.83%。

3. 个人养老金

随着我国进入长寿时代，个人养老金制度设计的重要性凸显。近年来，中国在养老金领域进行了一系列探索和改革。其中，2018年4月发布《关于开展个人税收递延型商业养老保险试点的通知》，针对个人养老金改革进行初步尝试。2022年4月，国务院进一步发布《关于推动个人养老金发展的意见》(以下简称《意见》)，明确第三支柱采取账户制运行模式，并提供相应的税收优惠政策以吸引投资者。这一政策的制定，标志着我国已初步构建起以基本养老保险为基础、以企业（职业）年金为补充、与个人储蓄性养老保险和商业养老保险相衔接的“三支柱”养老保险体系。随后，11月，人力资源和社会保障部、财政部、国家税务总局、银保监会、证监会五部门联合发布《个人养老金实施办法》，对个人养老金参加流程、资金账户管理、机构与产品管理、信息披露、监督管理等方面做出具体规定，至此，个人养老金制度的顶层设计确立。

由于我国第三支柱发展相对较晚，参与率、购买率较为有限。截至2023年6月底，参与人数由2022年底的1954万升至4030万，参与率有所提升；但实际购买率仍相对偏低，根据麦肯锡2023年发布的《中国养老金调研报告》，实际购买率仅为8%。据调查，个人养老金产品收益率不确定性和资产低流动性是投资者担忧的主要问题。实际上，个人养老金得益于“长钱长跑”，能够进行长周期资产配置，避免市场短期波动对净值的影响，从生命周期角度来看，更大概率能够确保稳健收益。

（二）主要特点

1. 养老金保障体系发展极度不均衡

随着我国第二波婴儿潮的人口集中变老，我国正在迎来年均增长超 1100 多万人、持续至 2035 年的第二波老年人口增长高峰。在此背景下，我国养老金体系发展不均衡、保障水平待提升等问题日渐凸显，突出表现在：第一支柱“一枝独大”，第二支柱发展覆盖率低，第三支柱尚处于起步阶段。

基本养老金收支平衡压力日渐凸显。以城镇职工基本养老保险制度为例，人口老龄化推高制度赡养率（养老金领取者和缴费者之比），影响社会统筹部分的财务可持续性，同时预期寿命延长，也使得基本养老金的收支资金缺口越来越大。

企业年金覆盖范围小，挖潜空间大。在海外养老保障体系发展充分的国家中，第二支柱的企业年金是各国最为重要的养老支撑，经济合作与发展组织（Organization for Economic Co-operation and Development，OECD）国家的企业年金整体覆盖率接近 60%。对比来看，截至 2022 年末，我国共有 12.80 万个企业建立企业年金计划，覆盖参保职工 3010.29 万人，仅占全国城镇就业人口的 6.55%。企业年金制度是我国养老保险体系的重要组成部分，大力发展企业年金能够有效地改善养老保障水平，进而缓解政府在养老保障支出方面的财政压力。2021 年我国与美国养老金结构对比见表 1-1。

表 1-1　2021 年我国与美国养老金结构对比

	指标	第一支柱	第二支柱	第三支柱	合计
中国	规模（万亿元）	6.4	4.4	≈0	10.8
	占养老金比重（%）	59.3	40.7	≈0	100
	占 GDP 比重（%）	5.6	3.8	≈0	9.4
美国	规模（万亿美元）	2.5	23.0	13.9	39.4
	占养老金比重（%）	6.3	58.4	35.3	100
	占 GDP 比重（%）	10.7	98.6	59.6	168.9

数据来源：13 个精算师。

2. 企业年金的区域发展差异较大，长期资金优势尚未得到较好发挥

以资金运用市场化程度作为划分标准来看，我国企业年金市场化改革可以分为三个阶段。第一阶段为初步建立期（2000—2003年）。此时国内企业年金制度处于试点探索过程，资金完全由主管部门统筹管理运营，处于计划管理的阶段。第二阶段为转型试验期（2004—2006年）。这个阶段虽然时间较短，但却是我国企业年金市场转型的关键时期，《企业年金试行办法》和《企业年金基金管理试行办法》相继颁布实施后，企业年金市场开始逐步向市场化运营转轨。第三阶段为成熟发展期（2007年至今）。这个时期企业年金市场真正进入市场化的投资运营阶段，随着参与的企业数量和人数、资金规模呈现出较快增长，我国企业年金市场逐步进入发展快车道。

从参与现状来看，当前企业年金还存在较大发展空间。其一，整体参与水平不高。从海外实践来看，我国企业年金的参与率与其他国家相比存在显著差距。相关数据显示，OECD国家的企业年金整体覆盖率接近60%，欧洲65岁及以上老人的收入中，企业年金占据主要地位；同时，在养老保障体系发展充分的国家中，第二支柱的企业年金成为各国最为重要的养老支撑。而聚焦我国，近年来企业年金规模增长乏力，2017年至2022年企业年金覆盖人群规模年均复合增速约为8%，其中2022年增长率仅为4.70%，且参保职工覆盖率低，对比全国城镇就业人口数据，占比仅为6.55%。企业承担的职工基本养老保险缴费率较高，同时设立企业年金的规范约束较多，且会增加企业运营的额外成本，导致企业年金的市场参与主体存在明显分化，这必然导致企业年金覆盖率低。

其二，参与地区间结构失衡。一方面，不同区域间参与情况失衡。东部地区（含沿海省、市）参与企业年金的数量和职工人数方面大幅领先，各地平均企业和职工的账户数分别是4364个、588470人，依次是排名第二的中部地区的2.1倍、1.1倍；相较而言，处于振兴中的东北地区和开发中的西部地区的企业和职工参与企业年金还有较大提升空间。另一方面，各

个区域内参与情况失衡。以发展最快的东部沿海地区为例，除海南省和宁波市外，各个备案地建立企业年金计划的企业户数均在 1000 以上，但具体实施进度差异较大，比如厦门地区的参与企业数量是河北省的 7 倍，但企业及个人账户平均金额均大幅低于河北省，类似的差异在西部地区同样存在。究其原因，可能与设立企业年金计划的企业中，国有企业占比较高的现象有关。根据人社部披露数据显示，2019 年中央企业年金资产占年金资产总额的 56.39%，其他企业集中在东部等经济发达地区，呈现出设立整体上年金企业数多、职工覆盖率高、账户平均金额差异较大的特点。据此可知，经济发达省（区、市）和欠发达省（区、市）企业年金发展状况差异较大，区域性发展特征显著。2022 年我国不同区域之间的企业年金参与情况见表 1-2。

表 1-2　2022 年我国不同区域之间的企业年金参与情况

地区	备案地	账户数量		账户金额		
		企业（个）	职工（人）	企业平均（万元）	职工平均（万元）	总计（万元）
东北地区	内蒙古	1292	303559	1771.45	7.54	2288710.19
	黑龙江	1418	198332	1010.23	7.22	1432505.25
	辽宁	2001	328432	1228.49	7.48	2458200.62
	吉林	842	140263	1692.50	10.16	1425087.20
	大连	1539	90336	331.49	5.65	510170.54
合计	5	7092	1060922	1144.20	7.65	8114673.80
中部地区	山西	1724	737868	3252.90	7.60	5607998.00
	河南	2173	695995	1793.97	5.60	3898292.57
	湖北	1985	403289	2044.82	10.06	4058976.60
	湖南	1524	356362	2071.90	8.86	3157582.04
	江西	1937	315617	1282.53	7.87	2484264.68
	安徽	2889	635550	1795.08	8.16	5185996.29
合计	6	12232	3144681	1994.20	7.76	24393110.18

续表

地区	备案地	账户数量		账户金额		
		企业（个）	职工（人）	企业平均（万元）	职工平均（万元）	总计（万元）
西部地区	重庆	1576	290516	1158.85	6.29	1826340.69
	四川	3321	579782	1515.64	8.68	5033442.24
	广西	4011	306533	437.52	5.72	1754887.13
	贵州	1271	264866	1828.92	8.78	2324552.85
	云南	2163	346157	1460.75	9.13	3159611.48
	陕西	1810	626655	2923.45	8.44	5291442.24
	甘肃	1018	251911	1979.55	8.00	2015182.49
	青海	348	78000	1588.76	7.09	552887.12
	宁夏	565	51623	898.04	9.83	507392.85
	西藏	41	17436	3737.60	8.79	153241.67
	新疆	1872	203061	857.63	7.91	1605475.62
合计	11	17996	3016540	1346.10	8.03	24224456.38
东部地区	北京	5565	905213	1976.86	12.15	11001221.31
	天津	1945	256970	988.70	7.48	1923026.71
	河北	1476	441650	2176.06	7.27	3211860.78
	山东	4504	1015495	1563.44	6.93	7041715.26
	江苏	5413	735916	1420.85	10.45	7691047.44
	浙江	4980	632363	1249.24	9.84	6221220.84
	福建	3026	414908	1564.42	11.41	4733927.58
	广东	6113	934046	1281.06	8.38	7831110.95
	海南	442	48807	719.60	6.52	318063.14
	上海	11079	1540653	1089.84	7.84	12074319.43
	宁波	565	76732	679.97	5.01	384181.15
	厦门	10760	232722	99.21	4.59	1067511.47
	青岛	2710	148992	270.81	4.93	733907.77
	深圳	2521	854114	1768.93	5.22	4459461.48
合计	14	61099	8238581	1124.28	8.34	68692575.31

数据来源：人社部官网。

从运营投资现状来看，管理机构向头部集中。《企业年金基金管理办法》

（人力资源社会保障部令第11号）规定了企业年金主要由五类主体参与：委托人、受托人、账户管理人、托管人以及投资管理人。人社部2022年《全国企业年金基金业务数据摘要》显示，具备企业年金管理资格的受托人13家、账户管理人18家、托管人10家、投资管理人22家。具备受托人资格的机构包括养老金管理公司（7家）、商业银行（4家）和信托公司（2家）。具备账户管理人资格的机构包括商业银行（9家）、养老金管理公司（8家）和信托公司（1家）。具备托管人资格的机构全部为商业银行（10家）。具备投资管理人资格的机构包括基金公司（11家）、养老金管理公司（7家）、证券公司（2家）、券商资管子公司（1家）和保险资管子公司（1家）。入围公司往往具有资金雄厚、经营稳定、占有相当体量市场份额的特点。这类公司对企业年金计划有比较深入、全面的认识，因此通常会更积极、主动地参与企业年金计划的资金运用和管理，这一主体特征对企业年金计划的管理和运营模式产生了重要影响。长期以来，国内企业年金计划设立模式主要以单一计划为主，而且近年来这种趋势还在进一步加强。截至2022年末，我国企业年金市场中单一计划型共有1783家，占国内企业年金市场总量的95.86%，其中在单一计划型中法人受托模式占比更是高达94.50%。

目前我国企业年金的投资收益受权益组合的影响比较大（见表1-3），这既表明在当前利率市场环境下寻求适当风险收益特征的资产面临较大缺口，也表明当前在整个企业年金的市场化运作中，长期资金优势尚未得到较好发挥。

表1-3 企业年金的投资收益率受权益组合影响较大

年份	整体收益率（%）	含权组合收益率（%）	固收组合收益率（%）
2018	3.01	2.54	5.12
2019	8.29	8.89	5.67
2020	10.30	11.28	5.30

续表

年份	整体收益率（%）	含权组合收益率（%）	固收组合收益率（%）
2021	5.33	5.46	4.52
2022	−1.83	−2.39	2.40

3. 个人养老金业务“开户热、缴存冷”现象严重

截至2023年6月，全国36个试行城市有4030万人开通了个人养老金账户，参保率达到了23%。开户人数与2022年底的1954万人相比，暴涨超100%。而与个人养老金开户的火爆相比，个人养老金账户缴存情况则显得相对冷淡，仅900万人左右进行了缴存，约占开立账户的22%，且投资人数仅占缴存人数的62%，缴存总金额为182亿元，人均仅2000元左右，远低于缴存上限12000元。《2022年中国家庭财富变动趋势——中国家庭财富指数调研年度报告》的数据也能印证这一现象：初次接触个人养老金的居民中仅有不到20%的人考虑开通个人养老金账户，超过34%的居民明确表示不考虑开通该账户；而在开通的账户中，存入金额在0.01元至100元区间的占比为20%左右，1万元至1.2万元区间的占比不足7%[①]。

作为实现养老保障体系均衡发展、增强养老金储备的重要突破口，个人养老金制度正式落地以来，参与人数不断增长，相关产品持续扩容，但居民观望情绪较为浓厚，导致“开户热、缴存冷”的问题明显。主要原因有三点：一是缴费环节，一部分群体因收入水平相对较低而无法享受税收优惠，参保缴费动力不足；二是投资环节，当前产品运作状态、收益情况等信息透明度不高，投资期限过长，以及一定的从众心理，影响投资意愿；三是领取环节，尚需缴纳3%税费，对非纳税人群缺乏吸引力。“养老金融”作为中央金融工作会议明确的“五篇大文章”之一，是未来金融发展的重要领域，而如何提高个人养老金制度的运作效率是其重要研究议题，因此，解决“开户热、缴存冷”问题也是关注重点。

① 巴曙松，热万·托合达尔，齐雪莹，等. 个人养老金制度参与意愿的影响因素分析——基于结构方程模型［J］. 社会保障研究，2024（1）：3-17.

三、养老金替代率测度与评估

（一）城镇职工基本养老保险的替代率测度

养老金替代率是衡量劳动者退休前后生活保障水平差异的基本指标之一，以“某年度新退休人员的平均养老金”除以“同一年度在职职工的平均工资收入”来测度。通常情况下，退休人员的养老金收入是总体性的概念，即退休后的总体收入水平，既包括基本养老金，也包括企业年金和其他商业保险金。然而，我国养老金三支柱体系极不平衡，第一支柱的基本养老金“一枝独大”现象尤为突出，而第二、第三支柱发展较为缓慢，因此我国人口老龄化程度持续加深，养老金收支缺口压力也日益加大。在此背景下，以城镇职工为研究样本，测算基本养老金的替代率具有较强的现实意义。

数据显示，过去 10 年，我国城镇职工的基本养老金替代率[①]整体水平在 40%左右，而到 2022 年，这一指标下降为 37. 94%。从 OECD 国家的发展历程看，单一的公共养老金降低是经济进步、社会养老体系日益完善的重要特征，当前 OECD 国家的公共养老金体系也维持在 40%左右。但考虑到我国养老金体系的差异化结构，我国基本养老金替代率偏低，这将严重掣肘老年人口养老生活中的财务韧性。

从区域层面看，我国不同省（区、市）的基本养老金替代率水平呈现明显的差异化特征。横向来看，经济发展程度是影响基本养老金替代率的重要因素。北京市、上海市、广东省等发达地区的基本养老金替代率相对较低，这一趋势特征与多层次的养老保障体系相关，例如这类地区的企业员工更多会参与第二支柱和第三支柱的养老储备，从而实现整体替代率的上升。而相对不发达的地区（如西藏、新疆、青海等）的养老金替代率都超过了 50%。纵向来看，养老金替代率的变迁具有显著的梯度特征。过去

① 城镇职工的基本养老保险替代率＝离退休人员平均养老金收入÷城镇单位就业人员平均工资

10 年，我国养老金替代率水平整体处于下降周期，其中东部地区的养老金替代率下降趋势较为明显，其次是中部和西部地区。近 10 年城镇单位职工基本养老金替代率趋势如图 1-3 所示。

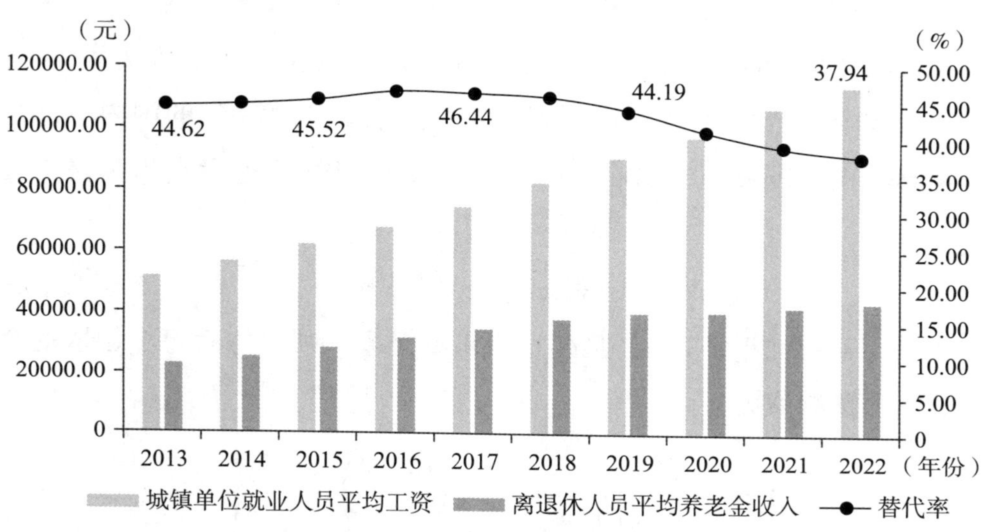

图 1-3 2013—2022 年城镇单位职工基本养老金替代率趋势

（二）企业年金的替代率评估

1. 精算模型构建

（1）前提假设

企业年金替代率精算平衡模型是依据企业年金基金收支平衡模型而构建的，受到制度的内生变量与外生变量共同影响，本章为简化研究，暂时不考虑部分外生变量对模型的影响。

建构替代率精算平衡模型的前提假设：企业年金缴费和领取均按年度进行；以定额生存年金为企业年金的支付方式；不考虑参加企业年金的员工诸如升学、参军等因素而非正常退出制度的情形；不考虑企业年金基金实际运营管理成本。

（2）模型构建

接下来，本章设定年金缴纳理论模型，并使用其预测年金替代率。模型设定如下：

$$\widehat{D} = \sum_{i=a+1}^{b} [R_{cpay} \times Wage_i \times (1+y)^{b-i}] \quad (1-1)$$

式中，$\widehat{D}$ 表示累计缴费总额在退休年初时的终值的预测值，y 为企业年金加权平均投资收益率，$Wage_i$ 为第 i 年名义工资，R_{cpay} 为企业年金缴费率，a 为职工参加工作的起始年份，b 为职工退休年份，g_{GDP_i} 为第 i 年的国内生产总值（Gross Domestic Product，GDP）增速，本章将 GDP 增速设定为名义工资增长率：

$$Wage_i = Wage_{i-1} \times (1 + g_{GDP\_i}) \quad (1-2)$$

假设职工死亡年份为 n，且死亡当年不提取，则退休后每年领取的企业年金数额的预测值为：

$$\widehat{A} = \widehat{D} / \sum_{i=b+1}^{n} \frac{1}{(1+y)^{i-b}} = \frac{\widehat{D} \cdot r \cdot (1+y)^{n-b}}{(1+y)^{n-b} - 1} \quad (1-3)$$

年金替代率的预测值为：

$$\widehat{f} = \frac{\widehat{A}}{Wage_{b\_1}} \quad (1-4)$$

模型现金流量如图 1-4 所示。

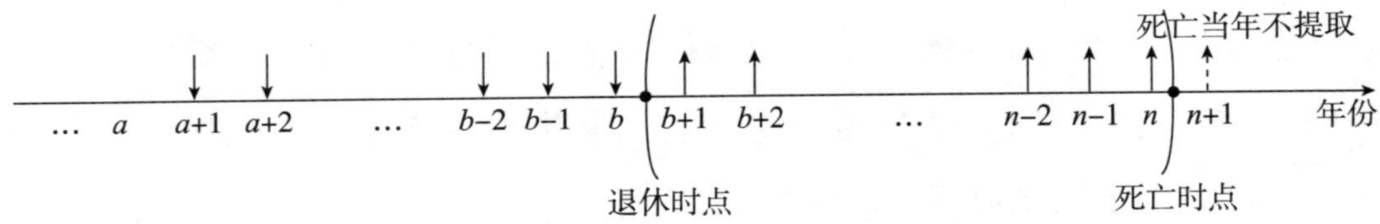

图 1-4　模型现金流量

2. 参数设定

（1）参与企业年金计划的年龄及退休年龄

假设所有职工 2024 年开始缴纳企业年金，缴纳至 2050 年，退休后领取 20 年退休金。

（2）名义工资的理论数据

考虑到未来企业年金向国有单位外更多企业类型普及，以预测的“城镇在岗职工年平均工资”作为企业年金名义工资，名义工资增长率为4%。

（3）企业年金基金投资收益率

假设未来企业年金加权平均投资收益率的均值为5%。

（4）年金缴费率

整体上，假设企业年金缴费率与当前保持一致。在企业年金计划的实际运行中大多数企业把企业缴费率控制在5%以内，个人缴费率控制在4%以内，本章测算时分别选取缴费率为6%、7%、8%和9%四种情况进行分析。

3. 保障水平精算结果分析

从理论模型分析结果来看，设定2024年开始企业年金计划，缴费期限至2050年初结束，年金缴费率为6%、7%、8%、9%对应的年金替代率位于14.76%和22.14%之间。普及企业年金并提高缴费率对提高年金替代率有明显作用。保障水平精算结果见表1-4。

表1-4　保障水平精算结果

缴费费率（%）	理论替代率（%）
9	22.14
8	19.68
7	17.22
6	14.76

从以上模型设定和初步测算结果可以看出，在计算年金替代率的过程中，有投资收益率和年金缴费率两个关键变量，其具体水平的设定对结果影响较大。为更全面直观地了解投资收益率和年金缴费率对未来保障水平的影响，我们进一步进行变量敏感度测算。由于《企业年金办法》规定企业缴费每年不超过本企业职工工资总额的8%。企业和职工个人缴费合计不超过本企业职工工资总额的12%，因此，设定年金缴费率6%～12%。参考

历史实际年金投资收益率，取投资收益率变量4%～7%，分别计算每组设定下的年金替代率水平，汇总结果见表1–5。

表1–5 替代率敏感度测算

缴费率（%）＼替代率（%）＼收益率（%）	4.00	4.50	5.00	5.50	6.00	6.50	7.00
6.00	11.92	13.26	14.76	16.43	18.29	20.37	22.68
7.00	13.91	15.48	17.22	19.17	21.34	23.76	26.46
8.00	15.89	17.69	19.68	21.91	24.39	27.16	30.24
9.00	17.88	19.90	22.14	24.65	27.44	30.55	34.02
10.00	19.87	22.11	24.60	27.39	30.49	33.94	37.80
11.00	21.85	24.32	27.06	30.12	33.54	37.34	41.58
12.00	23.84	26.53	29.52	32.86	36.58	40.73	45.36

可以看出，在现有模型的假设下，如果企业年金缴费率能够达到9%以上，只要年金投资收益率达到5%，退休后企业年金提供的替代率将稳定在20%以上，起到较好的退休后保障水平。

（三）个人养老金制度参与的替代率评估

1. 模型设定

本章引入个人养老金精算模型，对个人养老金规模及替代率进行估算，并依据生命周期模型，将时间区分为工作期和退休期。具体而言，在工作期，个人按特定比例缴纳个人养老金（以每月12000元为上限），在退休期，个人按照个人养老账户规模提取养老金。此外，《个人养老金实施方法》规定个人可以按月分次或一次性领取个人养老金，本章关注替代率测算，故假定个人按月提取。个人养老金规模的精算模型设定如下。

在工作期个人按特定比例缴纳个人养老金。个人参与工作的初始工资为 W_1，工资年增长率为 g，则工作第 t 年时工资收入 $W_t = W_1 \times (1+g)^{t-1}$。

个人从参加工作的第 t 年末发工资后开始缴存个人养老金，缴存比例为 α，依据缴存上限为 12000 的规定，第 t 年缴存的金额 $A_t = \begin{cases} \alpha \times W_t, & \alpha \times W_t < 12000 \\ 12000, & \alpha \times W_t \geq 12000 \end{cases}$，个人养老金年收益率为 r，并且以复利形式增长。个人在缴存 T 年后当年累计的个人养老金规模为 S_T。

个人参加工作年龄为 M，对应初始工资 W_1，开始缴存个人养老金年龄为 N，则工资增长期数 $t-1=N-M$，对应工资 $W_t = W_1 \times (1+g)^{t-1}$，退休年龄为 L，对应工资 $W_L = W_1 \times (1+g)^{L-N}$，缴存年数 $T=L-N+1$（退休当年底也缴存）。则退休时累计的个人养老金账户规模为：

$$S_T = \sum_{i=1}^{T} A_{N-M+i} \times (1+r)^{T-i} \tag{1-5}$$

在退休期个人不再缴纳个人养老金，并按照个人养老账户规模提取养老金直至死亡，死亡年龄为 D。退休后养老金领取水平固定为每年 X，领取年数 $Y=D-L-1$（死亡当年不提取）。则未来养老金领取的总现值 C 为：

$$C_Y = \sum_{i=1}^{Y} \frac{X}{(1+r)^i} \tag{1-6}$$

根据精算原理 $S_N = A_{D-(M+N)}$，解出 X 的值。

ρ 是退休后养老金领取水平与最后一期工资的比率，是评估个人在退休后个人养老金替代率的关键指标。ρ 计算公式如下：

$$\rho = \frac{X}{W_L} \tag{1-7}$$

2. 场景探讨

接下来，我们基于两种场景进行探讨：其一，基于基础场景，设定数值作为基础分析；其二，基于个性场景，即对基础场景数值进行调整。具体而言，考虑到个人对于选择开始缴纳个人养老金的年龄存在差异，故调整设置多个开始缴纳年龄且分别测算个人养老金替代率，以考查年龄因素对个人养老金替代率的影响；考虑到延迟退休对个人工作年龄和领取养老金时间的影响，故调整设置多个退休年龄，以考查延迟退休年限对个人养老金替代率的影响；由于我国男性和女性的退休年龄存在差异，且预期寿命也有明显不同，故依据性别差异对退休年龄和死亡年龄进行调整设置，以考查性别对个人养老金制度替代率的影响。

（1）基础场景

其一，基础场景测算。结合我国发展实际、近年经济数据以及《个人养老金实施办法》等相关政策规定，对模型中涉及的数值做表 1-6 设定。

表 1-6　模型基础设定

指标	符号	数值	说明
社会平均工资（元）	W	114029	参考 2022 年城镇单位就业人员平均工资
参加工作年龄	M	22	2001 年至 2020 年，全国劳动力人口的平均受教育年限从 8.4 年上升到了 10.7 年，且高等院校毕业年龄一般为 22 岁
缴存个人养老金年龄	N	39	全国劳动力人口的平均年龄从 35.3 岁上升到了 39 岁
退休年龄	L	65	对当前 25 岁人群未来退休年龄估计
预期寿命	D	78	2020 年我国平均预期寿命为 77.93 岁
工资增长率（%）	g	4	2013 年至 2021 年，我国 GDP 年均增长 6.6%
个人养老金投资收益率（%）	r	5	参考 10 年期国债收益率、全国社会保障基金年均投资收益率、沪深 300 指数收益率
个人养老金缴费率（%）	α	10	参照《个人养老金实施办法》，并且设置每年个人养老金缴费上限 12000 元

基于上述参数设定，以投资者的年工资收入作为横坐标，以个人养老金替代率作为纵坐标，作图分析，结果如图 1-5 所示。发现随着个人投资者年工资收入的提升，个人养老金替代率逐渐下降，且斜率逐渐偏缓。斜率的变化主要源于不同投资者随着收入的增长，按缴存比例 10%计算达到缴存上限的时间有所区别，对于较高收入群体而言，按缴存金额上限缴纳使得收入边际变化对于个人养老金替代率变化的影响减弱。W 为社会平均工资 114029 元/年时，个人养老金替代率为 12.02%。

其二，收益率差异。对收益率进行调整，设置为 3%、4%、5%（基础场景），并分别计算不同收益率下养老金替代率，作图分析，结果如图 1-6 所示。

单位：元

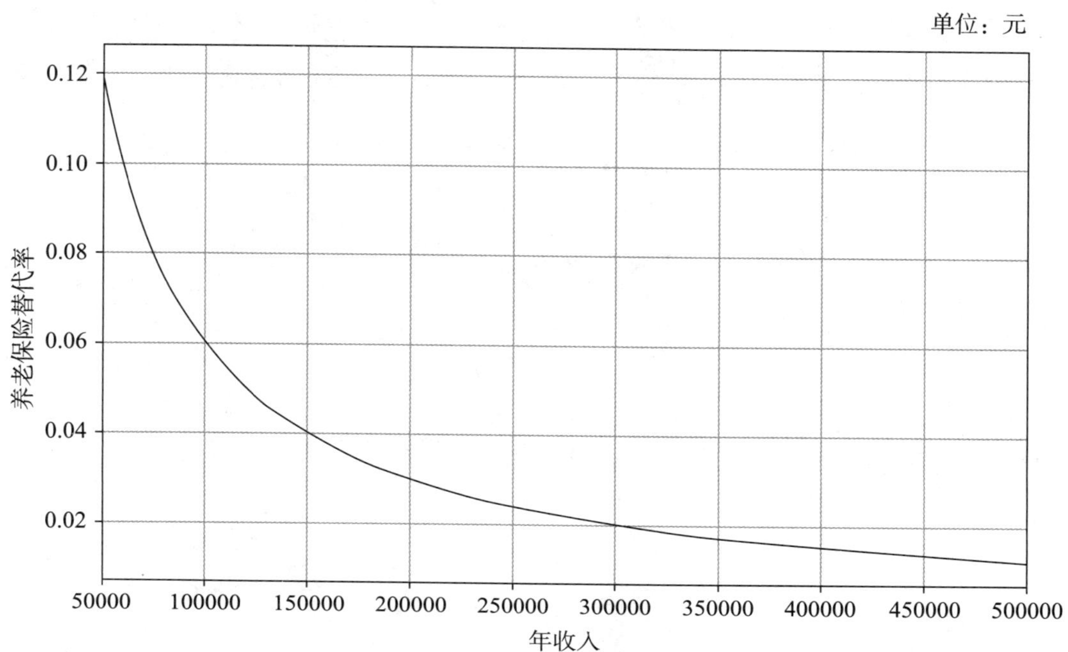

图 1-5　基础场景个人养老金替代率

单位：元

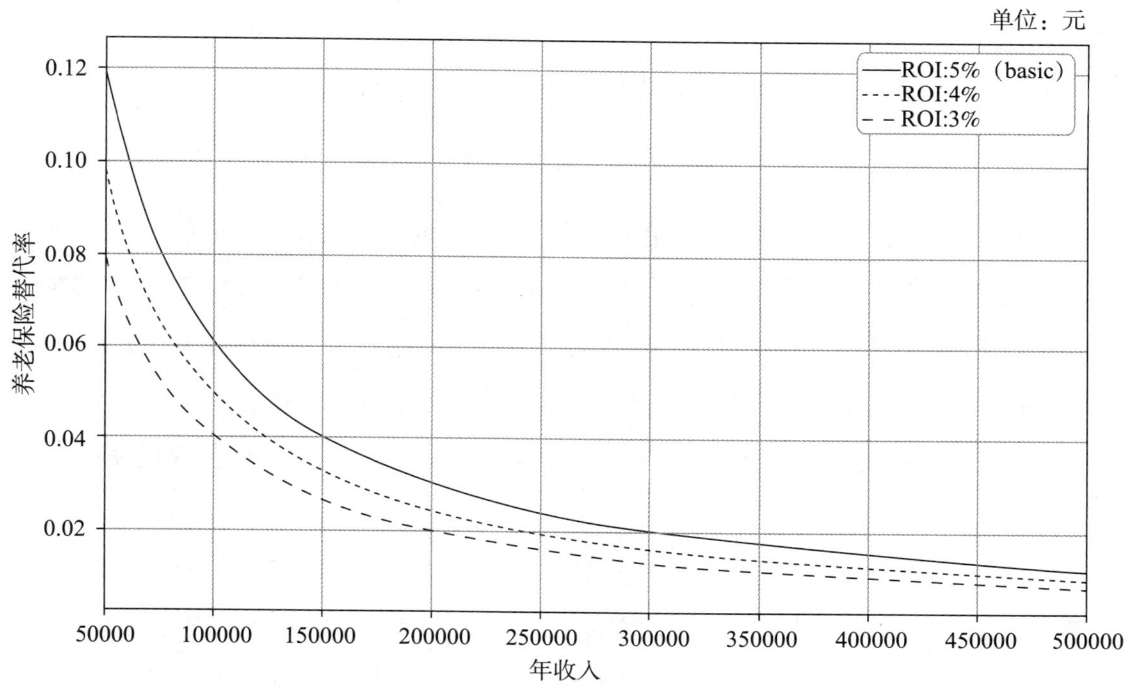

图 1-6　不同收益率的个人养老金替代率模型

W 为社会平均工资 114029 元/年时，收益率 3%、4%、5%分别对应 7.97%、9.78%、12.02%的个人养老金替代率，表明随着收益率提升，个人养老金替代率也随之提升，如图 1-7 所示。

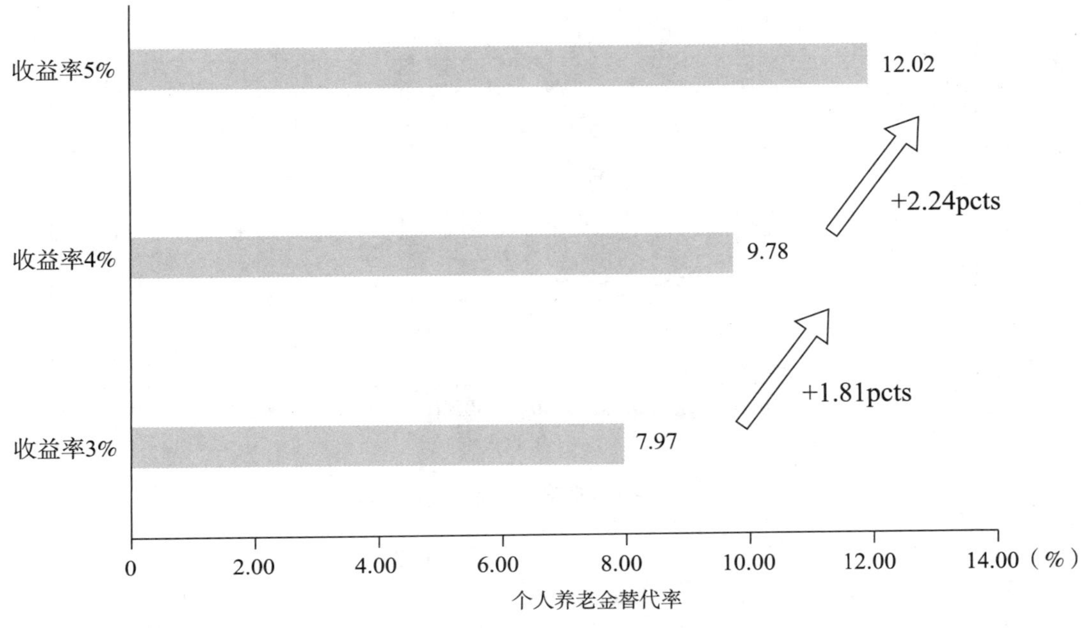

图 1-7　不同收益率个人养老金替代率

（2）个性场景

其一，开始缴纳个人养老金年龄差异。根据开始缴纳养老金的年龄不同，对缴存个人养老金年龄进行调整，分别设置为缴纳年龄为 22 岁（参加工作即开始缴纳，退休时缴纳 43 年）、30 岁（退休时缴纳 35 年）、35 岁（退休时缴纳 30 年）、39 岁（基础场景，退休时缴纳 26 年）、45 岁（退休时缴纳 20 年）、50 岁（退休时缴纳 15 年），并分别计算养老金替代率，作图分析，结果如图 1-8 所示。

W 为社会平均工资 114029 元/年时，缴纳 35 年、缴纳 30 年、缴纳 26 年、缴纳 20 年、缴纳 15 年分别对应 21.07%、15.56%、12.02%、7.85%、5.20%的个人养老金替代率，表明越早进行个人养老金缴存，个人养老金替代率越高，如图 1-9 所示。

单位：元

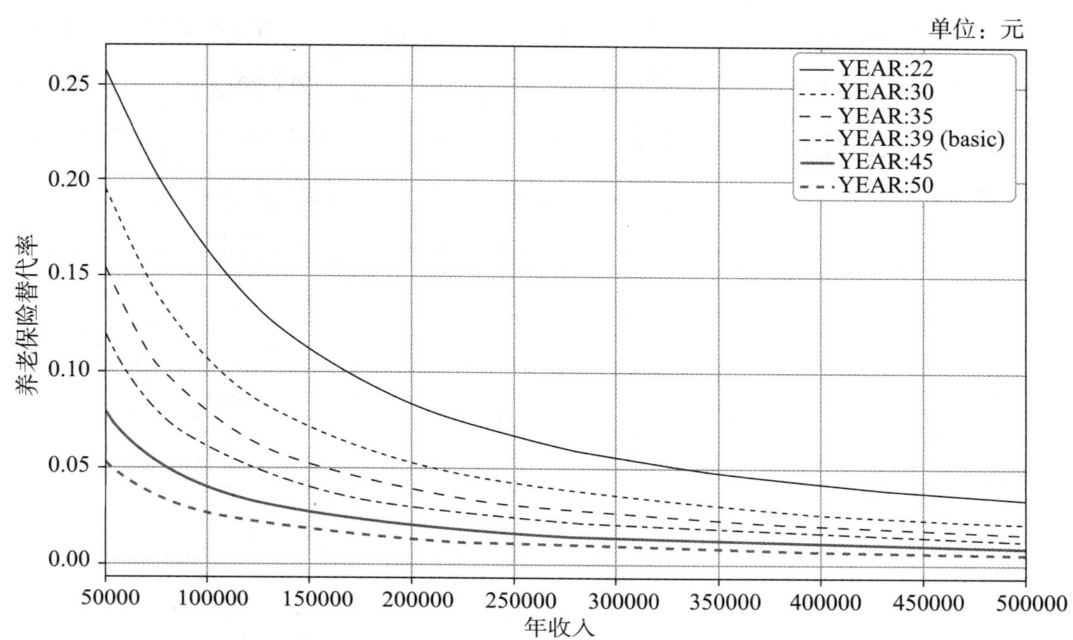

图 1-8　考虑缴纳个人养老金年龄差异的个人养老金替代率模型

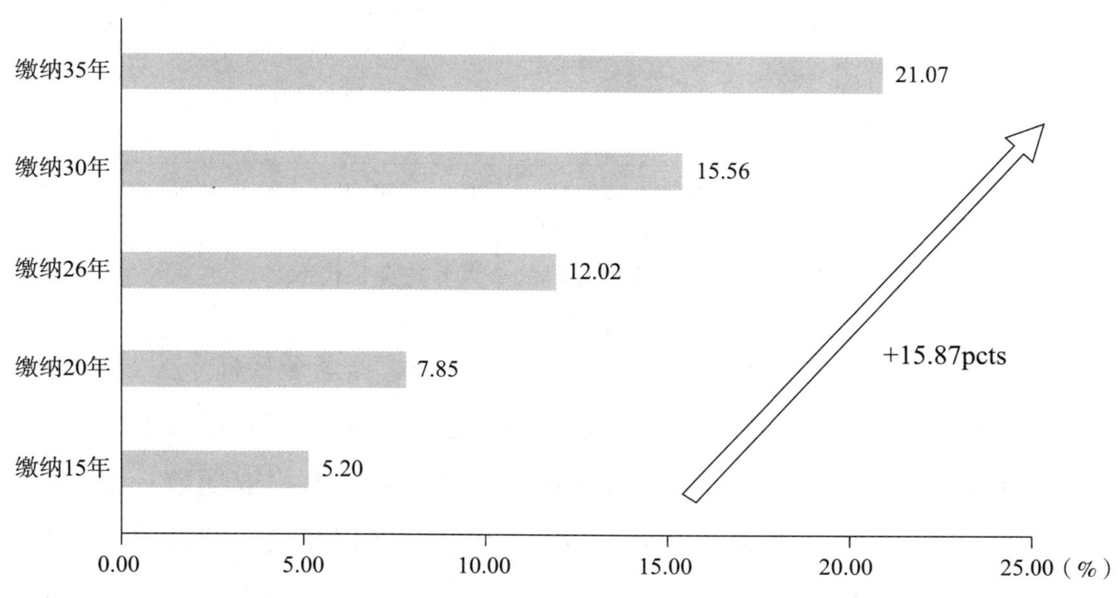

图 1-9　考虑缴纳个人养老金年龄差异的个人养老金替代率

其二，性别差异。根据《国务院关于安置老弱病残干部的暂行办法》和《国务院关于工人退休、退职的暂行办法》的规定，我国职工现行退休年龄为男性 60 周岁，女干部 55 周岁，女工人 50 周岁。2020 年国家统计局公布数据显示，男性平均预期寿命为 75.37 岁，女性平均预期寿命为 80.88 岁。因此，依据性别差异所带来的退休年龄和死亡年龄的差异，将男性退休年龄设置为 60 岁，死亡年龄设置为 76 岁，女性退休年龄设置为 50 岁，死亡年龄设置为 81 岁，分别计算养老金替代率，作图分析，结果如图 1-10 所示。

单位：元

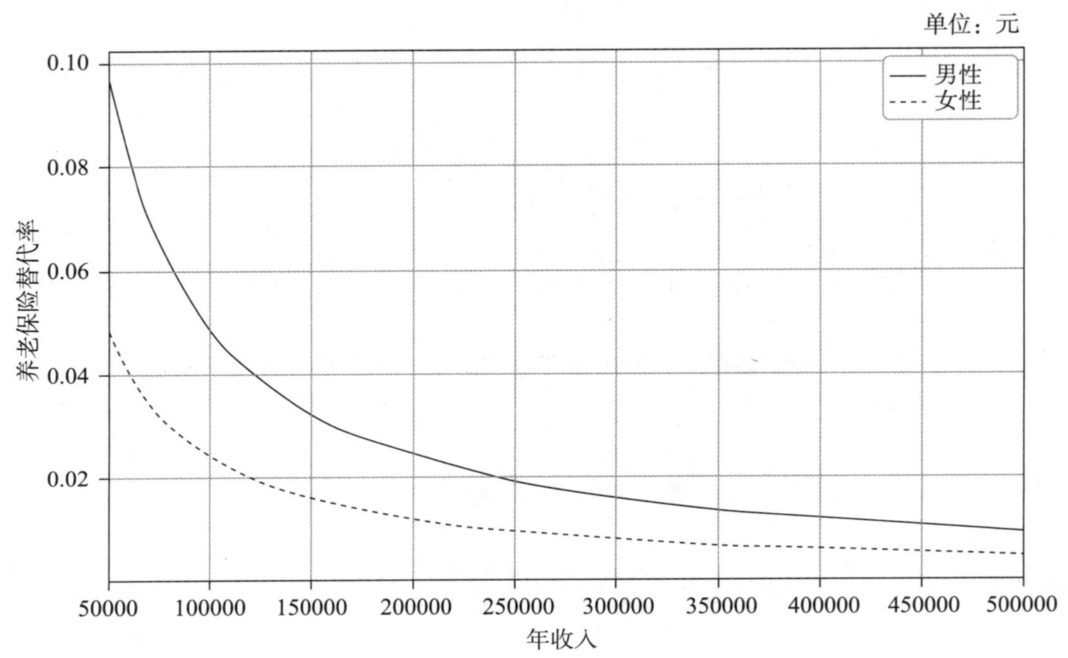

图 1-10　考虑性别差异的个人养老金替代率

W 为社会平均工资 114029 元/年时，男性个人养老金替代率为 8.79%，女性个人养老金替代率为 3.63%，表明男性较晚的退休年龄提升了个人养老金规模，加之较短的平均预期寿命减少了个人养老金提取期数，因此男性退休后每年提取的个人养老金更高，进而使得在退休收入相同时，男性的个人养老金替代比例更高。

进一步地，2021 年 3 月 11 日，十三届全国人大四次会议批准的《中华人民共和国国民经济和社会发展第十四个五年规划和 2035 年远景目标纲要》中提到延迟法定退休年龄。因此，基于前文对于性别差异的分析，对退休年龄进行调整，将男性和女性退休年龄分别设置为正常退休、延迟退休1年、延迟退休3年、延迟退休5年，并分别计算养老金替代率。W为社会平均工资114029元/年时，男性正常退休、延迟退休1年、延迟退休3年、延迟退休5年分别对应8.79%、9.54%、11.35%、13.80%的个人养老金替代率；女性正常退休、延迟退休1年、延迟退休3年、延迟退休5年分别对应3.63%、3.95%、4.60%、5.29%的个人养老金替代率，表明随着延迟退休年龄的提升，个人养老金替代率也逐渐提升，如图1-11所示。

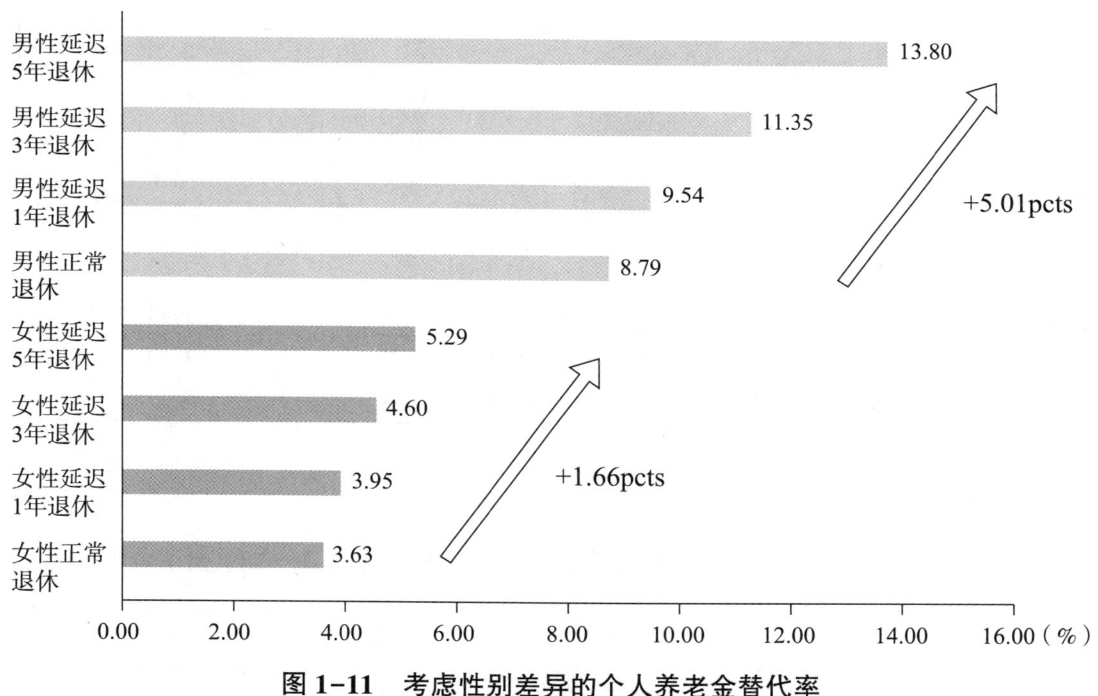

图1-11 考虑性别差异的个人养老金替代率

3. 结论

个人养老金替代率一览见表1-7，基于以上分析，我们得到如下结论：第一，缴存个人养老金能够在退休时提供可靠收入，对基本养老金形成有益补充；第二，工作后较早开始个人养老金缴存能够提升个人养老金替代率；第三，延迟退休背景下，随着延迟退休年限的增长，个人养老金替代率提升；第四，男性个人养老金替代率高于女性。

表 1-7　个人养老金替代率一览

要素	场景/性别	设定	个人养老金替代率（%）
收益率	基础场景	收益率 5%	12. 02
	个性场景	收益率 4%	9. 78
		收益率 3%	7. 97
缴存开始年龄	基础场景	39 岁开始	12. 02
	个性场景	22 岁	33. 12
		30 岁	21. 07
		35 岁	15. 56
		45 岁	7. 85
		50 岁	5. 20
性别	男性	正常退休	8. 79
		延迟 1 年退休	9. 54
		延迟 3 年退休	11. 35
		延迟 5 年退休	13. 80
	女性	正常退休	3. 63
		延迟 1 年退休	3. 95
		延迟 3 年退休	4. 60
		延迟 5 年退休	5. 29

（四）相关结论

综合上述分析，2022 年我国城镇职工的基本养老金替代率为 37. 94%，如果自 2023 年至 2035 年缴纳企业年金和个人养老金，企业年金缴费率为 6%时，测得企业年金理论替代率为 7. 99%；进一步地，设定基础工资为 114029 元，并设定折现率、收益率、工资增长率分别为 5%、5%、4%，个人养老金缴存比例为 10%，测得个人养老金理论替代率为 8. 38%，则综合替代率为 54. 31%。类似地，如果自 2023 年至 2050 年缴纳企业年金和个人养老金，保持其他设定数值不变（将此设定作为基础设定），测得企业年金理论替代率为 14. 76%，个人养老金理论替代率为 16. 00%，则综合替代率为 68. 70%。根据世界银行建议，如果要保证退休后生活水平与退休前相当，养老金替代率需要达到 70%以上，当养老金替代率在 60%~70%时，退休人员可以维持基本的生活水平。根据测算和评估，自 2023 年至 2035 年进行缴纳的养老金替代率已经超过 50%的“贫困线”，而自 2023 年至 2050 年进行缴纳的养老金替代率达到 68.70%，接近世界银行建议的 70%以上水平，表明当前我国以“三大支柱”为主的养老体系得到逐步完善。

四、政策建议及展望

（一）完善基本养老保险制度

海外经验表明，基本养老保险发展得好，可以为企业年金计划和个人养老金制度实施奠定更具发展潜力的社会基础，可见基本养老保险是第二、第三支柱可持续发展的重要底层支撑。一方面，通过强化顶层设计，深入实施全民参保计划，扩大制度覆盖面，增加基金收入，同时采用划转部分国有资本充实社保基金等路径来拓宽基本养老金筹资渠道，持续提升基金的抗风险能力；另一方面，探索更加市场化、多元化的运营模式，提升基本养老金投资运营的有效性，同时健全完善多层次多支柱的养老金体系，从而缓解单一支柱的支付压力。

（二）扩大企业年金覆盖面

扩大企业年金覆盖面，需要在强化养老金制度创新、完善税收制度优惠等方面来找准着力点，从而提高企业年金制度参与率。以扩大企业年金覆盖范围为例，针对国有企业和上市公司、中小微企业、机关事业单位编外人员、劳务派遣单位、产业园区 5 类情况，探索 5～10 年的渐进式、分批自动加入企业年金计划。此外，要强化基金资产保值增值功能，通过优化基金投资组合，切实提高企业年金基金收益率。

（三）加强个人养老金制度实施

要强化金融素养能力提升，持续加强金融消费者教育。加强个人养老金制度实施的全方位宣传，加大对养老金融产品的科普力度，提高居民对积累养老金的认知水平。提升意愿，差异化激励提升居民参与的积极性。通过强化制度安排来调动非纳税人群（含低收入群体）的积极性，并探索扣除额度与社会平均工资增长指数化挂钩的动态调整机制，动态提高税前抵扣额度，增加高收入群体节税效果。加强监管，适当加大监管力度，增强民众对个人养老金的信任，同时强化个人养老金投资运营效能提升，不断提升产品收益的稳健性。

（四）加速推进多层次养老金体系建设

我国已初步建立起包括基本养老保险（第一支柱）、企业（职业）年金（第二支柱）、个人商业养老保险和个人养老金制度（第三支柱）的养老保险体系，我国第一、第二支柱增长规模、渗透率及替代率提升空间有限，以个人养老金为代表的第三支柱有着更大政策支持和发展空间。因此，既要促进三支柱养老体系的协调发展，又要把握发展重点，朝着建成完善的多层次养老金体系迈进。

当前，我国养老体系已经取得了长足的进步，养老金替代率有了明显的提升且仍具充足潜力。参考国际发展经验并结合我国发展实际来看，未来随着我国养老金体系的进一步完善，基本养老保险的“托底”功能将进一步强化，第二、第三支柱均衡发展态势将逐渐增强，有望推动我国养老金替代率达到 70% 以上水平，从而为退休人员提供较为良好的生活保障，进而有效应对不断加深的老龄化进程。

（胡鹏　胡力丹）

第二章　城镇职工基本养老金收入差距测度

本章先在简要总结了我国当前人口老龄化发展趋势的基础上，对2022年度我国基本养老金发展水平进行了概述，同时以城镇职工基本养老金为例，简要测算了2000年以来我国基本养老金替代率水平的演变趋势，以及2022年度不同区域间养老金替代率的差异化特征。然后，计算出各省（区、市）城镇居民养老金基尼系数、农村居民养老金基尼系数以及居民养老金基尼系数，反映整体养老金收入的不平等程度。进一步，本章引入了泰尔指数对我国城镇职工基本养老保险的收入差距和制度赡养率进行测度。

一、问题的提出

在全球范围内，随着医疗条件的改善和生活水平的提高，人们的平均寿命逐渐增长，导致老年人口比例不断上升，人口老龄化已经成为一个日益严重的社会经济问题。对此，我国陆续出台了包括城乡统筹、城乡养老保险衔接、城乡居民保险、养老保险基金中央调剂制度等社会保障政策，然而这些还远远不够。积极应对人口老龄化需要一个健全的养老金体系，我国目前已经建立了多支柱的养老金体系：以基本养老金为第一支柱，覆盖城镇职工、机关事业单位和城乡居民，居于主导地位；以补充养老保险为第二支柱，包含企业年金和职业年金；以及作为第三支柱的个人养老储蓄金。一个健全的养老金体系应当重点解决养老金收入分配差距过大的问题，一方面，随着社会经济发展，高收入者在工作期间的缴费额相对较高，退休后的养老金也相应增加，而低收入者由于缴费能力有限，其养老金收入则较低，这种现象进一步加剧了社会的收入差距，可能导致老年贫困问题的恶化；另一方面，不同地区、行业甚至性别之间的养老金收入分配也存在较大差异，例如，发达地区的养老金水平可能明显高于欠发达地区，私营部门的养老金待遇可能相对于公共部门较低，而女性在工作生涯中常常因家庭责任而停职或选择低薪工作，从而导致其养老金收入不足。这样的差距不仅可能导致社会不公平现象加剧，还可能影响到养老金制度的长期可持续性。如果不加以解决，养老金制度可能面临资金短缺、制度崩溃等严重问题，从而造成经济不稳定和社会动荡。

在过去的30多年里，中国在养老金领域实施了一系列重大改革，学者们提出建设中国特色养老金融体系、从负债型养老金向资产型养老金转变等思路，加速了基本养老保险制度的转型，并稳步扩大了受益范围，但现行养老金体制还存在制度碎片化、转移接续和便携性不足、地区间社保财务不平衡、竞争不公平等问题。当前，我们正处于推进国家治理体系和治理能力现代化的关键阶段，也是各项制度不断成熟与定型的时期。面对复杂严峻的国际环境和国内要素供给条件的深刻变化，未来我们需要深入贯彻以人民为中心的发展思想，明确养老金领域发展中的突出矛盾。因此，评价我国现阶段养老金收入分配差距严重程度，研究如何公平、有效地分配养老金，从而设计出更加公平合理的养老金收入分配机制，确保养老金制度的公平性、可持续性和稳定性，平衡各方利益，是当前学术界亟须解决的问题。

二、基本现状

人口老龄化是指人口生育率降低和人均寿命延长导致的总人口中因年轻人口数量减少、年长人口数量增加而导致的老年人口比例相应增长的社会形态。具体包括两层含义：一是指老年人口相对增多，在总人口中所占比例不断上升的过程；二是指社会人口结构呈现老年状态，进入老龄化社会。

（一）人口老龄化进程正式步入加速期

中国老龄化在第六次人口普查到第七次人口普查间进展较快，60岁及以上人口占比上升了5.44个百分点，而2022年则正式进入了中国老龄化的加速元年。民政部的数据显示，截至2022年底，中国60周岁及以上的老年人口为2.8004亿，其中65周岁及以上的老年人口达2.0978亿。与2021年底相比，2022年中国60岁以上人口增加了1268万，占总人口比例增加了0.9个百分点；而65岁以上人口增加了922万，占比增加了0.3个百分点。从数据可以看出，我国目前基本处于中度老龄化阶段①。在地区分布上，我国31个省（区、市）中的30个省（区、市）均已进入老龄化社会，其中12个省（区、市）已达到中度老龄化社会程度，从城市层面看，我国已有4个城市步入深度老龄化阶段，均来自江苏和四川。表2-1列出了全国人口老龄化水平前10的城市。

表2-1　中国人口老龄化TOP10城市

序号	城市	所属省（区、市）	0~14岁占比（%）	15~59岁占比（%）	60岁及以上占比（%）	65岁及以上占比（%）
1	南通	江苏	10.9	59.09	30.01	22.67
2	资阳	四川	16.75	55.06	28.19	22.62
3	泰州	江苏	12.36	59.39	28.25	22.01
4	自贡	四川	15.77	56.89	27.34	21.29
5	乌兰察布	内蒙古	11.05	59.01	29.95	20.81
6	南充	四川	15.72	58.28	26.00	20.69
7	抚顺	辽宁	8.94	60.21	30.85	20.27
8	德阳	四川	13.06	61.13	25.81	20.25
9	内江	四川	15.55	59.22	25.23	20.03
10	眉山	四川	14.01	61.26	24.73	20.02

数据来源：课题组自行整理，2022年各地市州统计年鉴。

① 按照联合国关于老龄化的划分标准，当一个国家60岁以上人口占总人口比重超过10%，或65岁以上人口比重超过7%，表示进入轻度老龄化社会；60岁以上人口占总人口比重超过20%，或65岁以上人口比重超过14%，表示进入中度老龄化社会；60岁以上人口占总人口比重超过30%，或65岁以上人口比重超过21%，表示进入重度老龄化社会。

从趋势上看，1962年后，中国最大的一波婴儿潮爆发。从1962年到1976年的15年间，平均每年出生人口为2421万，其中1963年出生人口为2787万。这意味着，从2022年开始，中国人口老龄化会突然加速，老龄化程度将不断加深，并一直维持到2051年。根据联合国《世界人口展望2022》的人口预测结果显示，到2050年，我国60岁及以上人口规模将超过5亿人，占比将达到38.81%，将进入重度老龄化社会。

（二）养老负担日益加剧，区域分化明显

老年赡养比是衡量老龄化社会负担的重要指标。截至2022年末，我国老年赡养比为21.8%，较2021年末提升了1个百分点，连续17年保持上升趋势。这表明，我国人口老龄化程度不断加剧，进而也导致了养老负担的加重。

从区域层面看，辽宁省以28.77%的老年赡养比高居榜首，重庆市和四川省分列第二、三位，老年赡养比分别是27.26%和27.12%，排名第四到第十的省（区、市）分别是江苏省、上海市、山东省、吉林省、湖南省、黑龙江省、天津市。研究表明，一个地区的老年人口负担并非孤立存在，而是受到多重因素的共同作用。其中，人口的迁移流动是一个不可忽视的因素。随着城乡发展差距的缩小和就业机会的多元化，越来越多的年轻人选择离开家乡，前往经济更发达的地区寻求发展，这直接导致了老年人口在特定地区的集聚，进而推高了老年赡养比。此外，生育政策的执行力度也是影响老年人口负担的重要因素。长期以来，我国的生育政策经历了从严格控制到逐步放开的转变，这一过程中，不同地区的政策执行力度和效果存在差异，进而影响了人口年龄结构的变化。一些地区由于历史原因或政策执行较为严格，导致当前面临更为严重的老龄化问题。

（三）我国基本养老金发展最新进展

1. 基本养老金收支情况

2022年末，全国参加基本养老保险人数达105307万，比上年末增加了

2436 万人，全年基本养老保险基金收入 68933 亿元、基金支出 63079 亿元，年末基本养老保险基金累计结余 69851 亿元。2022 年，企业职工基本养老保险实施全国统筹，全年共跨省调剂资金 2440 亿元。2018—2022 年基本养老保险参保人数如图 2-1 所示。

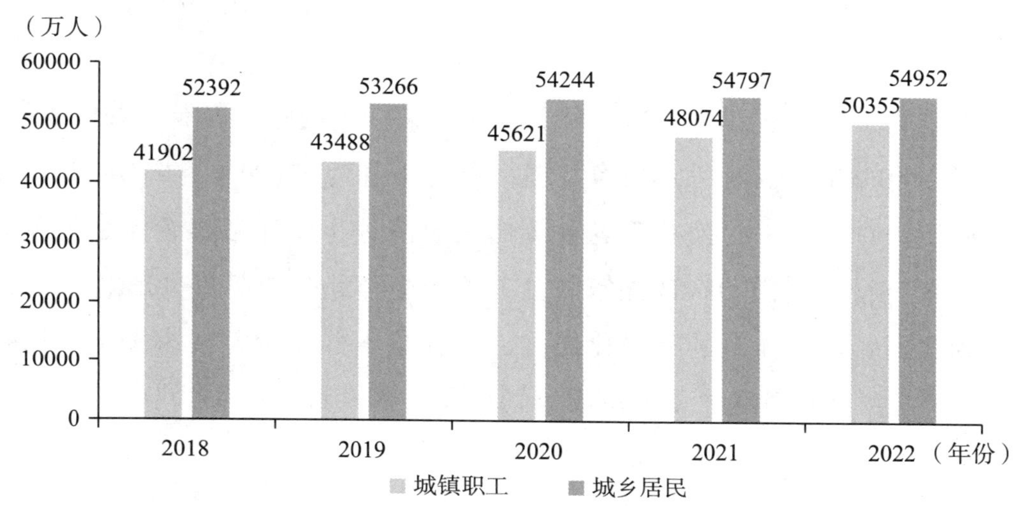

图 2-1　2018—2022 年基本养老保险参保人数

从参与构成来看，2022 年末，全国参加城镇职工基本养老保险人数达 50355 万，比上年末增加了 2281 万人。其中，参保职工为 36711 万，参保离退休人员为 13644 万，分别较上年末增加了 1794 万人和 487 万人；全国城乡居民基本养老保险人数为 54952 万，比上年末增加了 155 万人，实际领取待遇人数为 16464 万。从基金收支看，城镇职工基本养老保险基金收入 63324 亿元，基金支出 59035 亿元，年末城镇职工基本养老保险基金累计结余 56890 亿元。而城乡居民基本养老保险基金收入 5609 亿元，基金支出 4044 亿元，年末城乡居民基本养老保险基金累计结余 12962 亿元。

2. 城镇职工基本养老金替代率

养老金替代率是衡量劳动者退休前后生活保障水平差异的基本指标之一，以“某年度新退休人员的平均养老金”除以“同一年度在职职工的平均工资收入”来测度。通常情况下，退休人员的养老金收入是总体性的概念，即退休后的总体收入水平，既包括基本养老金，也包括企业年金和其他商业保险金。然而，我国养老金三支柱体系极不平衡，第一支柱的基本养老金“一枝独大”现象尤为突出，而第二、第三支柱发展较为缓慢，因此我国人口老龄化程度持续加深，养老金收支缺口压力也日益加大。在此背景下，以城镇职工为研究样本，测算基本养老金的替代率具有较强的现实意义。

如图2-2所示，2013—2022年，我国城镇职工的基本养老金替代率①整体水平在40%左右，而到2022年，这一指标下降为37.94%。从OECD国家的发展历程看，单一的公共养老金降低是经济进步、社会养老体系日益完善的重要特征，当前OECD国家的公共养老金体系也维持在40%左右。但考虑到我国养老金体系的差异化结构，我国基本养老金替代率偏低，这将严重掣肘老年人口养老生活中的财务韧性。

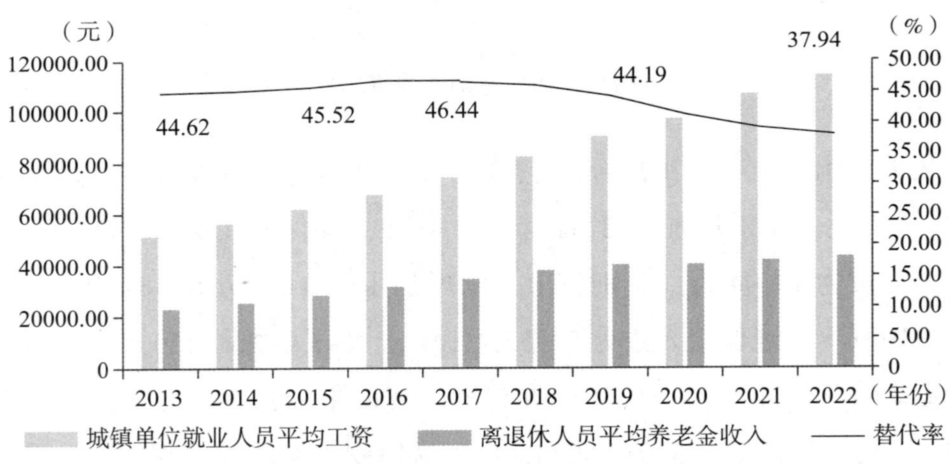

图2-2　2013—2022年城镇单位职工基本养老金替代率趋势

从区域层面看，我国不同省（区、市）的基本养老金替代率水平呈现明显的差异化特征。横向来看，经济发展程度是影响基本养老金替代率的重要因素。北京市、上海市、广东省等发达地区的基本养老金替代率相对

① 城镇职工的基本养老保险替代率=离退休人员平均养老金收入÷城镇单位就业人员平均工资

较低，这一趋势特征与多层次的养老保障体系相关，例如这类地区的企业员工会更多参与第二支柱和第三支柱的养老储备，从而实现整体替代率的上升。而相对不发达的地区（如西藏、新疆、青海等）的基本养老金替代率都超过了50%。纵向来看，基本养老金替代率的变迁具有显著的梯度特征。2013—2022年，我国基本养老金替代率水平整体处于下降周期，其中东部地区的基本养老金替代率下降趋势较为明显，其次是中部和西部地区。

三、从基尼系数看基本养老金的收入差距

（一）数据

1. 数据来源

本章使用的数据来源于中国健康与养老追踪调查（China Health and Retirement Longitudinal Study，CHARLS）。本章除了选择所有60岁及以上人群作为样本，还筛选出了45岁以上且养老金不等于0的人群，原因在于一部分特殊工种存在提早退休的情况，将这部分领取养老金的人也纳入进来，可以增加样本的全面性与准确性。

2. 数据准备工作

第一步，以个人ID为单位，计算个人养老金收入总和。以2018年和2020年为例，其中，2018年每月的养老金总和包含政府机关每月提供的养老金、事业单位每月提供的养老金、企业职工每月的养老金、政府机关/事业单位/企业职工每月的养老金、每月补充养老保险、城乡居民养老保险、新型农村养老保险、城镇居民养老保险、征地养老保险、人寿保险、商业养老保险（人寿保险除外）以及其他养老保险；2020年每月的养老金总和包含退休金或养老金、养老卡或券、高龄老人补助以及独生子女老年补助。

第二步，匹配合并省（区、市）、城市等信息。

第三步，将各省（区、市）的调查样本按收入由低到高排序，均分为五等分（分别为低收入组、中低收入组、中等收入组、中高收入组和高收

入组），然后计算组内的平均养老金收入、各省（区、市）的平均养老金收入、各省（区、市）城市和农村的平均养老金收入；再计算组内样本容量、各省（区、市）样本容量、各省（区、市）城市和农村的样本容量以及城市和农村的人口占比。

3. 基尼系数的计算

本部分参考田卫民《省域居民收入基尼系数测算及其变动趋势分析》一文，先计算出各省（区、市）城镇居民养老金基尼系数、农村居民养老金基尼系数，然后使用分组加权法计算出该省（区、市）总体的居民养老金基尼系数。以吉林省2020年为例，计算城镇、农村和总体的居民养老金基尼系数的步骤如下。

由相应组的组内样本容量和组内平均养老金收入可得到相应组的养老金收入总和，将五组各自的养老金收入总和加总可以得到总收入，将五组各自的组内样本容量加总可以得到总人口。利用如下养老金基尼系数计算公式：

$$G=1-\frac{1}{PW}\sum_{i=1}^{n}(W_{i-1}+W_i)\times P_i \tag{2-1}$$

式中，P 为总人口，W 为总收入，W_i 为累计到第 i 组的收入，可得到2020年吉林省城镇居民养老金基尼系为0.46037455。运用同样的方法可计算出各省（区、市）2013年、2015年、2018年、2020年的城镇居民养老金基尼系数，具体计算结果见表2-2。

表2-2　各省级区域城镇居民养老金基尼系数

地区	2013年	2015年	2018年	2020年
北京	0.30278561	0.42880904	0.3794208	0.24415906
天津	0.68815992	0.70331622	0.59313481	0.56861834
河北	0.56929008	0.38004502	0.25152482	0.2951926
山西	0.68927704	0.69628693	0.56954235	0.58405836
内蒙古	0.63968788	0.62524134	0.54119549	0.51832133

续表

地区	2013 年	2015 年	2018 年	2020 年
辽宁	0. 39958156	0. 47133257	0. 26122437	0. 27535592
吉林	0. 55394086	0. 60237558	0. 44239408	0. 46037455
黑龙江	0. 55343563	0. 60430091	0. 41439577	0. 33676052
上海	0. 38801665	0. 41215265	0. 39811999	0. 25948295
江苏	0. 6374098	0. 65568222	0. 58663926	0. 60207545
浙江	0. 5190591	0. 47288997	0. 33613292	0. 38564715
安徽	0. 72488737	0. 72302879	0. 6757186	0. 64980849
福建	0. 66176882	0. 46641075	0. 52662221	0. 29901771
江西	0. 57992601	0. 64021977	0. 43530968	0. 44450344
山东	0. 67237871	0. 71293158	0. 61945351	0. 61635366
河南	0. 68982928	0. 73868244	0. 66028408	0. 61993769
湖北	0. 58467219	0. 57245473	0. 48640363	0. 46202878
湖南	0. 62251247	0. 6925964	0. 62557121	0. 51011795
广东	0. 73799222	0. 71486251	0. 67043609	0. 7017256
广西	0. 49751928	0. 51452977	0. 31989815	0. 34709332
重庆	0. 49804149	0. 5192599	0. 371075	0. 50366462
四川	0. 69694602	0. 6750362	0. 58371406	0. 56419802
贵州	0. 7909825	0. 78706252	0. 74944257	0. 73344366
云南	0. 72531573	0. 71458314	0. 70497371	0. 6514883
陕西	0. 56934683	0. 55363006	0. 38953857	0. 35374482
甘肃	0. 76083562	0. 65472189	0. 62834524	0. 63194914
青海	—	—	—	—
新疆	0. 68191863	0. 68273072	0. 45467607	—

由相应组的组内样本容量和组内平均养老金收入可得到相应组的养老金收入总和，将五组各自的养老金收入总和加总可以得到总收入，将五组各自的组内样本容量加总可以得到总人口。利用如下养老金基尼系数计算公式：

$$G=1-\frac{1}{PW}\sum_{i=1}^{n}(W_{i-1}+W_i)\times P_i \tag{2-2}$$

式中，P 为总人口，W 为总收入，W_i 为累计到第 i 组的收入），可得到2020年吉林省农村居民养老金基尼系数为0.68759996。运用同样的方法可计算出各省（区、市）2013年、2015年、2018年、2020年的农村居民养老金基尼系数，具体计算结果见表2-3。

表2-3　各省级区域农村居民养老金基尼系数

地区	2013年	2015年	2018年	2020年
北京	—	—	—	—
天津	—	—	—	—
河北	0.65384669	0.65358445	0.62699933	0.62997675
山西	0.69976373	0.72226372	0.67195065	0.68351525
内蒙古	0.73829937	0.71007878	0.65783086	0.64872325
辽宁	0.6433584	0.6443051	0.64712208	0.63459165
吉林	0.69400042	0.5759685	0.52878932	0.68759996
黑龙江	0.75930087	0.63920232	0.74866016	0.67192899
上海	—	—	—	—
江苏	0.72453262	0.68050965	0.61556414	0.62503932
浙江	0.66335765	0.7146882	0.63038897	0.6445672
安徽	0.65087939	0.54004241	0.61702932	0.56652876
福建	0.69581243	0.67468496	0.66632392	0.64878181
江西	0.6621307	0.61397817	0.67027376	0.61178238
山东	0.71641858	0.68989107	0.64507829	0.60023203
河南	0.59873115	0.62186143	0.52219847	0.4830823
湖北	0.71113376	0.77099731	0.68457635	0.66931473
湖南	0.61117522	0.57835374	0.56611287	0.6236961
广东	0.75294237	0.71604127	0.65735	0.66681569
广西	0.61261432	0.67679225	0.69296359	0.57519018
重庆	0.6553916	0.72044187	0.57491742	0.6037841
四川	0.65397217	0.71154488	0.6671049	0.63394246
贵州	0.76521886	0.43868622	0.63741769	0.51514378

续表

地区	2013 年	2015 年	2018 年	2020 年
云南	0.66070171	0.56148431	0.65963234	0.60340038
陕西	0.66001005	0.61369269	0.58668159	0.51579634
甘肃	0.65369335	0.62913674	0.51568538	0.61444331
青海	0.59971373	0.51575151	0.32891789	0.28958916
新疆	0.66376686	0.4536193	0.74820099	—

2020 年，吉林省城镇和农村居民养老金基尼系数分别为 0.46037455 和 0.68759996，城镇、农村人口比重分别为 0.66834171 和 0.33165829，城镇人均养老金收入为 21403 元，农村人均养老金收入为 1025 元，全省人均养老金收入为 14644 元。分组加权法的计算公式如下：

$$G = P_c^2 \frac{u_c}{u} G_c + P_r^2 \frac{u_r}{u} G_r + P_c P_r \frac{u_c - u_r}{u} \tag{2-3}$$

式（2-3）中，G_c、G_r 分别是城镇居民养老金基尼系数与农村居民养老金基尼系数，P_c、P_r 分别代表城镇、农村人口比重，u_c、u_r 分别代表城镇、农村人均养老金收入，u 代表全省人均养老金收入，可以计算出 2020 年整体的居民养老金基尼系数为 0.61429386。运用同样的方法可以计算出各省（区、市）2013 年、2015 年、2018 年、2020 年整体的居民养老金基尼系数，具体计算结果见表 2-4。

表 2-4　各省级区域居民养老金基尼系数

地区	2013 年	2015 年	2018 年	2020 年
北京	0.30278561	0.42880904	0.3794208	0.24415906
天津	0.68815992	0.70331622	0.59313481	0.56861834
河北	0.77743583	0.75617967	0.65768662	0.65647487
山西	0.64598278	0.67974473	0.71284058	0.61041435
内蒙古	0.70603525	0.70634535	0.62860446	0.60894156
辽宁	0.67117577	0.67673942	0.60196285	0.60972424

续表

地区	2013 年	2015 年	2018 年	2020 年
吉林	0. 64909683	0. 70838287	0. 61211731	0. 61429386
黑龙江	0. 61767352	0. 65983453	0. 48226387	0. 44012561
上海	0. 38801665	0. 41215265	0. 39811999	0. 25948295
江苏	0. 56168342	0. 5784559	0. 53032735	0. 5378854
浙江	0. 64407946	0. 60924087	0. 58926665	0. 58748485
安徽	0. 39340212	0. 52224319	0. 44690337	0. 47189708
福建	0. 47773362	0. 50943574	0. 4402751	0. 43234209
江西	0. 66766534	0. 70239175	0. 58013522	0. 58118903
山东	0. 68356434	0. 69939531	0. 6371068	0. 6343841
河南	0. 69183232	0. 69944131	0. 7125697	0. 68719366
湖北	0. 63963529	0. 58218884	0. 60616223	0. 58963605
湖南	0. 71925567	0. 77812266	0. 76427614	0. 6601874
广东	0. 59280116	0. 5476728	0. 46845453	0. 5629843
广西	0. 71564457	0. 73392021	0. 65676695	0. 64549198
重庆	0. 60284303	0. 62604	0. 551676	0. 52582905
四川	0. 64747492	0. 60228814	0. 59433102	0. 59493197
贵州	0. 47843429	0. 73540924	0. 62105791	0. 47810947
云南	0. 62713604	0. 65518251	0. 55577248	0. 56943276
陕西	0. 70876162	0. 6795411	0. 59319813	0. 57252715
甘肃	0. 64997624	0. 70444318	0. 64128181	0. 67493775
青海	0. 59971373	0. 51575151	0. 32891789	0. 28958916
新疆	0. 65916948	0. 71445829	0. 42224986	—

受新冠疫情防控政策的影响，在 2020 年第 5 轮调查中，新疆 3 个样本村居民的访问未能开展，因此新疆 2020 年的养老金基尼系数测算存在数据缺失的情况。

（二）省域居民养老金基尼系数的变动趋势分析

如图 2-3 所示，从整体上看，自 2013 年至 2020 年，各省（区、市）

养老金基尼系数呈现波动下降趋势，这与我国城市化水平的逐渐提高和养老金并轨方案的逐步落实密切相关：中国城市人口在过去几十年中迅速增长，根据国家统计局的数据显示，截至2020年底，中国城市人口占总人口的比例达到60.6%，相比1978年的17.9%有了显著增长。由于经济发展和就业机会的集中，城市地区的养老金收入往往较高，而农村地区的养老金收入偏低，因此，随着城市化水平的提高，养老金基尼系数会呈现下降的趋势，即养老金收入分配更加均衡；同时，近年来养老金并轨方案的逐渐推进实现了机关事业单位与企业人员养老制度模式和养老项目的统一，有利于构建一个更加公平的养老保险制度。从数值上来看，北京和上海由于较高的经济水平、完善的社会保障体系以及稳定的劳动力市场等因素，其养老金基尼系数最小，养老金收入差距不大。从城乡差异上来看，大部分省（区、市）的城镇养老金基尼系数大于农村养老金基尼系数，在一定程度上说明了城乡经济发展水平的差异和社会保障政策的差异，而河南省、山东省和广东省等由于农村人口规模庞大，农村发展受到极大重视，在2020年其农村养老金基尼系数较小。

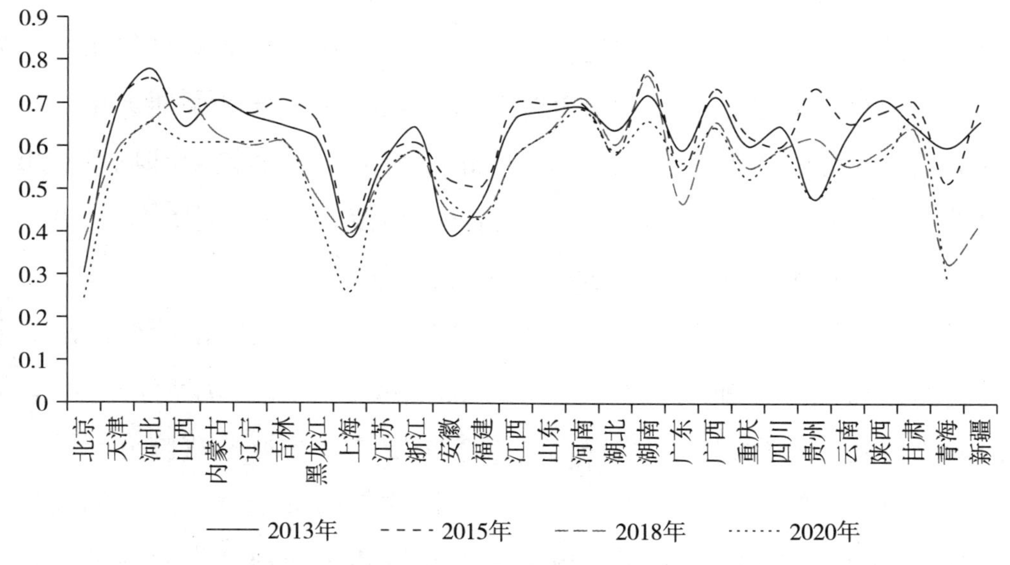

图 2-3　不同年份各省级区域居民养老金基尼系数

（三）省域居民养老金基尼系数的区域特征

我国省级区域居民养老金基尼系数呈现出明显的聚集性和区域性的特征。

在4个中央直辖市中，北京和上海的城市化水平高，经济发展迅速，因此2020年居民养老金基尼系数均在0.3以下，收入分配比较平均；天津和重庆的城市化水平不及北京和上海，2020年居民养老金基尼系数均维持在0.5~0.6。在东北地区中，2020年黑龙江省养老金基尼系数降至0.5以下，吉林省和辽宁省仍维持在0.61左右；就城镇地区来看，三省的城镇养老金基尼系数在2015—2020年均出现显著下降，尤其是黑龙江省，其2020年的城镇养老金基尼系数已降至0.33左右。在中部地区中，河南省、山东省的养老金基尼系数降幅较小，安徽省2015年相比于2013年以及2020年相比于2018年甚至出现了上升的趋势。在西部地区中，甘肃省、云南省、四川省2020年的养老金基尼系数均超过0.56，显示出这几个省份居民养老金收入分配的严峻形势，2020年三省的养老金基尼系数分别为0.6749、0.5694、0.5949，而其历史最高点分别为0.7044、0.6551、0.6474，这主要是由于这三个省份的地理环境复杂多变，农业生产和收获更加依赖自然条件，农村居民养老金基尼系数显著大于其他省级区域。在东部沿海地区中，整体的养老金收入分配差距仍较大，但福建省2020年城镇养老金基尼系数出现了显著下降，从0.5266降至0.2990；浙江省城镇养老金基尼系数自2018年起，稳定降至0.4以下，城镇居民养老金收入分配相对合理。

目前，测量收入分配差距的方法主要有两类，一是以洛伦茨曲线为基础的，通过累积分布曲线计算得出的基尼系数法；二是以等分法为基础，通过对个体差异进行加权平均得出的泰尔指数法。基尼系数侧重于反映整体收入或财富分配的不平等程度，而泰尔指数更侧重于分析区域间或群体间的收入或财富差异。如果想要更全面地了解养老金地区间收入差距，光靠基尼系数还不够详尽，因此，本章还测算了泰尔指数。

四、从泰尔指数看基本养老金的收入差距——以城镇职工为例

我国的养老保险制度经过不断的改革与发展，逐渐建立了多层次的养老保险体系。但受区域经济发展水平、人口年龄结构以及制度差异等方面的影响，各地区的养老金待遇差距较大。自20世纪90年代以来，我国基本养老保险先后经历了县级统筹、市级统筹、省级统筹和逐渐步入全国统筹的阶段性改革历程。2011年制定的《中华人民共和国社会保险法》第六十四条规定指出“基本养老保险基金逐步实行全国统筹”，为全国统筹提供了法律基础。2018年，国务院印发《关于建立企业职工基本养老保险基金中央调剂制度的通知》，明确规定国家实施基础养老金中央调剂制度，迈出了养老金全国统筹的第一步。在此基础上，自2022年起正式实施基本养老保险全国统筹，在全国范围内逐步实现统收统支和统一管理，从而有效解决当前存在的养老金保障水平区域间不平衡等问题，进一步推动养老保险制度可持续发展。

养老保险统筹层次的提升具有显著的收入再分配效应，对于实现社会经济的公平高效发展具有重要意义。本章拟采用泰尔指数作为收入差距的测度指标，用于分析统筹层次提升对改善区域间不平衡及缩小收入差距的效果。

（一）泰尔指数简介

在地区间收入差距的研究中，较为常用的指标是基尼系数、泰尔指数等。泰尔指数是用来衡量居民收入差异状况的指数。与基尼系数相比，泰尔指数对较小规模数据的敏感度更高，并克服了基尼系数对低收入群体收入变化敏感度较低的弊端，同时泰尔指数还具有良好的可分解性，即可将全国的收入差距分解为地区内部收入差距和地区间收入差距，故本章采用泰尔指数对基础养老金的地区间收入差距进行测算。泰尔指数介于0~1，其数值越大，说明收入差距越大。

泰尔指数通常分为以收入为权重计算的“泰尔指数 T”和以人口为权重计算的“泰尔指数 L”。本章参考 Theil（1967）、聂长飞和简新华（2020）的做法，采用泰尔指数 T 进行分析，其计算公式为：

$$T = \sum_{i} \sum_{j} \left(\frac{Y_{ij}}{Y}\right) \ln\left(\frac{Y_{ij}/Y}{N_{ij}/N}\right) \tag{2-4}$$

$$T_i = \sum_{j} \left(\frac{Y_{ij}}{Y_i}\right) \ln\left(\frac{Y_{ij}/Y_i}{N_{ij}/N_i}\right) \tag{2-5}$$

$$T = T_w + T_b = \sum_{i} \left(\frac{Y_i}{Y}\right) T_i + \sum_{i} \left(\frac{Y_i}{Y}\right) \ln\left(\frac{Y_i/Y}{N_i/N}\right) \tag{2-6}$$

式中，Y 代表收入，N 代表人口数，i 表示区域，j 表示省（区、市）。T 为全国总体的泰尔指数，并可进一步分解为区域内差异泰尔指数 T_w 和区域间差异泰尔指数 T_b。

（二）城镇职工基本养老金收入差距测度

本节按照地理区域将全国分为七大区域，分别测算区域内泰尔指数以及区域间泰尔指数，区域划分详见表 2-5。

表 2-5　区域划分

区域	省（区、市）
东北	辽宁省、吉林省、黑龙江省
华北	北京市、天津市、河北省、山西省、内蒙古自治区
华中	河南省、湖北省、湖南省
华南	广东省、广西壮族自治区、海南省
华东	上海市、江苏省、浙江省、安徽省、福建省、江西省、山东省
西北	陕西省、甘肃省、青海省、宁夏回族自治区、新疆维吾尔自治区
西南	重庆市、四川省、贵州省、云南省、西藏自治区

本节使用的数据为 2001 年至 2021 年各省（区、市）的基本养老保险基金支出和离退人员参加养老保险人数，数据来源为国家统计局，测算得

出的泰尔指数如图 2-4 所示。从总体变化趋势来看，自 2018 年开始实施基本养老保险基金中央调剂制度后，全国的泰尔指数以及区域内和区域间的泰尔指数均有所下降，且基本养老金收入不平等现象主要是源于区域内的差异，这表明我国基本养老金保障水平的公平性逐渐增强，区域间不平衡有所改善。这一典型事实为全面实施城镇职工基本养老保险全国统筹提供了现实依据。

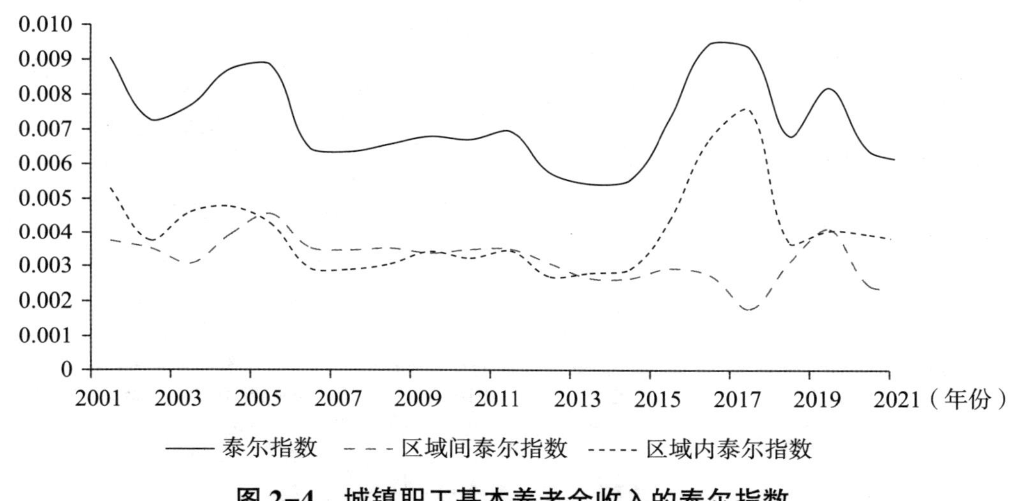

图 2-4　城镇职工基本养老金收入的泰尔指数

（三）城镇职工基本养老金制度赡养率差距

参照前文泰尔指数的测算方式，本节测度我国基本养老金制度赡养率的地区差异，进一步按照地理区划将全国分为七大区域（见表 2-5），分别测算七大区域内和区域间的制度赡养率差距。

由图 2-5 可以看出，我国基本养老金制度赡养率的差距主要来自区域间的差距。具体看图 2-6 七大区域的制度赡养率可知，不同区域制度赡养率差距较大，其中东北地区的养老金制度赡养率最高，养老负担更重，而华南地区制度赡养率最低。总体来看，自 2008 年至 2022 年，我国基本养老金制度赡养率差异呈现倒 U 型趋势，并于 2014 年开始逐渐降低。这表明随着我国基本养老保险制度的不断完善，各地区制度赡养率的差距不断缩小。

在 2018 年开始实施基本养老保险基金中央调剂制度后，整体制度赡养率差异以及区域内和区域间的差异均逐渐下降趋于平稳，这表明区域间不平衡在逐渐改善，制度公平性有所增强，体现了全面实施城镇职工基本养老保险全国统筹的必要性。

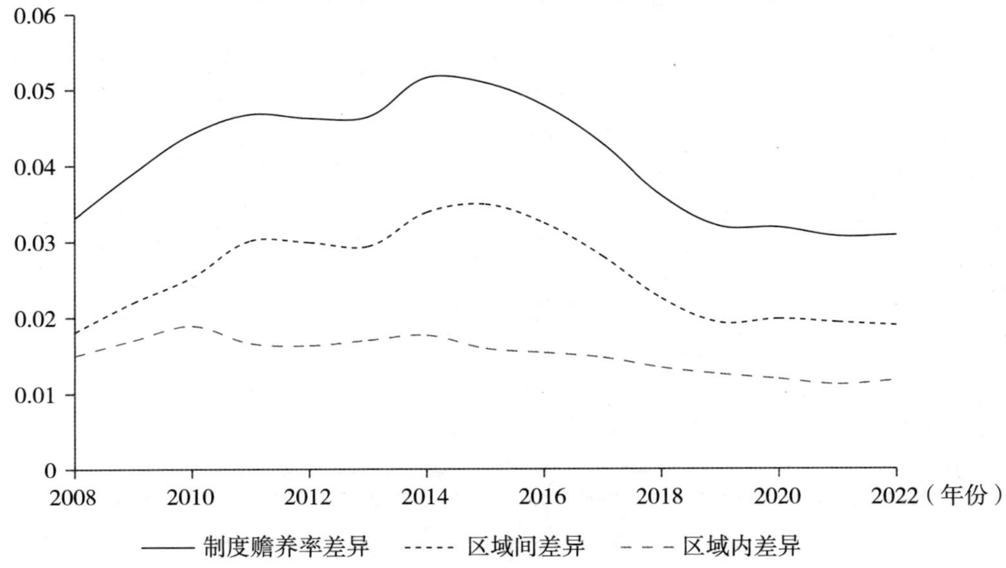

图 2-5　城镇职工基本养老金制度赡养率差异

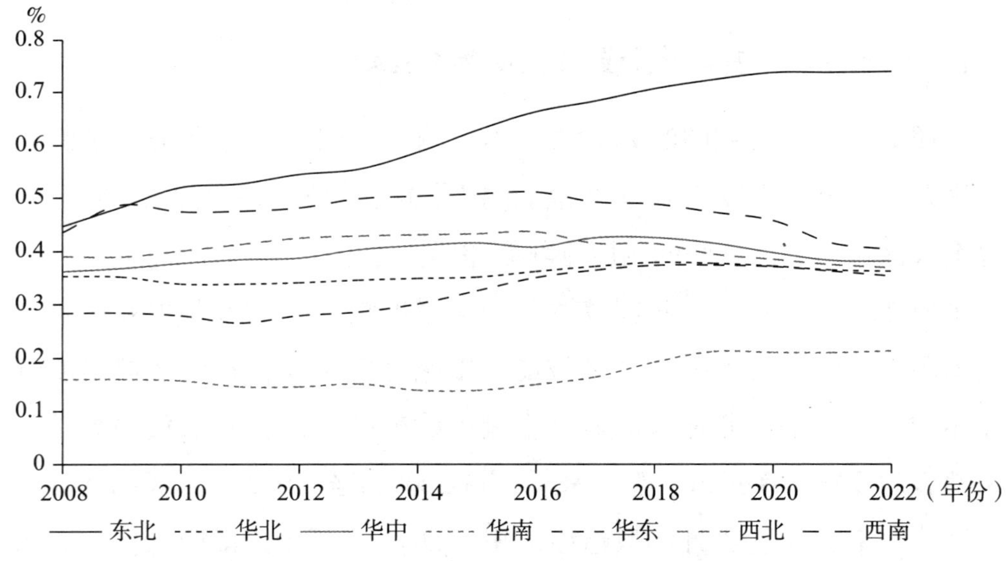

图 2-6　各区域城镇职工基本养老金制度赡养率

（四）结论与政策建议

聚焦于城镇职工基本养老金的收入差距测度问题，我们得出以下研究结论：第一，从整体上看，我国老龄化进程已处于中度阶段，且自 2022 年开始加速，预计在未来 30 年不断深化，社会整体养老负担日益增加，基本养老金替代率下降对老年人口养老财务韧性形成制约。第二，从区域层面看，我国绝大部分省（区、市）已经达到中度老龄化，少数城市达到深度老龄化。其中，人口迁移流动和生育政策执行力度差异导致各区域养老负担分化明显。经济发展程度差异导致各区域基本养老金替代率不同，即发达省（区、市）通过建设多层次养老保障体系，具有比欠发达省（区、市）更高的基本养老金替代率，但是未能扭转整体下降周期。第三，基本养老保险基金中央调剂制度实施后，基本养老金保障水平公平性增强，改善了区域不平衡，而基本养老金收入差距的驱动因素也从区域内收入不平等转变为区域间收入不平等，且差距逐渐缩小。

基于本节的研究，提供如下几点政策建议。

第一，实施积极应对人口老龄化国家战略。一方面，建立人口老龄化的监测体系，全面、深入、及时地掌握我国老龄化整体发展进程和区域发展差异，加强对人口老龄化演进规律的科学认识。另一方面，预先构建与老龄化社会相适应的制度框架和服务体系，补齐政策短板，优化制度设计，完善法律法规，推动养老事业和养老产业协同发展，构建居家社区机构相协调、医养康养相结合的养老服务体系。与此同时，可积极借鉴日本、韩国等发达国家应对人口老龄化的有效经验，以提供有益参考。

第二，促进区域经济平衡。深入贯彻创新、协调、绿色、开放、共享的新发展理念，深入实施京津冀协同发展、长江经济带发展、粤港澳大湾区建设、长三角一体化发展等区域重大战略，以缩小区域内经济发展差距，同时深入实施西部大开发、中部崛起、东北振兴、鼓励东部率先发展的区域协调发展战略，并进一步加强区域合作，以缩小区域间经济发展差距。

第三，深化基本养老保险全国统筹制度。依据“十四五”规划，着眼全面建成覆盖全民、城乡统筹、权责清晰、保障适度、可持续的多层次社会保障体系目标，在企业养老保险省级统筹基础上，以统一全国缴费政策和基金收支管理制度为核心，以信息系统和经办服务管理全国一体化为依托，实现企业养老保险全国统筹，推动养老保险制度更加公平、更加可持续地发展。

（韦嘉敏　程之南　李成林）

第三章　个人养老金制度参与意愿的影响因素分析——基于结构方程模型的实证研究

个人养老金制度作为我国社会保障体系建设顶层设计中的一个重要制度安排，是多层次、多支柱养老保险体系的重要组成部分。2022 年末制度落地以来，公众参保意愿不强，市场观望情绪浓厚。基于对全国个人养老金制度试点城市开展的问卷调查数据，采用结构方程模型系统分析参与个人养老金制度的意愿（以下简称参与意愿）的影响因素和相关影响机制，发现该制度的参与意愿与居民的年龄段、居住城市、工作状况及家庭金融资产规模紧密相关；认知水平和制度信任对感知有用性和感知易用性会产生显著的正向影响，进而影响参与意愿，而机制建设并非影响参与意愿的显著因素。建议个人养老金制度针对特定人群进行重点宣传，放宽提取要求，建立产品准入和退出制度并促进信息披露标准化。

一、引言

党的二十大报告强调，完善基本养老保险全国统筹制度，发展多层次、多支柱养老保险体系。作为基本养老保险、企业年金和职业年金的重要补充，个人养老金是我国多层次、多支柱养老保险体系的重要组成部分。建立个人养老金制度被视为养老金第三支柱建设的第二个发展阶段，是优化养老金保障体系、提高退休人员收入水平、满足人民群众更高水平养老需求的可行之策。对比 2018 年实施的个税递延型商业养老保险试点，个人养老金制度在金融产品供给、参与覆盖人群、税收优惠政策等方面都有所创新，但是，从试点数据来看，民众对个人养老金制度的参与仍具有较强的“观望”情绪。自 2022 年 11 月试点至 2023 年 12 月底，全国 36 个先行地区开立个人养老金账户人数已超过 5000 万。在人均缴费金额方面，以 2023 年 6 月底的数据为例，全国 4030 万人开立个人养老金账户，其中实施缴存的活跃参加人的数量仅为 900 万左右，约占开立账户人数的 22%，投资人数则仅占缴存人数的 62%；缴存总额为 182 亿元，人均缴存仅 2022 元，距离 1.2 万元的每年缴纳个人养老金额度上限仍有较大的差距。《2022 年中国家庭财富变动趋势——中国家庭财富指数调研系列报告》的数据也能印证这一现象：初次接触个人养老金的居民中仅有不到 20%的人考虑开通个人养老金账户，超过 34%的居民明确表示不考虑开通该账户；而在开通的账户中，存入金额在 0.01 元至 100 元区间的占比为 20%左右，1 万元至 1.2 万元区间的占比不足 7%。

对比政策对个人养老金制度的大力宣传和鼓励，当前民众参与个人养老金制度的客观写照却是“开户热、缴费冷”。制度变迁理论指出，导致预测偏差的影响因素包括决策主体的认知偏差、既有制度的路径依赖和技术性偏差三个方面，而落到个人养老金制度本身，试点成效不及预期的背后影响因素及其内在机理又是什么？同时，民众对个人养老金制度的参与意愿趋弱，具有较强的观望情绪，这一困境如何打破？2022 年至 2035 年，是我国积极应对人口老龄化挑战的关键时期，个人养老金制度的实施成效对提升我国养老整体保障水平、推进养老金体系可持续发展、助力银发经济高质量发展具有重要的现实意义。当前围绕个人养老金制度的相关研究虽在不断丰富，但是从定量角度对这一制度的参与意愿及其背后的影响机制分析的文献仍有待补充。

本章通过中国老年学和老年医学学会老龄金融分会针对全国个人养老金制度试点城市开展的问卷调查，采用结构方程模型系统分析个人养老金制度参与意愿的影响因素和相关影响机制，并提出提高居民个人养老金制度参与意愿的建议。本章的研究结论有助于破解当前个人养老金制度试点中参与意愿不足的困局，进而为提高养老金制度的参与率，助推个人养老金制度高质量发展提供理论依据和实践指导。

二、文献综述

作为我国实现养老保险补充功能的重要社会保障制度，个人养老金制度是面向参加城镇职工基本养老保险或城乡居民基本养老保险的劳动者建立的完全积累制养老金制度，具有政府政策支持、个人自愿参加和市场化运营的特点。当前，我国个人养老金制度试点时间较短，相关研究可以从制度参与的影响因素和制度建设两个维度来归纳。

（一）制度参与的影响因素

1. 制度信任

信任是制度参与的重要基础。在社会保障领域，围绕制度信任的研究主要体现在两个方面：一是将制度信任作为因变量来分析其影响因素。龚海婷和侯明喜认为个体特征、支付环节、制度评价和制度管理是衡量制度信任的重要因素；陈旭峰从区域、个人、家庭和保障 4 个维度分析了老年人养老保障满意度的影响因素，发现身体健康状况、社会经济地位、家庭经济情况、家庭关系、社会保险参与情况及养老保障公平感均显著正向影响着养老保障的满意感；王红波和张素的研究同样支持这一结论，并在此基础上延伸探讨了个体社会保险参与及个体对政府的行政感知等变量对制度信任的影响。二是将制度信任作为中介变量来探讨其对社会保障主体的影响效应。以新农保为例，农民对新农保制度信任的水平高低会显著正向影响其缴费档次的选择，政策了解程度、政策信任程度以及待遇给付水平是影响新农保政策综合满意度的重要方面；参保人对新农保制度的信任可分为心理层面和行为层面两个维度，前者在于心理上的直观感受和评价，后者在于行为上是否有继续参与的意愿，两者都将影响参保人对社会保障制度的满意水平。

2. 认知水平

在养老保险领域，早在 20 世纪 70 年代，尼古拉斯 · 巴尔就提及认知偏差问题，并指出当时已被普遍接受的错误认知：“比起现收现付制，积累制更不容易受到人口压力的冲击”；高庆波认为认知演化的长期性与养老金制度实施本身具有的跨周期性和穿越代际的特征叠加，导致个人养老金制度参与决策中必然存在各种形式的认知偏差，从而影响制度参与的意愿和成效。事实上，个体认知是行为决策的关键前置变量，会直接影响甚至决定着个体的选择行为。社会认知理论为研究持续参与意愿提供了良好的分析框架，其强调个体认知、行为、环境是相互作用的统一整体。根据该理论，用户的持续参与意愿受到自我效能、结果期望、外部影响的影响：一方面，积极的认知有助于个体做出参与决策；另一方面，认知和行为都受到环境的影响，对行为实施有利的环境能够促进个体减少认知偏差，进而促进个体决策。此外，特定群体或单一个体的认知水平还会受到其社会资本高低的影响，朱庆莹等的研究表明，社会资本会正向影响农户认知，进而提高农户的制度参与意愿；在养老储蓄领域，范洪敏等认为家庭成员构成和社会关系以及养老保险参与水平会对个人养老金储蓄意愿产生影响，但是影响程度在性别、年龄、收入、户籍等方面存在异质性。

3. 决策动机

实施个人养老金制度，实质是让居民通过个人养老储蓄规划参与自身未来的养老保障，因此个人养老金也是养老储蓄的一种形式，参与这一制度本质上仍是一种经济行为。从制度经济学视角来看，公民进行政策参与是出于“自利”动机；能否真正促成参与行为，还要看当时的政策环境，开放自由的政策环境有利于公民的参与行为的产生。早在20世纪60年代，科斯就提出，社会成本问题会影响决策动机，其表现形式包括制度约束会掣肘交易行为的发生可能性及其过程的成效性，进而影响民众参与决策。从制度变迁角度看，当内在化的收益大于成本时，产权就会发生，将外部性内在化，即只有新的外部条件带来的利润足以超越制度演化的预期成本，新的制度才可能被创建。按照这一逻辑，个人养老金制度是一种自愿性的制度安排，如果制度参与意愿不强、参与质量不高等因素导致制度变迁未能达到应有效果，那么可能存在以下几种原因：一是外部条件未能满足费用和收益的内在化条件；二是存在路径依赖问题；三是关键性的前置制度缺失或存在实施障碍，如在投资回报率、人口增长率等参数设置及汇总过程中产生的技术性偏差。

（二）制度参与的机制建设

个人养老金的核心特征是个人主导和享受财税政策支持，因此制定与我国财税体制改革相适应、公平有效的财税政策，才能在调动金融机构积极性的同时，通过加强养老金融教育来提升民众的参与意愿。朱海扬等指出，要在明确我国可替代模式第三支柱的功能定位的基础上，打通第二、第三支柱养老金转换路径，这一观点得到了众多学者的支持；也有学者提出，可试点通过制度重构和职工福利重塑把城乡居民养老保险中的个人账户和住房公积金并入第三支柱养老保险，以助推养老金体系的均衡、可持续发展，同时通过强化金融产品供给和监管来调动金融机构积极性，从而提升养老金融产品的适应性和普惠性；还有学者认为可探索政府补助和自动加入机制，鼓励更多流动人口、灵活就业人口等人群参与个人养老金制度。

以上学者针对个人养老金制度参与意愿和推动个人养老金制度发展提出了对策建议，但是梳理清楚个人养老金制度参与意愿的影响因素及相应的影响机制是下一阶段有针对性地优化政策措施，从而提高居民的个人养老储蓄意愿和储蓄成效的重要前提。目前国内仅交通银行养老金融课题组和高庆波初步研究了个人养老金制度参与的影响因素、规模预测偏差等问题，其他学者并没有对相关影响因素之间的内在机制进行深入分析。结合相关文献，本章将个人养老金参与意愿的影响因素归类为机制建设、认知水平和制度信任 3 个自变量，以此为基础设计问卷并进行发放。基于一手调研数据，本章采用结构方程模型系统分析个人养老金制度参与意愿的影响因素和相关机制。

三、模型构建与问卷设计

基于文献综述，本章以 Davis 于 1989 年提出的技术接受模型（Technology Acceptance Model，TAM）和 Ajzen 于 1981 年提出的计划行为理论（Theory of Planned Behavior，TPB）作为理论框架，结合现今个人养老金产品的发展现状，构建了居民参与个人养老金制度的影响因素模型，基于这两个理论模型提出各相关变量间的理论假设关系，并设计和发放问卷。具体来看，本章利用技术接受模型探讨了感知有用性和感知易用性如何影响居民的参与意愿。同时，结合计划行为理论的理论视角，深入分析了机制建设、认知水平和制度信任这三个外部参数如何作用于参与意愿。

为了对理论假设进行实证分析，本章根据以上理论基础建立了结构方程模型（Structural Equation Modeling，SEM），并辅以验证性因子分析（Confirmatory Factor Analysis，CFA）来量化“机制建设”“认知水平”和“制度信任”等潜在变量，进而探析居民对个人养老金制度参与意愿的关键影响因素，模型框架及理论基础如图 3-1 所示。

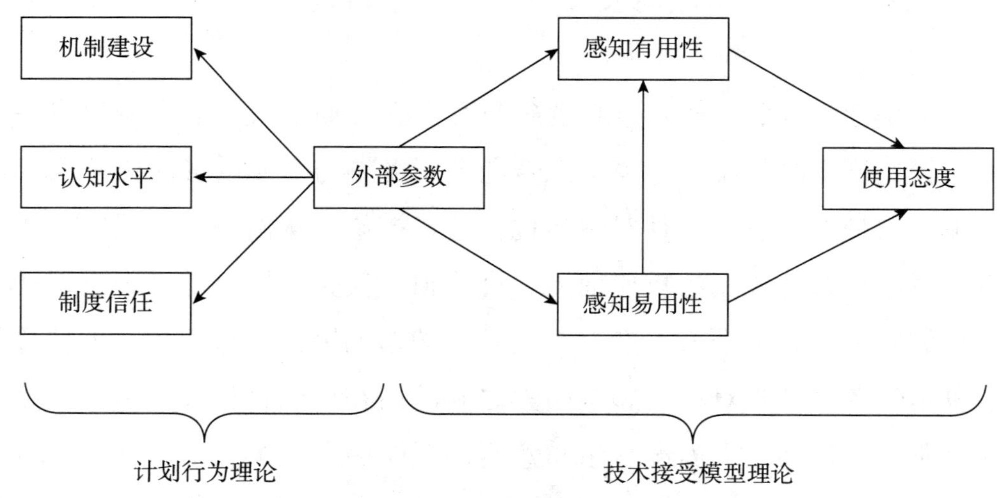

图 3-1　模型框架与理论基础示意图

（一）模型变量解释

本章构建的居民参与个人养老金的影响因素模型包括机制建设（JZ）、认知水平（RZ）和制度信任（ZD）3个自变量，感知有用性（PU）、感知易用性（PE）两个中介变量，以及参与意愿（CY）这个因变量。

本章从个人养老金产品的特征出发，认为机制建设和制度信任是决定居民参与动机的核心因素，而认知水平则影响居民对产品的理解程度，从而进一步作用于参与意愿。因此，本章将机制建设、认知水平和制度信任作为模型的自变量，并假设它们通过影响养老金制度的感知易用性和感知有用性间接影响参与意愿。同时，本章也考查了这3个变量对参与意愿的直接影响，以便全面了解它们对居民行为的作用机制。

1. 机制建设

根据《国务院办公厅关于推动个人养老金发展的意见》和《个人养老金实施办法》等官方文件，并参考证监会公布的《个人养老金基金名录》，本章将“机制建设”定义为：个人养老金制度的主要构成要素，涵盖顶层制度和产品现状，具体包括税收优惠、缴费上限、提取规则、产品数量和投资期限等内容。

2. 认知水平

个体认知是行为决策的关键前置变量，会直接影响甚至决定着个体的选择行为。对个人养老金较高的认知水平让广大居民了解个人养老金的运作机制和制度优势，进而影响居民的参与意愿。本章中的“认知水平”具体指居民通过线上线下各类渠道对个人养老金的内容、特点、参与方式等要素的认知水平。

3. 制度信任

信任是制度参与的重要基础。个人养老金的特点是逐年存入，直至符合规定的时间（如退休、出国定居等）方可取出。漫长的封闭期考验着金融机构的运营能力和水平，产品的收益水平还会受到国家经济发展阶段、通货膨胀状况、重特大自然灾害及国际形势等多种因素的影响；同时，鉴于个人养老金制度正式实施时间相对较短，相关政策也存在发生变化的可能性。面对以上风险，居民是否信任政府对于个人养老金制度的保障、是否相信存入资金能够保值增值尤为关键。本章将“制度信任”定义为：面对潜在风险，居民对个人养老金制度保障的信任程度。

4. 感知易用性

感知易用性，源自 Davis 提出的技术接受模型，指用户对使用特定信息系统或技术的易用程度的主观感知。本章将“感知易用性”应用于个人养老金领域，特指居民对了解个人养老金政策、开设账户、选择和购买产品等所感知的难易程度。

5. 感知有用性

根据技术接受模型，感知有用性是用户在评估事物时的关键因素，显著影响着用户的态度和行为。个人养老金的感知有用性主要体现为其对居民未来养老生活的潜在帮助。本章通过访谈和征询专家意见，将“感知有用性”定义为：居民对个人养老金制度在积累财富、税负优惠及解决养老问题等方面效用的认知和评价。

6. 参与意愿

本章根据技术接受模型和计划行为理论，用“态度”衡量居民参与意愿，是模型的因变量和重要研究对象。如果受访者认为参与个人养老金能带来积极的结果，则其参与意愿可能会提高。前文介绍的自变量和中介变量的作用和影响都将体现在该因变量上。

（二）研究假设

在计划行为理论的框架中，“主观规范”涉及个体周围重要他人对其行为的期待及个体对这些期待的适应。本章通过认知水平、制度信任和机制建设 3 个维度具体化了“主观规范”的概念。具体来说，如果个体对养老金产品有充分的理解，对参与该制度持积极态度，并且感受到社交环境的支持，其参与养老金计划的意愿可能得到提升。在机制建设方面，施文凯指出完善个人养老金顶层制度设计和发展多元开放的产品是增强第三支柱吸引力的关键；刘妍指出养老金的监管体系、产品种类及服务质量对第三支柱的成熟度产生重要影响。在认知水平方面，个人养老金在我国属于新制度，与其他金融产品不同，具有金融和服务两大属性，专业性较高。虽有试点铺垫，但大部分居民对该制度的了解程度仍然有限。而产品的知名度和口碑对消费者购买意愿有显著的影响。在制度信任方面，个人养老金表现出面对风险范围广、种类多的特征，公众对个人养老金制度的信任程度将显著影响其参与意愿。

基于相关文献、理论框架和变量设定，本章构建居民参与个人养老金制度的影响因素模型，共提出涵盖 6 个方面的 12 条假设，如图 3-2 所示。

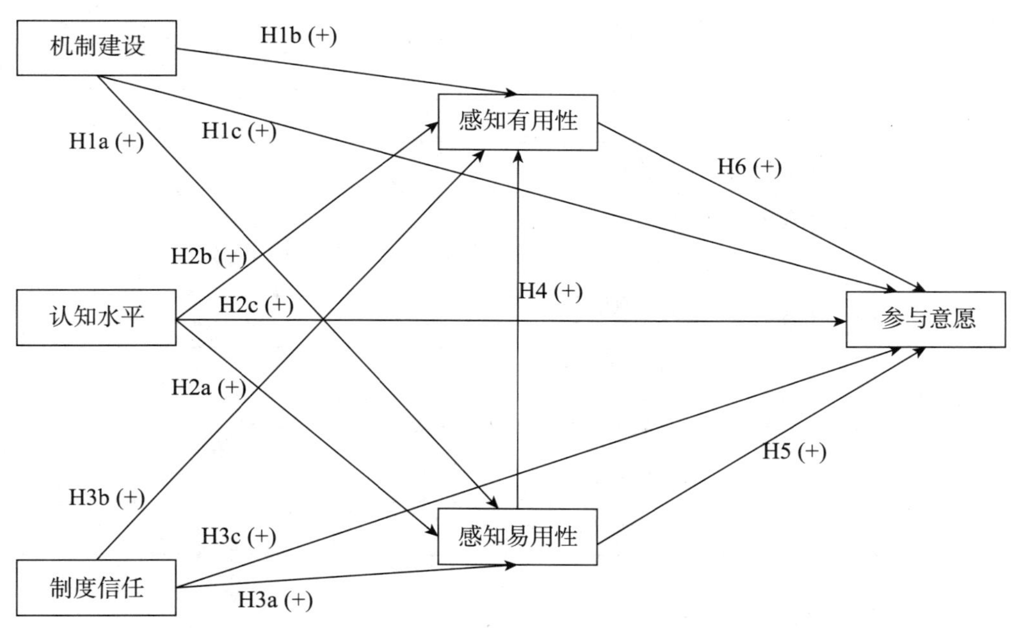

图 3-2 居民参与个人养老金制度的影响因素模型

注：H 代表假设，数字代表假设序号，a、b、c 表示同一自变量对两个中介变量（感知易用性和感知有用性）和一个因变量的假设路径。“+” 表示自变量对中介变量和因变量、中介变量对因变量有正向影响。下同。

（三）问卷设计

本章以居民参与个人养老金的影响因素模型为基础，借鉴文献、其他相关资料，对不同年龄段的居民进行随机访谈，结合行业专家意见设计三类问卷：个人信息调查问卷、参与意愿调查问卷、意见建议调查问卷。

1. 个人信息调查问卷

该问卷包含 10 个基础问题，调查了问卷填写人的基本信息、投资经历和养老规划等情况，具体内容见表 3-1。

表 3-1　个人信息调查问卷

类型	问题
基本信息	您的性别
	您的年龄
	您所工作的单位性质
	您的文化程度
	您的年收入
	您所在的地区
投资经历	您之前是否有过投资理财经验
	现有个人或家庭金融资产规模（存款、理财、基金等）
养老规划	您是否会提前做养老规划
	您对养老的担忧程度

2. 参与意愿调查问卷

以模型变量为基础，参与意愿调查问卷的主体部分涵盖机制建设、认知水平、制度信任、感知有用性、感知易用性和参与意愿 6 个方面，共有 24 道问题，均采用李克特 5 级量表的方式进行调查，具体内容见表 3-2。

表 3-2 个人养老金参与意愿调查问卷

变量	编号	题项
机制建设 JZ	JZ1	我认为目前个人养老金的取出规则灵活性尚可
	JZ2	我在意养老金产品的投资理念和投资对象
	JZ3	我认为目前个人养老金产品较为丰富
	JZ4	我在意当前个人养老金投资的期限太长
认知水平 RZ	RZ1	我认为目前关于个人养老金的宣传是充分的
	RZ2	我会被个人养老金产品的宣传所吸引
制度信任 ZD	ZD1	我相信个人养老金制度在未来将保持稳定不变
	ZD2	我对个人养老金产品的资金安全性有较高的信任
	ZD3	我认为个人养老金的收益能够达到或超过预期
	ZD4	我相信个人养老金的投资期限与资金流动性能够适应我的财务需求
	ZD5	我相信管理机构能够有效应对恶性通货膨胀/利率抬升/养老金爆雷等风险，保护我的养老金安全
感知有用性 PU	PU1	我认为参与个人养老金制度能帮我积累财富、减少不必要的支出
	PU2	我认为参与个人养老金制度能够帮助我减少税收
	PU3	我认为参与个人养老金制度是一种更简单的理财方式
	PU4	我认为其他养老方式不足以保证我的老年生活质量，参与个人养老金制度是必要的
	PU5	总体而言，我认为参与个人养老金制度对解决养老问题有帮助
感知易用性 PE	PE1	了解个人养老金相关的政策规定是比较轻松的
	PE2	选择个人养老金产品是比较简单的
	PE3	开设个人养老金账户是比较方便的
	PE4	购买养老金产品是比较容易的
	PE5	我知道在何种情况下能够取出个人养老金
	PE6	我能够通过交易平台及时获取养老金投资产品的底层投资标的
参与意愿 CY	CY1	当我年龄更大或临近退休时，可能会参与个人养老金制度
	CY2	当我发现个人养老金产品运作稳定、符合预期时，可能会参与个人养老金制度

3. 意见建议调查问卷

该问卷以多选题的形式调查了受访者对个人养老金的意见和建议，目的是深入了解居民眼中个人养老金的核心优势、在何种情况下会对其进行推荐以及居民对个人养老金其他优惠的期望，具体内容见表 3-3。

表 3-3　个人养老金意见和建议调查问卷

问题	选项
您更看重个人养老金哪些方面的优点	A. 每年税收优惠最高可达 12000 元 B. 可以利用账户里的资金进行投资理财 C. 每个月缴纳金额自由 D. 投资产品盈利性相对较高 E. 国家监管，市场运营（资金安全） F. 其他
在哪种情况下，您会建议身边的同事或朋友一起参与进来	A. 放宽资金提取条件 B. 提高缴纳费用上限 C. 增加投资产品种类 D. 提高投资收益 E. 其他
您更希望投资个人养老金能带来哪些其他方面的优惠	A. 贷款优惠 B. 消费类税收优惠 C. 生活缴费优惠 D. 医疗优惠 E. 其他

四、实证分析

（一）描述性统计分析

上述问卷通过网络形式发放，共回收填写完整、信息有效、填写时长正常的有效样本 566 份。调查对象较为均衡地分布在全国七大区域的一线、新一线及二线城市①，我国个人养老金的主要试点城市均涵盖其中。调查对象的性别、年龄、收入水平、职业分布较为均衡，学历偏高，本科及以上群体占比超 80%。为了探究不同类型人群的个人养老金参与意愿是否存在差别，本章将性别、年龄、工作、学历、年收入、所在城市、理财经验、养老规划等

① 一线城市包括北京、上海、广州、深圳；新一线城市包括成都、重庆、杭州、西安、武汉、苏州、郑州、南京、天津、长沙、东莞、宁波、佛山、合肥、青岛；二线城市包括昆明、沈阳、济南、无锡、厦门、福州、温州、金华、哈尔滨、大连、贵阳、南宁、泉州、石家庄、长春、南昌、惠州、常州、嘉兴、徐州、南通、太原、保定、珠海、中山、兰州、临沂、潍坊、烟台、绍兴。

基本信息和个人养老金参与意愿进行交叉分析，结果见表3-4。

表3-4　描述性统计分析结果

分类	选项	目前倾向于不参与		目前倾向于参与		中性态度		合计
		人数	占比（%）	人数	占比（%）	人数	占比（%）	人数
性别	女性	73	19.26	147	38.79	159	41.95	379
	男性	27	14.44	68	36.36	92	49.20	187
年龄	25岁及以下	18	18.37	41	41.84	39	39.80	98
	26~34岁	55	34.16	50	31.06	56	34.78	161
	35~44岁	21	14.89	52	36.88	68	48.23	141
	45~54岁	20	21.05	29	30.53	46	48.42	95
	55岁及以上	14	19.72	15	21.13	42	59.15	71
工作是否稳定	工作较稳定	90	24.26	106	28.57	175	47.17	371
	工作较不稳定	38	19.49	81	41.54	76	38.97	195
学历	本科以下	16	22.86	15	21.43	39	55.71	70
	本科及以上	112	22.58	172	34.68	212	42.74	496
年收入	6万元（含）以下	35	24.48	53	37.06	55	38.46	143
	6万（含）~10万元	32	21.33	41	27.33	77	51.33	150
	10万（含）~20万元	25	21.37	30	25.64	62	52.99	117
	20万（含）~50万元	29	28.43	34	33.33	39	38.24	102
	50万（含）~72万元	1	4.00	14	56.00	10	40.00	25
	72万元（含）以上	6	20.69	15	51.72	8	27.59	29
所在城市	一线城市	37	26.81	58	42.03	43	31.16	138
	新一线城市	38	22.75	52	31.14	77	46.11	167
	二线城市	22	20.37	33	30.56	53	49.07	108
	三线城市	15	17.44	27	31.40	44	51.16	86
	其他城市	16	23.88	17	25.37	34	50.75	67
是否具备理财经验	是	77	22.45	117	34.11	149	43.44	343
	否	51	22.87	70	31.39	102	45.74	223
个人或家庭金融资产规模	5万元（含）以下	41	21.81	63	33.51	84	44.68	188
	5万（含）~15万元	34	27.64	32	26.02	57	46.34	123
	15万（含）~30万元	15	19.48	21	27.27	41	53.25	77
	30万（含）~50万元	10	19.61	19	37.25	22	43.14	51
	50万元（含）以上	28	22.05	52	40.94	47	37.01	127

续表

分类	选项	目前倾向于不参与		目前倾向于参与		中性态度		合计
		人数	占比（%）	人数	占比（%）	人数	占比（%）	人数
是否会做养老规划	是	71	17.88	145	36.52	181	45.59	397
	否	57	33.73	42	24.85	70	41.42	169
对养老的担忧程度	不是很担心	94	23.38	139	34.58	169	42.04	402
	比较担心	26	18.18	45	31.47	72	50.35	143
	非常担心	8	38.10	3	14.29	10	47.62	21
合计	—	128	22.61	187	33.04	251	44.35	566

结果发现，其中 22.61%的被调查者倾向于不参与个人养老金制度，33.04%倾向于参与该制度，而 44.35%持中性态度。整体来看，尽管明确反对参与个人养老金制度的人数不多，但观望情绪较浓。从细分人群看，在年龄方面，25 岁及以下的年轻群体更倾向于参与个人养老金制度，这可能与其接受新事物速度更快、对未来养老问题较为重视有关。在学历方面，本科及以上学历的人群相较于本科以下的人群更倾向于参与个人养老金制度。同时，对养老问题较为担忧的居民和提前规划养老的居民也表现出更强的参与意愿。在职业方面，工作稳定性较低的群体参与个人养老金的意愿更为强烈，例如民营企业员工、个体工商户和自由职业者，主要原因可能是该类人群缺乏稳定的养老保障，普遍没有企业年金、职业年金等第二支柱养老金作为支撑，因此对第三支柱养老金有更为强烈的需求。在收入方面，年收入与个人养老金参与意愿呈正相关关系，高收入人群更倾向于参与该制度。值得注意的是，在年收入 6 万元以下的人群中，仍有 37.06%的人倾向于参与个人养老金，因此个人养老金未来发展仍有潜力。在投资经验方面，拥有更多金融资产的人群更倾向于参与个人养老金。在地域方面，一线城市居民参与个人养老金的意愿最高，新一线、二线、三线城市次之，其他城市最低。

综上，基于本次问卷调查，本章发现倾向于参与个人养老金制度的人群有以下特征：25 岁及以下或 40 岁左右、工作稳定性较低、学历较高、收入较高、所在城市能级较高、对养老问题较为关注。进一步地，本章以倾向参与个人养老金制度人数占比超过40%为线进行划分，拥有一个或多个以下特征的人群的参与意愿明显更强：25岁及以下、工作较不稳定、年收入超过50万元、居住在一线城市、家庭金融资产规模超过50万元。

（二）结构方程模型检验结果

1. 信度及效度检验

在本章中，个人养老金参与意愿及各个二级维度的信度系数均在0.8~1.0，说明本次研究所使用的量表具有很好的内部一致性，信度较高。自变量和因变量、中介变量的KMO值分别为0.91和0.83，均大于0.7，Bartlett球形度检验$p<0.05$，说明数据适合进行因子分析。进而对各题项进行因子载荷分析，发现各变量的因子载荷系数均大于0.6，且能够表现所属的影响因素，说明研究项和因子之间有着较强的关联性，因子可以有效地提取出信息。因此，本章量表自变量和中介变量部分设计合理，信度和效度良好。

在CFA模型具有良好适配度的前提下，本章进一步检验量表各个维度的收敛效度（AVE）和组合信度（CR），发现各个维度的AVE值均达到0.5以上，CR值均达到0.7以上，综合上述检验结果可以认为本模型各个维度均具有良好的收敛效度和组合信度。

2. 结构方程模型路径结构

本章构建的个人养老金参与意愿影响因素模型有三个自变量、两个中介变量和一个因变量。模型中的所有自变量都有残差项，中介变量和因变量都有方差项。在完成信效度检验之后，本章采用Amos 28.0软件作为检验工具，根据研究理论框架及假设需要，构建结构方程模型。分析发现，原始模型的卡方自由度比值超过3，近似均方根误差（RMSEA）、均方根残差（RMR）、比较拟合指数（CFI）和增值拟合指数（IFI）等指标值均在良好范围内，拟合优度指数（GFI）和塔克—刘易斯指数（TLI）小于0.9，但仍在可接受的范围之内。因而对模型进行了修正，依次剔除了显著性水平大于0.05的路径，并重新整理了各项指标数据。修正后的结构方程模型如

图3-3所示。

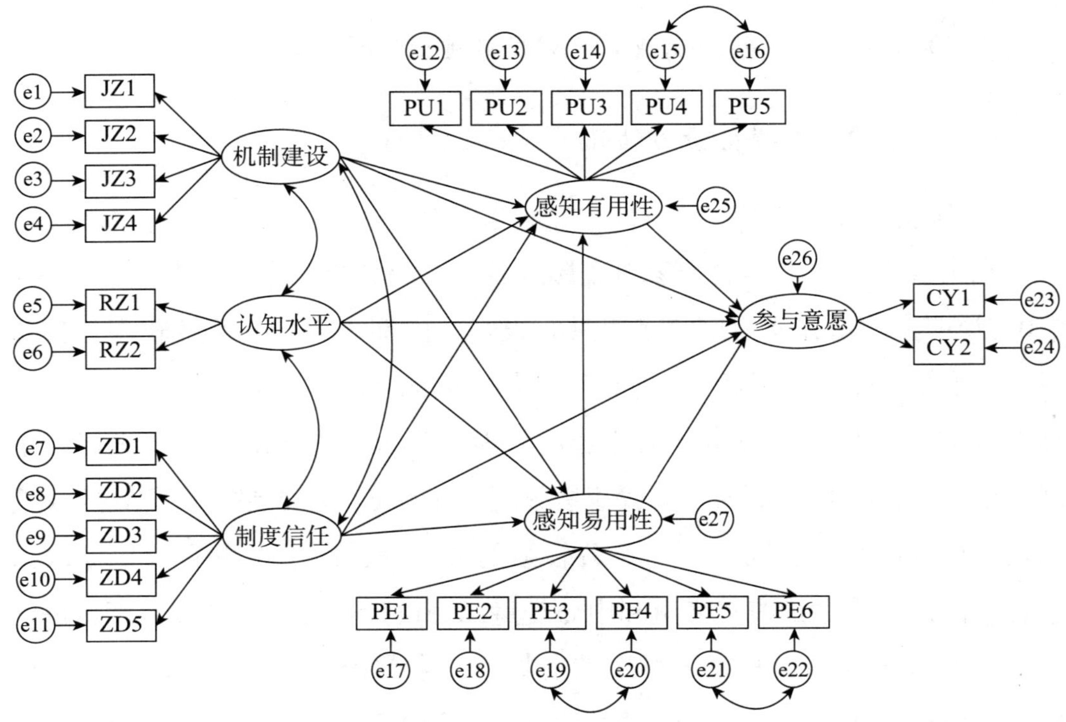

图3-3　修正后的结构方程模型假设检验路径图

注：e1～e27代表误差变量；JZ1～JZ4代表机制建设的四个观测变量，RZ1～RZ2代表认知水平的两个观测变量，ZD1～ZD5代表制度信任的五个观测变量，PU1～PU5代表感知有用性的五个观测变量，PE1～PE6代表感知易用性的六个观测变量，CY1～CY2代表参与意愿的两个观测变量。图中部分箭头上标有数字“1”，代表限定两变量之间的回归系数为1，相当于建立测量标尺，是建立结构方程模型的要求。

3. CFA模型适配度检验

修正后的模型整体拟合度良好，其中卡方自由度比（CMIN/DF）为2.923，在1～3的范围内。RMSEA=0.064<0.08，RMR=0.047<0.08，CFI、IFI、TLI均大于0.9，GFI略小于0.9。综合分析结果可以认为，修正后的个人养老金参与意愿影响因素模型具有良好的适配度，模型与实际数据之间契合度较高（见表3-5）。

表 3-5 修正后的模型适配度检验

适配度检验指标	适配标准	模型结果	适配度评价
CMIN/DF	1~3	2.923	良好
RMSEA	<0.08	0.064	良好
RMR	<0.08	0.047	良好
GFI	>0.90	0.885	可以接受
CFI	>0.90	0.935	良好
IFI	>0.90	0.935	良好
TLI	>0.90	0.924	良好

4. 结构方程模型参数估计

本次研究样本共566份，其中25岁及以下年龄段的参与者占14.1%，这一年龄群体大多尚未步入职场，还不能参与个人养老金制度，相关数据可能会引起研究结果的偏差。为了提高研究的准确性和可靠性，本章选择剔除这部分25岁及以下样本，剩余样本数为466份。由表3-6可知，标准误（S.E.）系数较小，表明参数估计具有较高的准确性。部分假设的路径系数为0，代表两变量间无相关关系，假设不成立。"认知水平→参与意愿"和"感知有用性→参与意愿"的 P 值为0.003和0.007，表明这些路径在1%的显著性水平下显著；而其他显著路径的 P 值小于0.001，意味着这些路径在0.1%的显著性水平下显著。因此，按照5%显著性的水平判断，本章提出的假设H1a、H1b、H1c、H5不成立，其余假设均成立。模型估计结果如图3-4所示。

表 3-6 个人养老金制度参与意愿量表路径系数表

路径	未标准化路径系数	标准化路径系数	标准误（S.E.）	临界比（C.R.）	P 值	假设序号	假设是否成立
认知水平→感知易用性	0.304***	0.385	0.046	6.661	<0.001	H2a	是
制度信任→感知易用性	0.227***	0.249	0.045	5.051	<0.001	H3a	是
机制建设→感知易用性	0.000	0.000				H1a	否
认知水平→感知有用性	0.337***	0.366	0.049	6.815	<0.001	H2b	是

续表

路径	未标准化路径系数	标准化路径系数	标准误（S. E.）	临界比（C. R.）	*P* 值	假设序号	假设是否成立
制度信任→感知有用性	0. 206***	0. 194	0. 045	4. 590	<0. 001	H3b	是
机制建设→感知有用性	0. 000	0. 000				H1b	否
感知易用性→感知有用性	0. 452***	0. 387	0. 060	7. 533	<0. 001	H4	是
机制建设→参与意愿	0. 000	0. 000				H1c	否
认知水平→参与意愿	0. 196**	0. 203	0. 065	3. 018	0. 003	H2c	是
制度信任→参与意愿	0. 430***	0. 386	0. 062	6. 981	<0. 001	H3c	是
感知有用性→参与意愿	0. 189**	0. 180	0. 070	2. 690	0. 007	H6	是
感知易用性→参与意愿	0. 000	0. 000				H5	否

注：*** 代表在 0. 1%的显著性水平下显著，** 代表在 1%的显著性水平下显著。

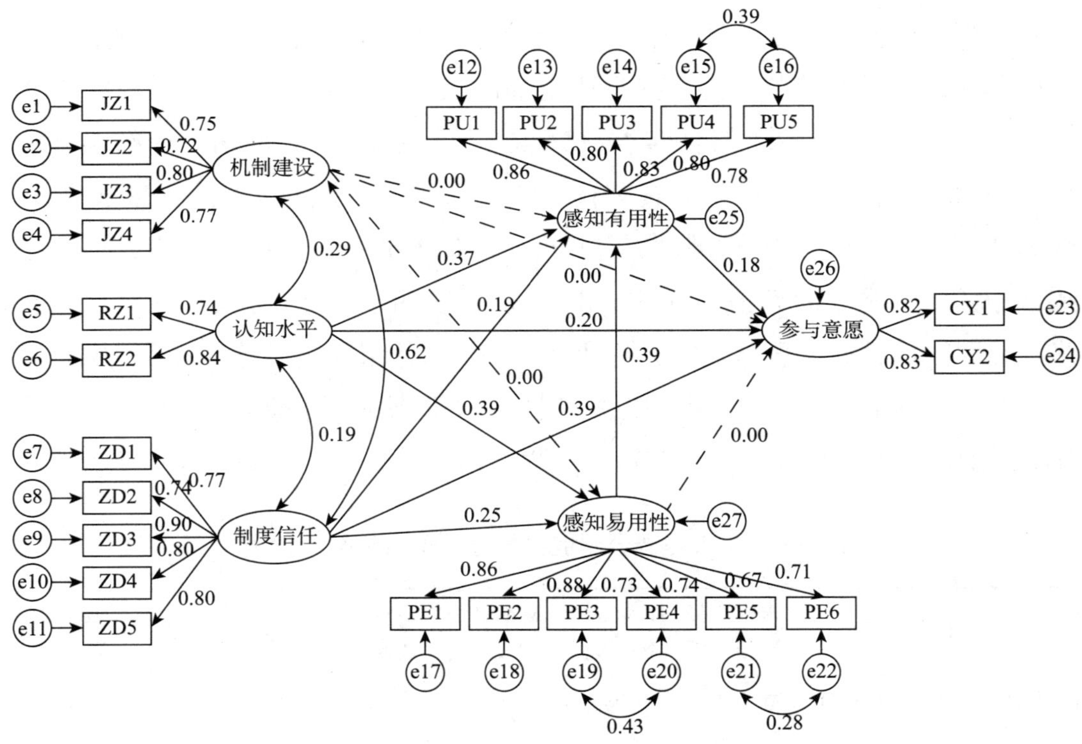

图 3-4　基于 Amos 软件的个人养老金制度参与意愿影响因素分析结果（标准化）

注：虚线路径系数不显著，图 3-4 的误差变量和观测变量与图 3-3 相同，箭头上的数字代表各变量之间的标准化系数。

5. 结构方程模型结果分析

根据实证结果，本章提出的理论假设大部分都得到了验证。接下来，本章将深入分析中介变量和因变量的因素负荷量，以进一步阐释模型中的变量关系和相互影响。

表 3-7 展示的是各个自变量对感知易用性的标准化路径系数。结果表明，认知水平和制度信任对感知易用性具有正向且显著的影响，而机制建设对感知易用性没有显著影响。因此，假设 H2a 和 H3a 成立，假设 H1a 不成立。从因素负荷量绝对值来说，认知水平对感知易用性的影响最大。

表 3-7　感知易用性路径系数

	机制建设	认知水平	制度信任
感知易用性	0.000	0.385	0.249
是否显著	否	是	是

表 3-8 展示的是各个自变量和感知易用性对感知有用性的标准化路径系数。结果表明，机制建设对感知有用性并无显著影响，认知水平、制度信任和感知易用性对感知有用性有正向且显著的影响。因此，假设 H2b、H3b 和 H4 成立，假设 H1b 不成立。从因素负荷量绝对值来说，感知易用性对感知有用性的影响最大。

表 3-8　感知有用性路径系数

	机制建设	认知水平	制度信任	感知易用性
感知有用性	0.000	0.366	0.194	0.387
是否显著	否	是	是	是

表 3-9 展示的是各个自变量和中介变量对参与意愿的标准化路径系数。结果表明，机制建设和感知易用性对参与意愿的影响不显著，而认知水平、制度信任和感知有用性则对参与意愿有积极的影响。因此，假设 H2c、H3c 和 H6 成立，假设 H1c 和 H5 不成立。从因素负荷量绝对值来看，制度信任对参与意愿的影响最大。

表 3-9　参与意愿路径系数

	机制建设	认知水平	制度信任	感知易用性	感知有用性
参与意愿	0. 000	0. 203	0. 386	0. 000	0. 180
是否显著	否	是	是	否	是

综上所述，个人养老金机制建设对感知有用性、感知易用性和参与意愿没有显著影响，而认知水平和制度信任则正向显著作用于感知有用性和易用性，并最终影响个人养老金参与意愿。这表明居民对个人养老金的缴纳上限、开户方式、产品种类等制度问题的敏感性并不高，即这些因素并不是影响参与意愿的关键因素。居民更关注的是产品收益是否能达到预期、本金是否安全、政府监管是否有保障等风险问题，当居民对个人养老金制度越信任，即认为产品越安全时，其参与意愿就越高。同时，认知水平能够正向影响参与意愿，即当居民接受到更为充分的个人养老金宣传、对其产品了解更为深入时，其参与意愿越高。

6. 稳健性检验

本章样本中 55 岁及以上样本量占比 12. 5%，这部分人群可能已经退休或即将退休，大部分人群也不能参与个人养老金制度。因此，本章进一步剔除 55 岁及以上样本，剩余样本数为 397 份。由表 3-10 可知，在信度、效度、CFA 模型适配度检验达标的情况下，本章提出的假设 H1a、H1b、H1c 和 H5 路径系数为 0，假设不成立；其余路径按照 5%的显著性标准均显著，假设成立，该结果与主回归结果相同。模型估计结果如图 3-5 所示。

表 3-10　个人养老金制度参与意愿量表稳健性检验路径系数表

路径	未标准化路径系数	标准化路径系数	标准误（S. E.）	临界比（C. R.）	*P* 值	假设序号	假设是否成立
认知水平→感知易用性	0. 335***	0. 422	0. 049	6. 877	<0. 001	H2a	是
制度信任→感知易用性	0. 277***	0. 298	0. 049	5. 616	<0. 001	H3a	是
机制建设→感知易用性	0. 000	0. 000				H1a	否
认知水平→感知有用性	0. 367***	0. 389	0. 056	6. 549	<0. 001	H2b	是

续表

路径	未标准化路径系数	标准化路径系数	标准误（S. E.）	临界比（C. R.）	*P* 值	假设序号	假设是否成立
制度信任→感知有用性	0.192***	0.174	0.052	3.710	<0.001	H3b	是
机制建设→感知有用性	0.000	0.000				H1b	否
感知易用性→感知有用性	0.423***	0.356	0.068	6.174	<0.001	H4	是
机制建设→参与意愿	0.000	0.000				H1c	否
认知水平→参与意愿	0.220**	0.235	0.069	3.191	0.001	H2c	是
制度信任→参与意愿	0.440***	0.402	0.066	6.655	<0.001	H3c	是
感知有用性→参与意愿	0.160*	0.162	0.072	2.221	0.026	H6	是
感知易用性→参与意愿	0.000	0.000				H5	否

注：*** 代表在 0.1%的显著性水平下显著，** 代表在 1%的显著性水平下显著，* 代表在 5%的显著性水平下显著。

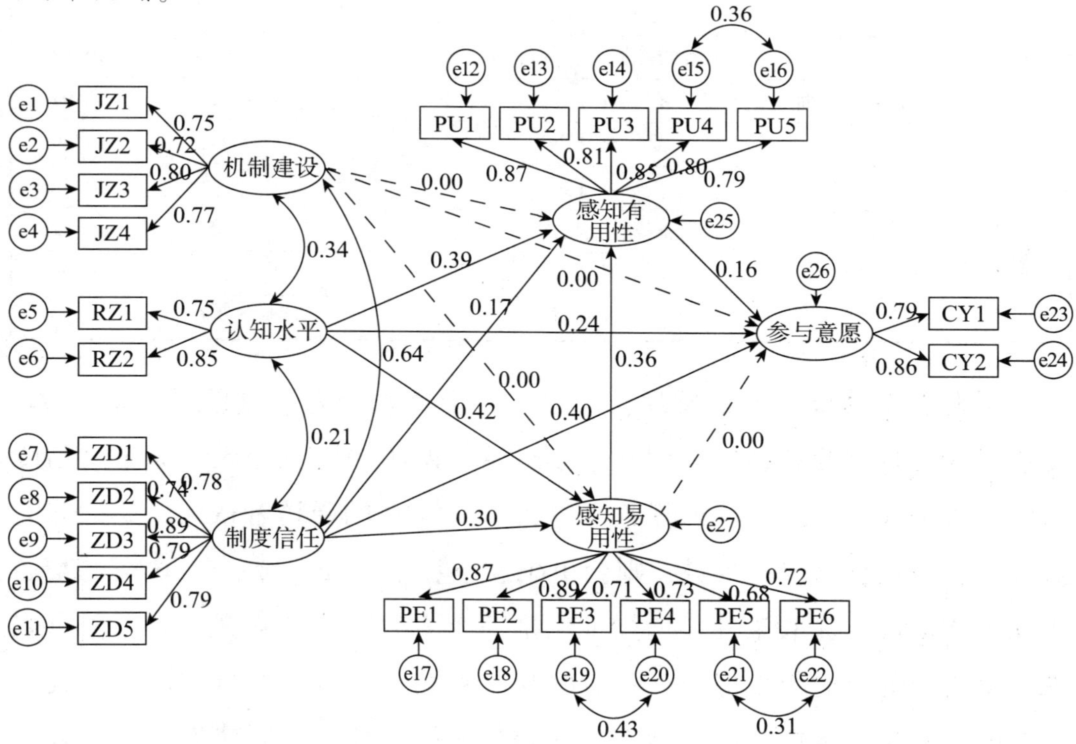

图 3-5　基于 Amos 软件的个人养老金制度参与意愿影响因素分析-稳健性检验结果图（标准化）

注：虚线路径系数不显著，图 3-5 的误差变量和观测变量与图 3-3 相同，箭头上的数字代表各变量之间的标准化系数。

（三）居民对个人养老金的意见建议

在调查问卷的最后，本章以多选题的形式调查了受访者对个人养老金的意见和建议，具体结果见表3-11。

表3-11　受访者的意见与建议

类别	选项	计数	占比（%）
核心优势	每年税前扣除最高可达12000元	312	55.12
	可以利用账户里的资金进行投资理财	296	52.30
	每个月缴纳金额自由	301	53.18
	国家监管、市场运营	333	58.83
推荐意愿	获得可观且稳定的收益	466	82.33
	放宽资金提取条件	343	60.60
	增加其他方面的优惠	288	50.88
	相较于其他理财渠道，有更具差异化且种类丰富的金融产品	260	45.94
	简化操作流程	112	19.79
优惠期望	贷款优惠	288	50.88
	消费类税收优惠	355	62.72
	生活缴费优惠	379	66.96
	医疗优惠	439	77.56

根据以上结果，本章发现：第一，对于个人养老金制度的核心优势，受访者最为看重的是国家监管和市场运营，说明居民对个人养老金的制度保障尤为关注。第二，在推荐意愿方面，82.33%的受访者认为，如果养老金能够有稳定且可观的收益，则会更乐意推荐个人养老金；60.60%的受访者认为放宽资金提取条件会增加他们推荐个人养老金的意愿。以上两点表明，个人养老金的制度保障、收益率和流动性等是居民参与或推荐个人养老金的重要参考指标，而产品丰富性和流程简化性等机制建设相关因素受关注程度则相对较低，这也佐证了结构方程模型中机制建设变量的不显著。第三，在优惠期望方面，77.56%的受访者希望参与个人养老金能够带来医疗优惠，其次为生活缴费优惠（66.96%）、消费类税收优惠（62.72%）和

贷款优惠（50.88%），这可以为个人养老金制度的优化设计提供参考。

五、结论与建议

我国于2022年末正式推出的个人养老金制度是对现有养老保险体系的重要补充，但目前居民观望情绪较为浓厚。本章以技术接受模型和计划行为理论为理论框架，参考相关文献、资料及专家建议，构建了个人养老金制度参与意愿的影响因素模型，进而设计和发放调查问卷，并通过结构方程模型探究影响居民参与个人养老金制度意愿的因素，得到如下结论：第一，25岁以下、工作较不稳定、年收入超过50万元、居住在一线城市、家庭金融资产规模超过50万元、倾向于提前规划养老问题的居民更倾向于参与个人养老金制度。第二，机制建设对提高个人养老金参与意愿并无显著影响，而认知水平和制度信任则对感知有用性和感知易用性有显著的正向影响，进而影响参与意愿。稳健性检验结果和主回归结果一致。第三，制度保障是个人养老金的核心优势，收益率和流动性则可能是当前阻碍居民参与个人养老金的重要因素。

基于以上结论，为了更有效地提高居民对个人养老金制度的参与意愿，本章提出以下三方面建议。

（一）提高认知水平：针对特定人群进行宣传

根据实证结果，认知水平是影响参与意愿非常重要的因素。但问卷调查结果显示，只有约1/4的参与者认为当前关于个人养老金制度的认知是较为充分的，因此政府和金融机构应当加大个人养老金宣传力度。当前，虽然许多银行采取返现、送礼物等花样营销措施吸引居民开设个人养老金账户，结果往往是居民开设账户、领取奖品后并没有进行缴费和投资，主要原因就在于银行拓展客户时没有合理定位目标人群，仅仅为了完成开户目标。

结合参与者画像，本章建议重点针对满足以下条件中一条及以上的群体进行宣传：25岁及以下、工作较不稳定、年收入超过50万元、居住在一线城市、家庭金融资产规模超过50万元。此外，可以在高校中以海报的形式宣传个人养老金制度，做好未来投资人培育工作；可以重点在民营企业和初创企业中宣传个人养老金制度，未来的不确定性导致这类人群有更大的动力探索多种养老方式；可以向高收入群体宣传个人养老金制度，比如银行可以利用自身优势，向高净值客户营销个人养老金。

（二）增强制度信任：提高制度弹性，放宽提取要求

目前，我国个人养老金仅能在退休、死亡或移民时取出，该规定虽然强制性地使居民积累了养老储蓄，但个人养老金并没有类似第一支柱公共养老金的保证性给付机制，并且存入资金几十年后才能取出，投资风险较大，影响制度信任水平。同时，我国作为发展中国家，长期以来在社会保障和公共服务等民生领域的资源供给相对不足，因此人们普遍需要积累大量储蓄，以应对住房、教育、失业、医疗等方面的经济压力，这导致人们对储蓄具有强烈的流动性偏好或预防性动机，常常将养老需求置于其他需求之后。根据本章实证研究，调查者对个人养老金的流动性越满意，制度信任程度就会越高，进而参与意愿越强，且多数被调查者希望放宽个人养老金提取条件。参考海外国家个人养老金制度发展经验，本章建议放宽个人养老金支取条件，当参与者在面临首次购房、支付庞大医疗账单、成为残障人士或失业时能够从个人养老金账户限额或限比例地支取部分资金（无须补回），或从个人账户以零利率贷款（后续需要补回资金），以增加账户资金流动性，增强制度信任，从而提升参与意愿。

（三）提高监管保障：建立产品准入和退出制度，促进信息披露标准化

根据实证结果，被调查者对个人养老金产品的安全性和收益率越信任，制度信任越高，参与意愿越高，因此控风险、保安全是个人养老金制度健康运行的关键。一方面，金融机构应当选取更资深、更稳健的投资经理来

管理个人养老金产品，尽量保持投资收益平稳增长。另一方面，监管机构也应当建立更严格、更完善的监督体系。一是建立个人养老金产品准入制度，通过评估的产品才能够进入市场；二是建立个人养老金产品信息披露标准和信息库，方便参与者对比和选择。

（热万·托合达尔　齐雪莹　李成林）

第四章　中国居民退休准备与延迟退休影响的评估

本章讨论中国居民退休经济准备充分程度，定义居民耗尽所有资产的年龄为破产年龄，居民在死亡前耗尽全部资产的概率为破产概率，构建了一个能刻画中国居民破产年龄与破产概率的精算模型。本章最后在模型中引入延迟退休政策，以说明特定的社会个体的退休经济准备如何受到延迟退休影响，并分析了延迟退休影响的异质性。本章的主要创新之处在于从新的视角定量研究退休经济准备，研究发现约 1/3 的个体退休经济准备充分，男性退休经济准备情况好于女性，并且进一步发现延迟退休年数较少时对男性积极效果更大，年数超过 7 年后对女性积极效果大。整体而言，本章补充了退休经济准备的相关研究，也为制定延迟退休政策提供参考。

一、引言

老龄化治理与养老保障是当前中国面临的重要任务。党的十九届五中全会指出，“我国人口形势正发生重要转变，人口老龄化不断加深”。国务院印发《国家积极应对人口老龄化中长期规划》提出“夯实应对人口老龄化的社会财富储备”。在应对老龄化过程中，老年人口的养老保障是政策推行的关键。目前中国社会在养老保障方面呈现“两高、两大、两低”的显著特征：人口老龄化态势高速化、高龄化；退休人口基数大、差异大；社区养老社会化水平低、自我养老和社会化养老意识低。老龄人口保障体系建设，成为中国迈向城市文明迫切需要解决的突出问题之一。目前，我国政府已采取一系列措施，其中，延迟退休兼顾降低政府养老负担与夯实居民退休准备的双重作用，成为社会舆论关注并认同的焦点。2022 年 2 月 31 日，《“十四五”国家老龄事业发展和养老服务体系规划》正式宣布，实施渐进式延迟法定退休年龄。但是，延迟退休政策能否增强居民退休准备，从而减轻养老负担呢？这是本章要回答的主要问题。

本章首先使用了中国家庭追踪调查数据进行实证研究，定义居民耗尽所有资产的年龄为破产年龄，在死亡前耗尽全部资产的概率为破产概率，建立模型预测居民未来收入支出路径并计算破产年龄与破产概率，从经济视角实证考查中国居民退休准备充分程度，并分析延迟退休政策的乘数效应与对不同群体的影响效果。其次本章研究发现，约 1/3 的个体退休经济准备充分，男性退休经济准备情况好于女性，高教育水平的人退休准备更充分。最后，本章还发现延迟退休能有效降低破产概率、提高破产年龄；延迟退休年数较少时对男性积极效果更大，年数超过 7 年后对女性积极效果更大，出现乘数效应。

居民的退休准备是否充分，国内相关的理论分析与实证研究仍较为缺乏。清华大学发布的《2022 中国居民退休准备指数调研报告》，通过问卷收集数据并选取退休责任意识、财务规划认知水平、财务问题理解能力、退休计划完善度、退休储蓄充分度以及对取得期望收入的信心六个指标，定性地构建了中国居民退休准备指数。但是，这一研究并没有从“收入—支出”的角度定量研究。本章将传统的养老年金模型与退休经济准备研究相结合，从新的视角定量研究退休经济准备，创新性地构建破产年龄和破产概率两大指标，并对其分布和影响因素进行分析，对退休经济准备相关的研究是较好的补充。

关于延迟退休政策对养老影响的研究颇丰，有力推动了这一领域的快速发展。多数国家在实施渐进式延迟退休年龄政策过程中，人均预期寿命的进一步提高会降低生育率水平（Zhang et al.，2005；Soares，2005；Chen，2010；Cervellati et al.，2015），而耿志祥和孙祁祥（2020）提出延迟退休年龄会提高均衡时的生育率水平，生育率水平的提高会影响未来劳动力的供给（郭凯明、颜色，2016），进而影响到退休人员的养老金替代率和个人退休后的养老金收入。但是，这些研究并未研究延迟退休政策受不同群体、不同延迟年限的异质性的影响，本章将退休经济准备评估与延迟退休政策影响相结合，对政策影响的异质性进行研究，进一步发展了延迟退休年龄的实证研究。

本章余下部分安排如下：第二部分进行文献综述，第三、第四部分建立精算模型并给出参数假设，第五部分进行实证分析，第六部分引入政策模拟，第七部分总结。

二、文献综述

（一）我国人口老龄化现状

我国人口结构老龄化问题由来已久，其根本原因来自两方面，一方面是人口预期寿命的延长，另一方面是出生率的持续下降。伴随我国医疗技术水平持续提高以及养老保健观念逐渐深入人心，我国的老年人口预期寿命持续增长，在1990年我国新生人口的预期寿命仅为69.15岁，然而这一数字在2018年达到了76.70岁（于也雯、龚六堂，2021）。与此同时，在少生优生理念逐步推行下，我国出生率也开始出现下滑，在1990年，我国适龄妇女人均生育数量为2.31人，这一数字在1997年下降至1.61人后维持稳定。在人口老龄化问题的影响下，实际上对于居民的储蓄率水平、消费水平以及人力资本投资水平产生了显著影响，此外代际转移也加深了问题的复杂性（汪伟，2016）。

在人口老龄化背景下，老年人口的退休收入保障也日益受人关注（Hershey et al.，2010）。汪伟（2016）提出，在当今中国，人口老龄化负面地影响经济增长、家庭储蓄与人力资本投资。James等（2012）发现超过一半的家庭在死亡前一年的金融资产不足一万美元，并且没有住房财富，唯一的财富来源是社会保险或DB型养老金，这意味着他们无法承受大病等冲击。在西方，许多婴儿潮一代的人，面临储蓄不足、健康状况下降，过着穷困潦倒的退休生活（Leandro-França et al.，2016）。

中国仍然属于发展中国家，步入老龄化社会属于“未富先老”。与此同时，与西方国家相比，中国的中老年人受教育程度较低，还受“养儿防老”、计划生育等背景影响，使中国的老龄化问题更加复杂和严重。范煜和陈云（2017）认为中国人口老龄化的特征是：形成时间短，发展速度快，人口规模大，城乡、地区不平衡，社会保障体系不完善，老年人口保障和服务能力严重不足，还没有形成比较成熟的经济社会条件来应对老龄化社会的挑战。高建伟和李佩（2017）还指出，目前我国养老保障机制还不够完善，养老服务业的发展与我国人口老龄化进程不同步。所以个人养老规划的研究也就显得越来越重要，但在我国相关的实证研究还比较少。周海珍和吴美芹（2020）发现，金融素养更高的个体进行养老准备的可能性越大，养老准备更为完善；金融素养水平的提高可以使个人养老责任意识增强，在面临养老压力下对国家提供的社会养老保险依赖性较低，同时受教育程度更高、自身更健康的个体，其养老准备行为更为完善，养老责任意识也更强。吴雨等（2017）发现，金融知识水平的提高可以促进家庭养老计划的完善，促进家庭养老方式的多样化。

（二）老年人口的退休经济准备

老年人口的退休经济准备方面，Hurd 和 Rohwedder（2011）将充分的退休准备定义为去世时拥有正资产，基于生命周期理论为每个家庭构建生命周期消费路径，发现70%的66～69岁个体退休准备充分，但具有某些教育、性别和婚姻状况特征的群体退休准备较差，最明显的是缺乏高中教育的单身女性，该群体内仅有29%做好了充分的退休准备。Gurd 和 Or（2011）发现教育水平高的人更注重退休准备，这源于他们拥有更多资金与信息资源；年龄越高的人也会更注重退休计划。但 Moorthy（2012）认为，年轻员工反而有更好的退休计划。此外，研究认为，女性的退休准备水平低于男性，并且女性更愿意与丈夫一同安排退休计划（Moen et al.，2015）。中国对退休准备的研究始于清华大学的退休准备指数调研项目，最新结果显示中国居民在财务能力、退休计划和退休储蓄方面仍有较大的提升空间，仅有 21%的受访者有详尽的书面计划。基于 CHARLS，Niu 等（2020）发现金融素养对中国人退休准备的各个方面都有强大而积极的影响，包括确定退休财务需求、制定长期财务计划、购买私人养老保险。

（三）延迟退休政策的影响

延迟退休政策的影响方面，国际研究聚焦于政策供给、需求及效果三个维度。供给侧方面，Michello 和 Ford（2006）研究显示，提高退休年龄很可能会提高失业率，并产生其他福利成本，从而抵消任何社会保障财务能力的改善；王海涛（2011）也指出中国的外向型经济未来可能遭遇就业危机，不应推行延迟退休政策；但是也有学者反对延迟退休提高失业率，Kalwij 和 Kapteyn（2010）实证发现年轻人和老年人的就业并非相互替代，甚至具有一定互补性；阳义南（2014）研究 OECD 国家的面板数据发现，延迟退休会降低青年失业率；吕志勇（2012）基于经济理论，解释延迟退休年龄与就业直接的内在关系，使找到延迟退休与保护就业的平衡点成为可能。需求侧方面，于翠婷和喻继银（2013）通过抽样调查，发现男性、高龄、高收入群体有更强的延迟退休意愿；清华大学《2021 中国居民退休准备指数调研报告》指出，支持延长退休年龄的受访者比例明显提升。实施效果上，Gustman 和 Steinmeier（2004）根据生命周期模型测算养老金，发现从 62 岁至 64 岁的退休年龄延迟，能降低 60%的 62 岁至 64 岁人群的退休高峰期，减轻养老金收支压力。郑睿臻等（2017）对居民缴纳与领取的养老金进行测算，从理论角度发现延迟退休能有效促进居民退休准备。

三、中国居民退休经济准备：一个精算模型

（一）生命周期消费理论

Modigliani 和 Ando① 提出生命周期消费理论，假设理性消费者从生命周

① Modigliani F, Ando A K. Tests of the life cycle hypothesis of savings: comments and suggestions1 [J]. Bulletin of the Oxford University Institute of Economics & Statistics, 2009, 19 (2): 99-124.

期维度决定消费方式。该理论把人的生命周期划分为幼年期、成年期与老年期。幼年期处于求学阶段，没有收入，父母承担生活支出，负债生活；成年期参与工作并获得收入，该时期收入变化率为正，逐渐增加，大于支出的部分逐渐积累，成为退休准备；老年期伴随着退休，收入逐渐减少并依赖于转移支付，支出再次超过收入。生命周期理论认为消费存在于整个周期，整个周期的收入呈现倒 U 型，在成年期末尾达到最高点，而理性人会根据对未来收入的预期安排支出，通过退休准备使得支出在退休前后保持稳定。生命周期理论如图 4-1 所示。

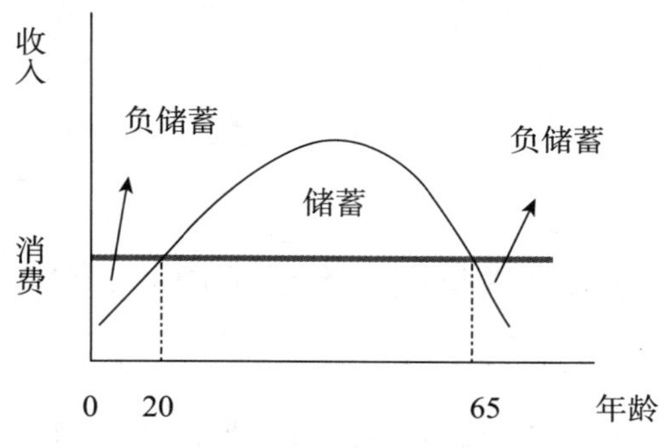

图 4-1　生命周期理论

本章的总体目标是评估退休的经济准备，即研究退休后的个人是否拥有所需的财政资源，为从退休到生命结束的消费计划提供资金。如果其去世时拥有正财富，他便已做好充分准备。这一目标依赖于在有限信息下，根据生命周期模型预测个体在剩余寿命内的收入与支出。Hurd 和 Rohwedder（2011）基于健康和退休调查（HRS）以及家庭消费与活动调查（CAMS）数据，为每个家庭构建生命周期消费路径，由于个人未来消费路径的唯一不确定性来自死亡风险，根据生命周期模型，个人会选择最优的消费去满足：

$$\frac{\mathrm{d}\ln c_t}{\mathrm{d}t}=\frac{1}{\gamma_t}(r-\rho-h_t) \tag{4-1}$$

式中，c_t 为 t 期的消费，γ_t 是风险规避因子，r 是实际利率，ρ 是时间偏好贴现率，h_t 是死亡率。进一步地，Hurd 和 Rohwedder（2011）认为死亡率因年龄、性别和教育程度而不同，由此他们采用如下模型：

$$\frac{c_{t+1} - c_t}{c_t} = \alpha_i + \beta_j + \theta_k + \mu \tag{4-2}$$

式中，i 代表年龄，j 代表性别，k 代表受教育程度，α_i、β_j、θ_k 为不同的回归系数。根据方程式预测出的消费结果显示，70%的66~69岁个体退休准备充分，但具有某些教育、性别和婚姻状况特征的群体退休准备较差，最明显的是缺乏高中教育的单身女性，该群体内仅有29%具备充分的退休准备。

本章将基于Hurd和Rohwedder模型，以个体的年龄、性别、退休状况、工作性质等特征作为解释变量，通过面板回归等统计方法，建立个体的收入支出路径。

（二）养老年金模型

建立个体的收入与支出路径后，本章采用寿险精算中的养老年金模型对退休准备状况进行分析。

年金是指在约定期内按一定的时间间隔收付一次的现金流。保险公司对生存年金的承保责任是被保险人在一定时期或者终身内，被保险人生存时，每隔一定时期，由保险公司按期支付一次年金直至被保险人死亡或保险期限届满为止①。从精算角度，终身养老年金的现值是：

$$PV = a_{\overline{K_x|}} = v + v^2 + \cdots + v^{K_x} = \sum_{j=1}^{K_x} v_j = \frac{1 - v^{K_x}}{i} \tag{4-3}$$

式中，$a_{\overline{K_x|}}$代表终身养老年金的现值，i 为利率，$v=\frac{1}{1+i}$为折现系数，K_x 是 x 岁个体的剩余寿命，由于 K_x 是随机变量，进一步得到终身养老年金的期望现值与方差：

$$EPV = a_x = \sum_{j=1}^{K_x} {}_jP_x v^j \tag{4-4}$$

---

① 李丹，田佳佳. 人身保险［M］. 北京：科学出版社，2013.

$$\operatorname{var}\left[a_{\overline{K_x\,|}}\right]=\frac{1}{i^2v^2}\operatorname{var}\left[v^{K_x+1}\right]=\frac{1}{d^2}\left[A_x^2-(A_x)^2\right] \tag{4-5}$$

式中，$d=\frac{i}{1+i}$是贴现率，${}_jP_x$是 x 岁的人活过 j 岁的概率，A_x是 x 岁的人终身寿险的期望现值。

在生命周期分析中，个体从调查年份往后各年龄的支出和收入得到估计。假定个体被调查年份年龄为 x，净资产为 A_0，每年收入为 I_1，I_2，$I_3\cdots$ 每年支出为 P_1，P_2，$P_3\cdots$ 若将期初净资产作为趸缴保费，每期收入和支出作为保险公司在该生命年金上每期的年金支出与保费收入，可将居民未来的收支状况视作生命年金的持续过程。保险是基于风险的不确定性设计出的金融产品，通过大数法则和中心极限定理等概率论知识，可对特定风险的不确定性进行估计和预测。面对特定的个体，保险公司的盈利与否可以看作随机事件，被保险人生存时间越长，保险公司亏损概率越大，保险公司的损失为图 4-2 所示。

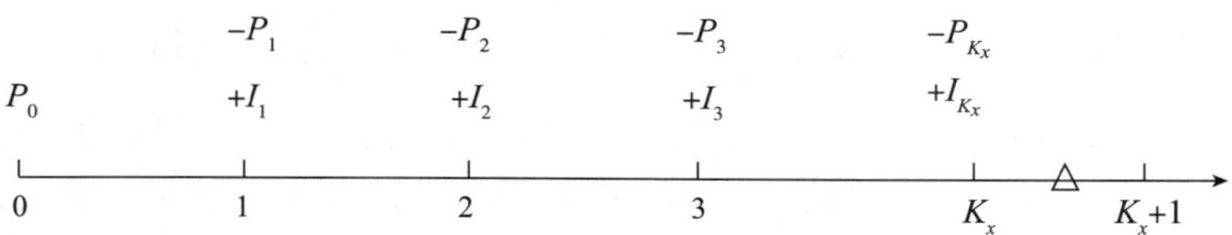

图 4-2　保险公司的损失

$$L_x=A_0+\sum_{i=1}^{K_x}I_iv^i-\sum_{j=1}^{K_x}P_jv^j \tag{4-6}$$

同理，可以类比求出居民的破产概率——保险公司的亏损概率：

$$P(L_x<0)=P(A_0-\sum_{i=1}^{K_x}(P_j-I_i)v^i<0)=P(K_x>k)={}_kP_x \tag{4-7}$$

因此，对任意居民，估计其未来生命周期内的收入与支出现金流，通过未来收入支出的折现之和与现存资产作差，可以衡量其是否具备充分的退休准备。若居民在 T 岁耗尽所有资产，则居民的退休准备不足以支持 T 岁后的生活，定义 T 为居民的破产年龄。同时引入破产概率 $P_{bankruptcy}$，即居民在死亡前耗尽全部资产的概率。进一步地，根据养老年金的期望与方差公式，个体未来收入支出的精算折现与波动性也可以求出。

四、相关参数假设

（一）数据说明与变量描述

1. 数据

我们的分析基于CHARLS，它以中国45岁及以上中老年人微观数据为调查对象，已经在国内外高质量实证研究中被广泛使用，数据质量可以得到保证。CHARLS全国基线调查于2011年开展，覆盖150个县级单位，450个村级单位，约1万户家庭中的1.7万人①。其内容非常丰富，本章主要对基本信息、家庭、健康状况、医疗保险与保险、退休与养老金、收入与支出的详细信息进行研究。

本章使用CHARLS 2011、2013、2015、2018四期数据，分别提取所需数据。对于年份间匹配，采用以个体为单位合并的方式。特别地，自2013年起“househouldID”增加离婚后房产分割的标志，由2011期的9位增加到10位，本章也相应使用调整后的ID进行匹配。对缺失的个体特征数据，本章基于个体其余年份的调查结果进行填充，最终得到包含25645个个体、4个年度的非平衡面板数据。

个体层面而言，主要包括4个维度数据。①收入：工资性收入、转移支付收入，代表退休前后的主要收入来源。②支出：主动支出与被动支出。主动支出的划分以马斯洛需求模型为基础，包括满足生理需要、安全需要的日常生活支出与满足社交需要等的教育、旅游等超额支出；被动支出带有被迫与强制的属性，其代表是医疗支出。③资产：个人现金、存款、金融债券、负债。④个人特征：年龄、性别、城镇/农村、是否退休、教育水平、健康水平、婚姻状况、孩子数、养老金、家户成员数、工作类型、是

① CHARLS官网：http：//charls. pku. edu. cn.

否有医保，从不同方面刻画样本画像。其中，样本的收入、支出、资产均根据通胀率调整至2018年水平。主要变量的界定见表4-1。

表4-1 主要变量的界定

变量类型	变量名称	变量符号	含义
收入（元）	工资性收入	salary	工资
	转移支付收入	trans	退休金或养老金、失业补助、无保障老人生活补贴、工伤保险金、独生子女老年补助、医疗救助、其他补助、社会捐助、其他收入
支出（元）	日常生活支出	rdaily_exp	食品、邮电、通信、水费、电费、日用品包括美容化妆品等日常支出
	超额支出	rexcess_exp	文化娱乐支出、旅行支出、教育培训等
	医疗支出	rmedicinal_exp	医疗支出（包括直接或间接）
资产（元）	个人现金	cash	—
	存款	deposit	—
	金融债券	bond	持有政府债券、股票和基金的当前价值
	债务（负资产）	debt	尚未还清的贷款
控制变量	年龄	age	—
	性别	gender	0：女性，1：男性
	城镇/农村	liveplace	0：农村，1：城镇（城或镇中心区）
	是否退休	retire	0：未退休，1：已退休
	工作类型	WorkStatus	0：失业，1：农业自雇，2：非农自雇和家庭经营活动帮工，3：受雇于居民户、农户、个体户，4：受雇于企业，5：受雇于非营利机构，6：受雇于事业单位或政府部门
	教育水平	edu	1：未受过教育，2：未读完小学， 3：小学毕业或私塾毕业，4：初中毕业， 5：高中毕业或中专毕业，6：大专及以上毕业
	健康水平	health	1：很好，2：好， 3：一般，4：不好，5：很不好
	养老金	pension	0：没有养老金，1：有养老金
	婚姻状况	marriage	1：已婚或有人同居，0：未婚且无人同居
	孩子数	child_num	包括亲生子女、继子女和养子女，健在的子女数
	家户成员数	member	家户成员是指一同居住，且共享生活收支的人

续表

变量类型	变量名称	变量符号	含义
控制变量	是否有医保	insurance	0：没有医保，1：有医保
	退休转变	Tretire	1：当期经历了从未退休到退休的转变， 0：当期未经历从未退休到退休的转变

资料来源：根据CHARLS 2011、2013、2015、2018四期数据计算整理得到。后文表格资料来源同表4-1。

2. 描述性统计

主要变量的描述性统计见表4-2。

表4-2 主要变量的描述性统计

变量符号	观测数	均值	标准差	最小值	最大值
Income	78912	16057.01	38983.56	0	6000000
rdaily_exp	78912	7162.15	31824.85	0	7495888
rexcess_exp	78912	658.54	3309.35	0	250000
rmedicinal_exp	78912	1449.86	6159.90	0	300000
cash	78912	1850.77	9563.65	0	1000000
deposit	78912	14309.51	371709.88	0	100000000
bond	78912	6640.29	106479.67	0	10000000
debt	78912	7341.42	66843.92	0	6000000
age	78912	60.09	10.47	45	118
gender	78912	0.48	0.50	0	1
liveplace	78912	0.18	0.38	0	1
retire	78912	0.14	0.35	0	1
WorkStatus	78912	1.28	1.56	0	7
edu	78912	2.79	1.41	1	6
health	78912	3.00	1.00	1	5
pension	78912	0.65	0.48	0	1
marriage	78912	0.65	0.48	0	1
child_num	78912	1.59	1.86	0	16

续表

变量符号	观测数	均值	标准差	最小值	最大值
member	78912	3.35	3.26	1	300
insurance	78912	0.94	0.23	0	1
Tretire	78912	0.02	0.13	0	1

描述性统计显示，平均而言，样本有着正的净资产，并且收入大于支出，这是由于样本中大部分群体仍处于工作状态，处于生命周期中的成年期，收入大于支出的部分被储蓄成为个人资产。个体的日常支出明显大于超额支出，这与我国不平衡、不充分的发展带来的社会主要矛盾相吻合，人们的消费以固定的生活支出为主。医疗费用也相对较高，这是因为45岁以上的年龄群体疾病发生率较高，以癌症为例，根据国家癌症中心发布的《2011年中国恶性肿瘤发病和死亡分析》[①]，“恶性肿瘤发病率在0~39岁段处于较低水平，40岁以后开始快速升高，80岁年龄组时达到高峰”。个体特征层面，调查群体性别中位数为0.5，性别比均衡，覆盖面广；大部分为农村人口，退休个体所占比例低，健康状况平均处于中等水平，有结婚并有3个以上家庭成员；医疗保险覆盖率高，医保变量均值达到0.94，表示94%的样本参加了医疗保险计划。

（二）支出路径分析

本章将支出变化路径分解为主动支出与被动支出。主动支出包括食品、交通等日常支出与教育、旅游等超额支出，符合 Hurd 和 Rohwedder (2011)[②] 基于生命周期模型提出的消费路径，本章通过回归手段加以模拟，其中 i 代表年龄，j 代表性别，k 代表教育程度，α_i、β_j、θ_k 为不同的回归系数：

① 陈万青，郑荣寿，曾红梅，等.2011年中国恶性肿瘤发病和死亡分析［J］. 中国肿瘤，2015，24（1）：1-10.

② Hurd M，Rohwedder S . Economic Preparation for Retirement［J］. NBER Working Papers，2011：77-113.

$$\frac{c_{t+1} - c_t}{c_t} = \alpha_i + \beta_j + \theta_k + \mu \tag{4-8}$$

被动支出主要是医疗费用，不同于主动支出，它不是理性人根据未来收入的预期计算的最优消费，具备难以量化的波动、巨大的不确定性，受到通胀、政策、医学科技等诸多因素叠加的影响。本章基于北美精算师协会提出的 Getzen 模型，根据中国医疗支出总趋势得到对样本未来医疗费用路径的估计。

1. 主动支出

个体的主动支出根据支出的初值、变化率确定。初值是调查年份个体的主动支出，变化率根据消费路径估计得到。基于 Hurd 和 Rohwedder（2011）提出的消费路径，本章预测消费路径的解释变量包括年龄、性别、工作类型、教育程度、健康状况、孩子数量、家庭成员数量、婚姻、是否退休和年龄的交互项、是否正在退休等，模型如下：

$$\begin{aligned} rexp_{it} = {} & age2_{it} + age3_{it} + gender_i + WorkStatus_{it} + edu_{it} \\ & + marriage_{it} + member_{it} + retire \times age_{it} + Tretire_{te} + \eta_i + \theta_t + u_{it} \end{aligned} \tag{4 - 9}$$

$$age2 = \left(\frac{age}{10}\right)^3,\ age3 = \left(\frac{age}{10}\right)^3 \times \ln\left(\frac{age}{10}\right)$$

式中，$rexp$ 是支出变化率，包括日常支出与超额支出。共有 20537 个样本有可获得的支出变化率数据，支出变化率均按复利修正为年变化率，此子样本具有与原样本类似的年龄、收入分布。模型中，η_i 是个体固定效应，θ_t 是时间固定效应。由于年龄是预测模型中最主要的变量，其构造采用多元逐步回归法，依据 AIC 准则寻找最佳解释数据并包含最少自由参数的模型，当选用三次方与三次方乘对数项时，AIC 达到最小的-22606.99。考虑到退休前、后支出路径有所区别，对退休前后样本分别回归，结果见表 4-3。

表 4-3　支出路径回归结果

变量	(1)	(2)	(3)	(4)
	rdailyexp1	rdailyexp2	rexcessexp1	rexcessexp2
age2	-0.024 (-0.86)	-0.002** (-2.52)	-0.027 (-0.28)	-0.014*** (-4.70)
age3	0.009 (0.88)	0.001*** (2.86)	0.009 (0.24)	0.006*** (4.37)
gender	-0.012 (-0.49)	-0.008 (-0.89)	-0.057 (-0.77)	-0.034 (-1.13)
WorkStatus	0.005 (0.55)	-0.000 (-0.17)	0.000 (0.01)	0.027*** (2.88)
edu	-0.013 (-1.55)	0.002 (0.58)	0.054** (1.99)	0.036*** (3.09)
marriage	-0.016 (-0.34)	-0.018 (-1.11)	-0.017 (-0.10)	-0.099 (-1.39)
member	0.036*** (5.37)	0.037*** (33.90)	0.033 (1.54)	0.053*** (10.82)
retire×age	0.055 (0.81)		0.097 (0.42)	
Tretire	-0.006 (-0.21)		-0.050 (-0.50)	
Constant		0.099*** (2.74)		0.670*** (4.94)
Observations	3746	41217	1677	11844
Number of ID	2486	18734	1291	8830

注：①括号内系数为 t 统计量，后表同。②*** $p<0.01$，** $p<0.05$，* $p<0.1$，后表同。

表中第（1）列是退休人员的日常支出变化率，第（2）列是未退休人员的日常支出变化率。结果显示，退休与未退休间差别不大，家庭成员和年龄是最显著的变量，日常支出变化率随年龄增长而增大，随家庭成员数量增加而变大，这可能由于样本群体大部分仍承担大量家庭责任。表中第（3）、第（4）列是退休人员与未退休人员的超额支出变化率。相比日常支出，超额支出与教育程度、工作状态呈现显著的正相关性，可能由于高教育、高收入群体更加关注家庭娱乐与子女教育，这与李乐（2023）得到的结论是一致的。

2. 被动支出

本章基于 Getzen 模型，对中国医疗费用增长趋势进行预测，并应用于对样本被动支出路径的估计。

Getzen（2020）基于30多年的观察，表明长期经济因素，而不是疾病发病率，是造成医疗支出总趋势中断和变化的主要原因。短期经济和医疗状况往往非常不稳定，年增长率几乎不可预测，但长期情况可能会趋于稳定，与长期趋势一致或接近。基于此，Getzen 模型主要预测目标的长期平均医疗费用增长率。

对于长期预测，Getzen 提出，医疗费用的长期增长可以分解为通货膨胀、经济增长与技术进步等导致的超额增长，用以下公式表示：

$$1 + \Delta HCE_T = (1 + P_t)^* (1 + \Delta GDPpC_t)^* (1 - EG_t) \qquad (4-10)$$

式中，$(1 + P_t)$ 代表通货膨胀带来的物价上涨，服务、药物、手术材料价格上升，医疗费用增长；$(1 + \Delta GDPpC_t)$ 代表经济增长，人们的医疗支付能力提升，医生收入上升，医疗费用增长；$(1 + EG_t)$ 代表医疗技术进步带来的实际医疗费用的增长。为保证模型后期的稳定，Getzen 将超额增长限制增加到模型中：限制一是当医疗支出占比达到 GDP 一定份额后，政府会人为降低医疗支出，使得技术进步导致的超额增长率逐渐减为0；限制二是年份上限，年份上限定义了超额增长结束的限额，使得健康支出份额在特定年份变为常数，以使医疗费用增长与经济增长相同。

而短期预测并不是模型的研究对象，Getzen（2020）在报告中建议医疗费用增长率采用基于短期经济和医疗状况的预测结果，并在中期采用短期与长期的线性插值结果。

因此，在本章中，短期根据弗若斯特沙利文报告中的中国医疗总支出数据与 IFs 模型预测的中国总人口，计算得到短期医疗费用增长率；中期采用短期与长期预测结果的线性插值结果；长期采用 OECD 的通货膨胀预测、IFs 模型的真实 GDP 及人口预测，并设定超额增长率为1.9%，医疗支出占

GDP 份额 10%后受阻，年份上限 2075 年，得到如图 4-3 所示的医疗费用变化率，将个体医疗费用支出按照医疗费用变化率放大，将得到个体估计的未来医疗支出。

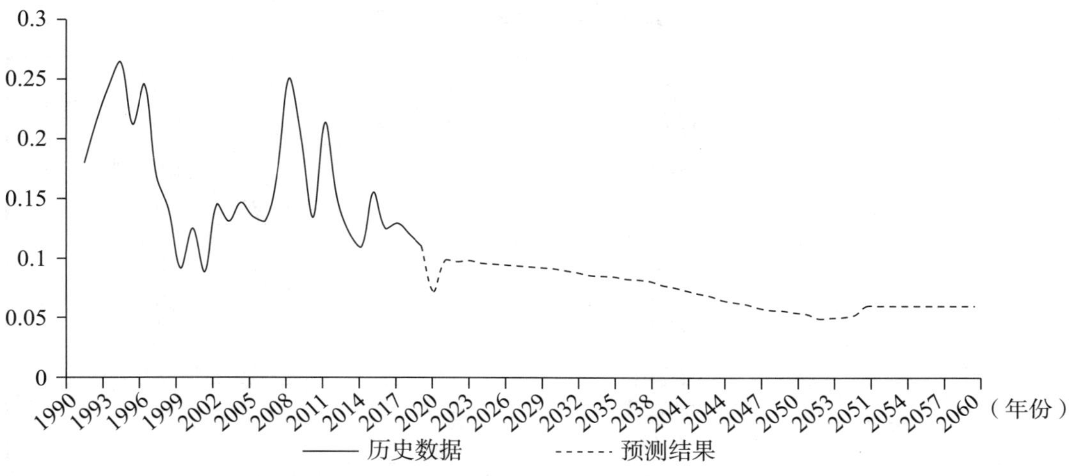

图 4-3 医疗费用变化率预测

医疗费用变化率预测结果显示，长期医疗费用变化率稳定在 6%，此时超额增长率降为 0，医疗费用变化率由通胀率与人均实际 GDP 增长率决定；进一步地，医疗总费用占比方面，预测 2030 年卫生支出占比为 8. 6%，预计未来我国医疗总费用占 GDP 比重稳定于 11. 2%。

（三）收入路径分析

收入包括工资与转移支付，采用与主动支出相同的方法估计：

$$rincome_{it} = age2_{it} + age3_{it} + gender_i + WorkStatus_{it} + edu_{it} + marriage_{it} + member_{it} + retire \times age_{it} + Tretire_{te} + \eta_i + \theta_t + u_{it} \qquad (4-11)$$

$$age2 = \left(\frac{age}{10}\right)^{-2},\ age3 = \left(\frac{age}{10}\right)^{3}$$

式中，*rincome* 是收入变化率。共有 14914 个样本有可获得的收入变化率数据，收入变化率均按复利修正为年变化率。年龄变量的构造采用多元逐步回归法，依据AIC准则得到最优的结果。考虑到退休前、退休后支出路径有所区别，对退休前退休后样本分别回归，结果见表4-4。

表4-4 收入路径回归结果

变量	(1)	(2)	(3)
	rincome	rincome1	rincome2
age2	2.601** (2.27)	29.270 (0.63)	1.624 (1.48)
age3	0.000*** (3.93)	0.001 (0.27)	0.000 (1.07)
gender	0.006 (0.42)	−0.042 (−0.83)	0.003 (0.25)
WorkStatus	−0.026*** (−6.51)	−0.062*** (−3.95)	−0.026*** (−6.59)
edu	0.007 (1.38)	0.025 (1.39)	0.005 (0.98)
marriage	−0.014 (−0.51)	−0.099 (−0.74)	−0.030 (−1.12)
member	0.000 (0.06)	0.021 (1.53)	−0.000 (−0.22)
retireage	0.002*** (5.31)	0.025 (0.28)	
Tretire	−0.125*** (−2.85)	−0.106* (−1.71)	
Constant	0.038 (0.57)		0.159** (2.41)
Observations	14914	1872	13042
Number of ID	10163	1607	8845

表4-4中第（1）列是全样本回归，第（2）、第（3）列分别是退休个体与未退休个体的回归结果。收入变化率随年龄增长而变大，工作状态与退休转变的系数显著为负，表示高收入群体收入稳定性强，退休后收入变化率小，这可能与收入由工资转化为养老金有关。

五、中国居民退休经济准备的实证评估

（一）中国居民退休经济准备状况

为评估中国居民退休准备情况，在78912个全观测值的全样本数据中仅保留同一个体的最新观测，根据同一个体前后年份的变量取值填充缺失，并删除无法填充的缺失样本，得到样本量为15949的截面数据。对不包含退休时点的个体，假定男性60岁时退休，女性55岁时退休①。通过改变个体年龄并代入回归得到的主动支出路径与收入路径，计算估计的各年龄主动支出变化率与收入变化率，并进一步得到各年龄估计的主动支出与收入；将个体医疗费用支出按照医疗费用增长趋势放大，得到个体估计的未来医疗支出。至此，我们得到个体在 t_0 时刻的净资产与之后各时点的收入与支出，将从养老金保险替代率与破产概率两方面分析中国居民退休经济准备。

1. 实际退休年龄

实际退休年龄是影响居民退休准备与延迟退休政策效果的重要变量，本章采取的处理是，对不包含退休时点或首次被调查时已超过法定退休年龄的个体，假定男性在60岁退休，女性在55岁退休。实际退休年龄的描述性统计见表4-5。

表4-5　实际退休年龄描述性统计

单位：岁

退休年龄	均值	中位数	标准差	最小值	最大值
男性	59.8957	60	0.9155514	42	60
女性	54.9089	55	0.6777982	30	55

结果显示，少量居民早于退休年龄退休，而大部分居民均于假定的退休年龄退休，这是由于原数据的调查期数限制造成的。女性、男性退休年

① 现行退休年龄是：男性60岁，女干部55岁，女工人50岁。

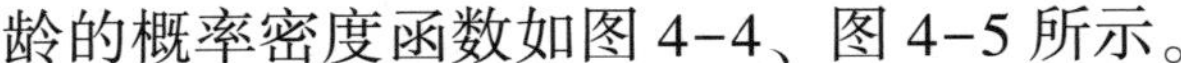

龄的概率密度函数如图 4-4、图 4-5 所示。

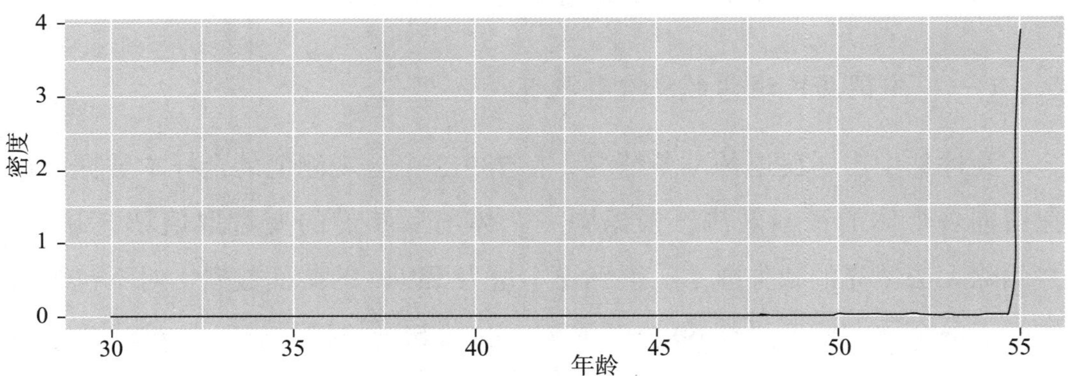

图 4-4　女性退休年龄的概率密度函数

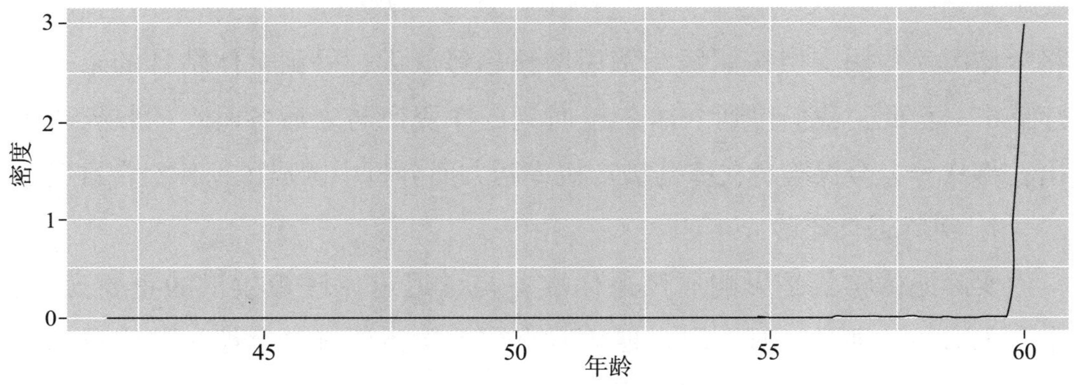

图 4-5　男性退休年龄的概率密度函数

2. 破产概率分析

通过生存年金理论与个体资产与收入支出状况，若居民在 T 岁耗尽所有资产，则居民的退休准备不足以支持 T 岁后的生活，定义 T 为居民的破产年龄。同时引入破产概率 $P_{bankruptcy}$ ，即居民在死亡年龄前耗尽全部资产的概率。可以求解以下方程组，得到破产年龄 T 与破产概率 $P_{bankruptcy}$ ：

$$\begin{cases} L_x = A_0 + \sum_{i=1}^{K_x} I_i v^i - \sum_{j=1}^{K_x} P_j v^j \\ P(L_X < 0) = P\left(A_0 - \sum_{i=1}^{K_x} (P_j - I_i) v^i < 0\right) = P(K_x > T - x) = P_{bankruptcy} \end{cases} \tag{4-12}$$

式中，假定折现率 v，假定个体被调查年份年龄为 x，净资产为 A_0，每年收入为 I_1，I_2，$I_3\cdots$，每年支出为 P_1，P_2，$P_3\cdots$，L_x 是 x 岁个体积累的资产，K_x 是 x 岁个体的剩余寿命。

由于各调查年份的收入、支出已根据通胀率调整，假设折现利率为通货膨胀率，依据估计的未来收入、支出可以计算个体破产的时点。破产概率的计算基于中国保监会 2016 年发布的《中国人身保险业经验生命表（2010—2013）》中的养老类业务表，由于相同年龄女性死亡率低，男、女分别计算破产概率与破产年龄，如图 4-6 所示。

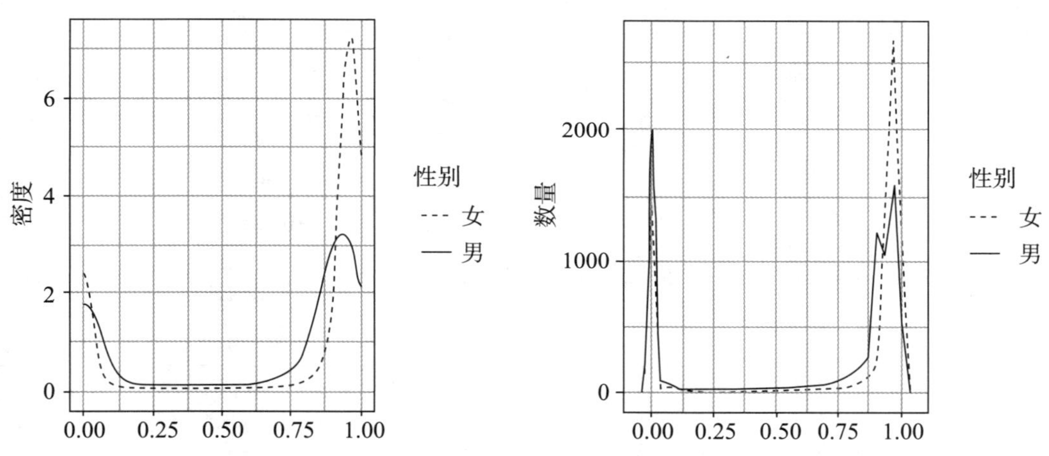

图 4-6　破产概率分布

结果显示，22.6%的人破产概率小于 10%，37.9%的人在 80 岁时不会破产，即大约 1/3 的个体进行了充分退休准备。破产概率均值为 0.7，但中位数为 0.95，这意味着有一半人破产的概率超过 95%，他们很有可能在生理死亡年龄到达前破产，面临重大的经济问题和生存压力。对于性别异质性，如图 4-5 所示，女性的破产概率更多分布于 1 附近，相比之下男性破产概率分布比女性更靠近 0。数据也显示，男性中有 26.6%破产概率小于 10%，仅 40.7%破产概率大于 95%，而女性中 18.5%破产概率小于 10%，64.2%破产概率大于 95%。男性的退休准备情况好于女性，一是因为女性退休较早，退休后收入减少；二是因为男性平均寿命低于女性，不容易在死亡前耗尽资产；三是因为男性可能更倾向于为退休做准备。

进一步地，我们运用回归分析研究个人特征与破产概率的相关关系，分析结果见表4-6。

表4-6　破产概率实证分析结果

变量	(1)
	破产概率
age	-0.001*** (-3.74)
gender	-0.087*** (-15.20)
liveplace	-0.084*** (-11.63)
WorkStatus	-0.008*** (-4.31)
edu	-0.015*** (-6.59)
health	0.019*** (7.23)
pention	-0.018** (-1.98)
marriage	-0.024*** (-3.19)
child_num	0.004* (1.77)
member	-0.002 (-1.35)
insurance	0.004 (0.23)
Constant	0.947*** (24.41)
Observations	11682
R-squared	0.070

回归结果显示，年龄显著为负，但影响不大，性别变量系数为负，男

性的破产概率显著小于女性，表明男性更倾向于为退休做准备，这与前文分析一致。受教育水平的系数显著为负，说明高教育水平的人退休准备更充分，有更低的破产概率，这可能是因为知识水平高的个体更有意识地进行退休准备。之所以有养老金的个体破产概率较低，是因为养老金是退休后重要的收入来源。家庭方面，已婚个体破产概率较低，是因为家庭双方可以作为一个整体进行退休准备，并在一方死后实现资产继承。孩子数量与破产概率之间的关系显著为正，这可能与中国传统“养儿防老”的观念有关，中老年个体倾向于依赖孩子的救济而不是自己的退休准备。

（二）投资收益率的敏感性分析

前述模型中，我们假设折现利率为通货膨胀率，但伴随着证券投资门槛降低与投资主体下沉，居民逐渐倾向于通过购买债券、股票等金融证券实现资产增值。相应地，居民的退休准备势必受到其资产投资收益率的影响，因此有必要对投资收益率进行敏感性分析。目前中国债券市场十年期国债利率是 2.79%，而中证 1000 过去一年收益率达到 10.06%[①]。对于风险厌恶的个体，收益率与通胀率持平的无风险产品是他们的首选，而风险中性、风险偏好个体会选择高收益产品，实现超通胀的资产增值速度。本章通过改变折现利率进行敏感性分析，敏感性分析结果见表 4-7。

表 4-7　投资收益率敏感性分析

收益率—通胀率（%）	破产概率均值	破产概率中位数	破产年龄平均值（岁）
0	0.7014	0.9554	74.8228
1	0.7001	0.9544	74.8810
2	0.6984	0.9541	74.9361
3	0.6970	0.9541	74.9980
4	0.6951	0.9531	75.0620

① 数据来源：中国债券信息网。

续表

收益率—通胀率（%）	破产概率均值	破产概率中位数	破产年龄平均值（岁）
5	0.6931	0.9518	75.1379
6	0.6915	0.9508	75.2029
7	0.6895	0.9490	75.2710
8	0.6871	0.9489	75.3479

投资收益率敏感性分析如图4-7所示。

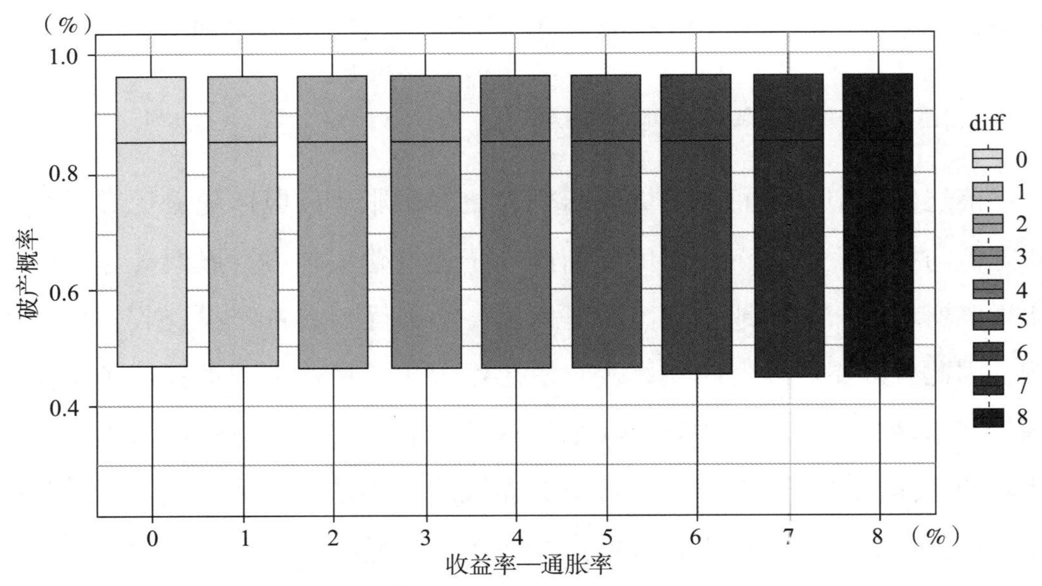

图4-7 投资收益率敏感性分析直方图

结果显示，随着投资收益率上升，破产概率均值与中位数呈下降趋势，整体分布区间也往下扩大，破产年龄也随投资收益率的增大而小幅提高，高投资收益率确实有助于退休准备。尽管如此，投资收益率对破产概率的影响幅度并不大，这可能与个体生命后期较少的资产存量相关。

六、延迟退休政策影响的模拟分析

中国政府正在计划适时推出延迟退休政策。2022年2月21日，《“十四五”国家老龄事业发展和养老服务体系规划》正式宣布，实施渐进式延迟法定退休年龄政策。本章依据前文得到的收入支出路径与破产概率，进一步分析延迟退休政策对退休经济准备的影响。

（一）延迟退休政策的乘数效应

通过延迟样本的退休年龄，我们重新估计样本的收入与支出路径，并进一步计算出全体样本的破产概率。其中退休准备充分定义成 80 岁仍有正资产。男性与女性的平均寿命、死亡率不同，初始退休年龄不同，这势必影响延迟退休的效果，因此本章区分男女进行分析，详见表 4-8、表 4-9。

表 4-8　男性的延迟退休年数与退休准备情况

延迟退休年数	退休准备充分占比（%）	破产概率均值	破产概率中位数	破产年龄均值（岁）
0	41. 63	0. 6528	0. 9171	76. 7701
1	44. 39	0. 6267	0. 8990	77. 6640
2	47. 20	0. 6029	0. 8734	78. 4900
3	49. 81	0. 5782	0. 8395	79. 4054
4	52. 48	0. 5525	0. 7954	80. 4039
5	55. 28	0. 5300	0. 7373	81. 2798
6	58. 29	0. 5043	0. 6513	82. 3104
7	61. 51	0. 4797	0. 5238	83. 3510
8	64. 67	0. 4523	0. 3768	84. 4441
9	67. 89	0. 4248	0. 2443	85. 5727
10	71. 58	0. 3966	0. 1303	86. 7266

表 4-9　女性的延迟退休年数与退休准备情况

延迟退休年数	退休准备充分占比（%）	破产概率均值	破产概率中位数	破产年龄均值（岁）
0	32. 52	0. 7658	0. 9804	72. 9954
1	34. 14	0. 7471	0. 9771	73. 5923
2	36. 41	0. 7283	0. 9732	74. 2429
3	38. 83	0. 7095	0. 9688	75. 0003

续表

延迟退休年数	退休准备充分占比（%）	破产概率均值	破产概率中位数	破产年龄均值（岁）
4	41. 28	0. 6889	0. 9621	75. 8485
5	44. 11	0. 6664	0. 9526	76. 7586
6	46. 92	0. 6416	0. 9418	77. 6867
7	49. 72	0. 6167	0. 9219	78. 7115
8	52. 59	0. 5880	0. 8877	79. 9073
9	55. 89	0. 5597	0. 8391	81. 1527
10	59. 71	0. 5313	0. 7543	82. 4837

表 4-8、表 4-9 显示，男性的退休准备状况好于女性，随着个体退休延迟，退休准备充分的比例均显著上升，当延迟退休 5 年时，男性退休准备充分的比例超过 55%，女性退休准备充分比例超过 44%，破产年龄随着延迟退休的实施而上升，破产概率的平均值和中位数都显著下降，延迟退休的确能起到夯实居民退休准备的作用。

为进一步考查延迟退休的影响，本章定义延迟退休乘数，表示每单位退休年龄的增长所带来的破产年龄的增长，延迟退休乘数小于 1 表示退休延迟 1 年使得破产年龄推迟的年数小于 1，此时延迟退休的效果较小，可以看出，随着退休乘数的增大，延迟退休的正向效果越大。乘数的计算见表 4-10 和表 4-11，随延迟退休年数的增加，破产年龄概率下降比例变大，延迟退休乘数增大。

表 4-10　男性的延迟退休乘数

延迟退休年数	破产概率变化率（%）	破产年龄变化率（%）	乘数
1	-4. 01	1. 16	0. 89
2	-3. 79	1. 06	0. 83
3	-4. 10	1. 17	0. 92
4	-4. 44	1. 26	1. 00
5	-4. 08	1. 09	0. 88

续表

延迟退休年数	破产概率变化率（%）	破产年龄变化率（%）	乘数
6	-4.84	1.27	1.03
7	-4.88	1.26	1.04
8	-5.71	1.31	1.09
9	-6.08	1.34	1.13
10	-6.65	1.35	1.15

表 4-11　女性的延迟退休乘数

延迟退休年数	破产概率变化率（%）	破产年龄变化率（%）	乘数
1	-2.45	0.82	0.60
2	-2.51	0.88	0.65
3	-2.58	1.02	0.76
4	-2.91	1.13	0.85
5	-3.26	1.20	0.91
6	-3.73	1.21	0.93
7	-3.88	1.32	1.02
8	-4.66	1.52	1.20
9	-4.81	1.56	1.25
10	-5.06	1.64	1.33

相同情况下，延迟退休年数较少时，男性的延迟退休乘数大于女性，此时延迟退休对男性效果更好，这可能因为男性平均寿命低于女性，而退休年龄男性高于女性，短期延迟退休带来的收入增长大幅影响了男性破产概率；延迟年数超过 7 年后对女性效果更好，此时女性延迟退休乘数达到 1.2，乘数效应大，这与女性的支出路径有关。如图 4-8 所示，退休后，女性居民的支出路径在 55～65 岁呈先迅速上升后下降趋势，这使得当延迟退休年数较少时带来的收益小，延迟年数较多时才能度过支出迅速上升这一时段，得到更显著收益。进而本章计算了为使个体获得充分退休准备所需的延迟退休年数，结果如图 4-9 所示，未充分准备的个体中，除延迟 10 年也无法实现充分准备的居民外，较多居民经历 7 年左右延迟退休才能实现，

这也为解释乘数的变化提供了支撑。乘数变化趋势表明政府应当允许职工在一定年龄范围内自由选择是否退休，根据外部环境变化及时进行评估和调整，使其逐步为大多数群众所接受。

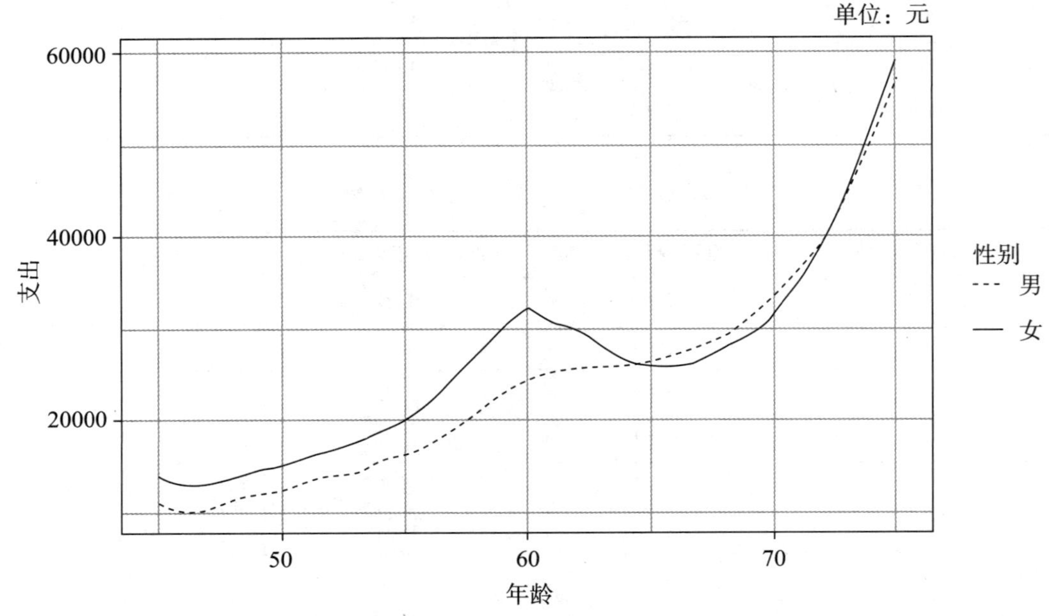

图 4-8　不同性别支出路径

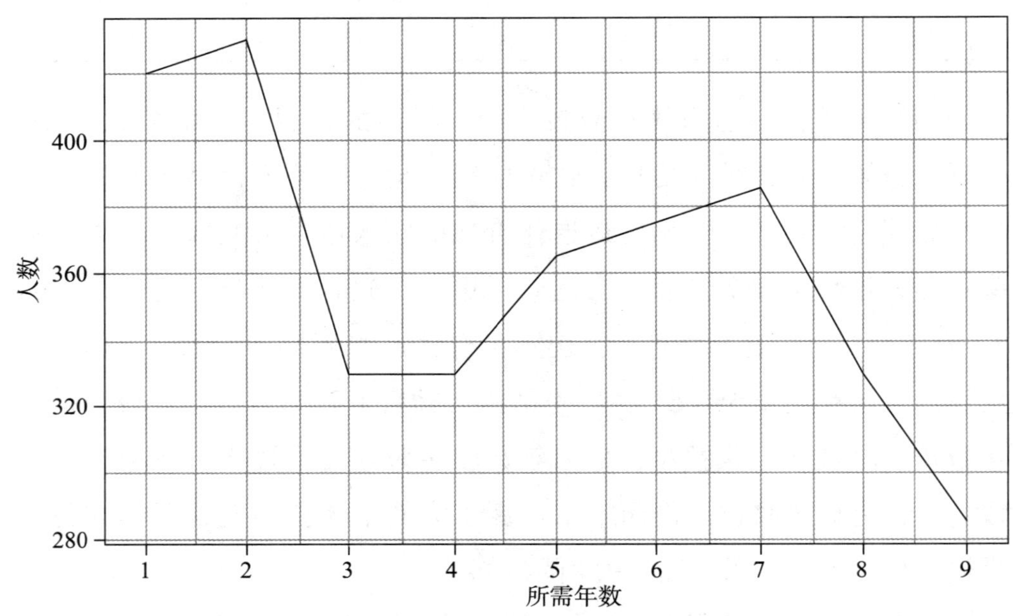

图 4-9　延迟退休所需年数

（二）延迟退休政策的异质性影响

对于不同性别、职业、教育程度等的个体，延迟退休政策的影响存在异质性。本章将所有样本的退休年龄均延长5年，将延迟退休后破产概率与延迟退休前破产概率之差作为被解释变量，性别、教育程度等个体特征作为解释变量，区分延迟退休的异质性影响。回归结果见表4-12。回归结果显示，延迟退休对男性、城镇居民的退休经济准备有更大利好。延迟退休对工作类型偏向政府、事业单位和企业的个体影响不大，可能是因为拥有这些工作的个体本身对退休有较好准备并且退休后有高额养老金收入，延迟退休带来的边际效益不大。延迟退休对高教育水平、已婚个体作用更大，但不显著。值得说明的是，延迟退休对有养老金、医保的个体反而有更大效果，可能的原因是这一群体本身职级较高，收入远大于养老金，工作年限的延长反而为他们带去更高的收入用于退休准备。

表4-12　延迟退休政策的异质性影响

变量	(1)
	Δ破产概率
age	-0.002*** (-6.82)
gender	-0.029*** (-6.44)
liveplace	-0.061*** (-10.75)
WorkStatus	0.009*** (6.02)
edu	-0.002 (-1.11)
health	0.003 (1.54)

续表

变量	(1)
	Δ 破产概率
pention	−0.032*** (−4.80)
marriage	−0.004 (−0.69)
child_num	0.004*** (2.67)
member	0.009*** (7.24)
insurance	−0.029** (−2.37)
Constant	0.035 (1.48)
Observations	14389
R-squared	0.032

七、结论与建议

老年人口的养老保障是老龄化治理的关键内容，合理有效的延迟退休政策或将是实现这一目标的有效路径。本章基于 CHARLS 数据，估计居民收入与支出路径，计算居民破产概率与破产年龄，实证研究了居民退休经济准备状况与延迟退休政策对退休准备的影响。

本章研究发现：①中国大约 1/3 的个体进行了充分退休准备，男性的破产概率显著小于女性，高教育水平的人退休准备更充分，已婚个体破产概率较低，投资收益率对退休准备有小幅正向影响。②延迟退休政策对破产概率呈显著的负向影响，并能显著提高破产年龄。③定义乘数为每单位退休年龄的增加所带来的破产年龄的增加，延迟退休年数较少时对男性积极效果更大，年数超过 7 年后对女性积极效果大，出现乘数效应，这与男女的退休年龄、死亡率差异和支出路径的不同有关。④延迟退休政策对于促进退休准备存在显著的异质性特征，对男性、城镇、高教育水平、已婚、有医保的个体，有更高的边际效益。

据此，本章得到以下政策启示：首先，国家应当稳定经济长期增长的基本面，引导居民正确认识中国经济未来发展所面临的机遇和挑战；其次，养老金作为退休后的重要收入，是退休准备的重要支撑，政府应当推进养老保障体系建设，并积极采取调取国企利润等应对措施，提高居民对社会养老保障体系的信心；最后，延迟退休政策能显著提高居民的破产年龄，有效夯实居民破产准备，但由于居民对延迟退休政策的支持态度可能有所不同，本章研究也表明延迟退休年数较少时反而减少了居民退休后的闲暇时间，单一的退休制度可能难以满足所有人的意愿，“一刀切”的改革可能受到较大的社会阻力。因此，延迟退休政策的推出要有一定的弹性，更加审慎，在普及退休准备意识的前提下对不同人群实行差异化延迟退休政策，鼓励工作人员合理选择退休年龄，在确保养老生活保障的同时，兼顾职工个人意愿。总体上，本章的研究与国家通过延迟退休政策激发居民活力、夯实退休准备的战略目标相契合，也将为构建退休准备与经济增长的联动机制寻找到新动能。

（黄开怀）

第二篇

老龄服务金融

第五章　老龄服务金融发展跟踪调查

老龄服务金融主要指市场主体通过参与金融活动来满足人们多元化的养老需求，包括与养老相关的投资理财、消费和由相关需求产生的金融产品和服务，具有普惠性、长期性、稳定性、注重安全性等特征。在政策支持和市场潜在需求推动下，金融行业纷纷布局，关注养老与金融行业的结合。本章利用问卷调研，通过对老龄金融认知情况、参与情况、参与意愿等收集居民实际参与老龄金融的情况，进而分析我国老龄服务金融发展的现状。

一、老龄服务金融发展现状及前景调查——基于调研问卷

（一）老龄金融实际参与情况

国民退休养老储备意识有所提升。如图 5-1 所示，超五成调查对象认为 40 岁之前需要开始养老财富准备，较 2022 年增长 17.57%。仍有 4%调查对象认为在 60 岁之后开始即可，且该部分为年收入不足 50 万元的一线、新一线城市群体。总体来看，大多数群众认为应该尽早开始养老储备，而非退休时才开始。同时，调查对象预期退休后主要的生活资金来源排名前三的是基本养老保险（77.91%）、退休前的储蓄（62.72%）和企业年金职业年金（31.56%）。与 2022 年相比，调研对象对企业年金和职业年金的认可度有所提高，传统意义上的子女供养占比有所降低。多数调查对象在传统的子女养老模式基础上，逐渐开始探索更丰富的方式来实现理想的养老生活。

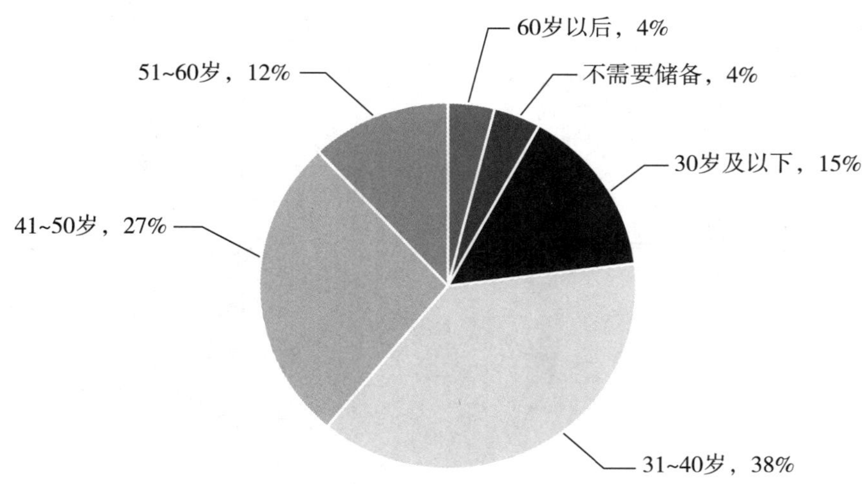

图 5-1　养老财富储备预期开始时间

老龄金融参与度显著提升。调查数据见表 5-1、表 5-2，85.40%的调查对象缴纳社保，52.27%缴纳企业年金、职业年金，较 2022 年的 63.39%和 37.47%有所提升。如图 5-2 所示，40%的调查对象已开通个人养老金账户，较 2022 年有大幅提升。仍有 24%的人表示未参与且没有意愿参与个人养老金账户，主要是因为认为自己年轻不担心养老问题、预计当前收入及增长速度可以满足未来养老需求、未来个人养老金制度前景不明朗、担心资金流动性或养老金融产品的资金安全。总的来说，第三支柱参与度显著提高，但仍有较大提升空间。

表 5-1　是否缴纳社保

选项	占比（%）
是	85.40
否	14.60

表 5-2　是否参与企业年金、职业年金

选项	占比（%）
是	52.27
否	47.73

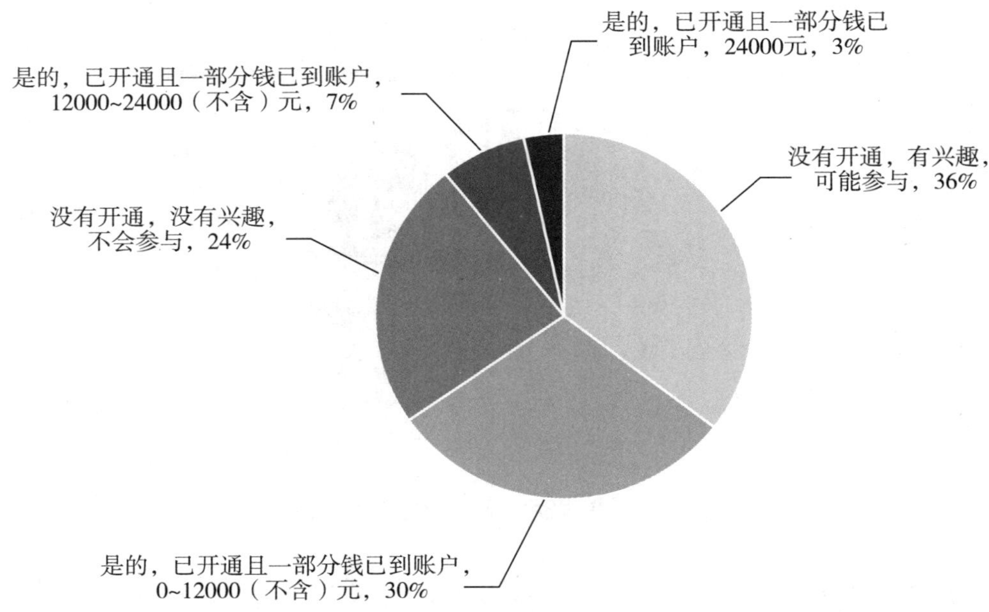

图 5-2 调查对象参与个人养老金账户情况

投资目标特征影响群众对老龄服务金融产品的选择。如图 5-3、图 5-4 所示，商业银行（81.07%）仍是调查对象最偏好的购买养老金融产品的渠道，银行存款（60.75%）和银行理财（50.49%）仍是偏好的品种。安全

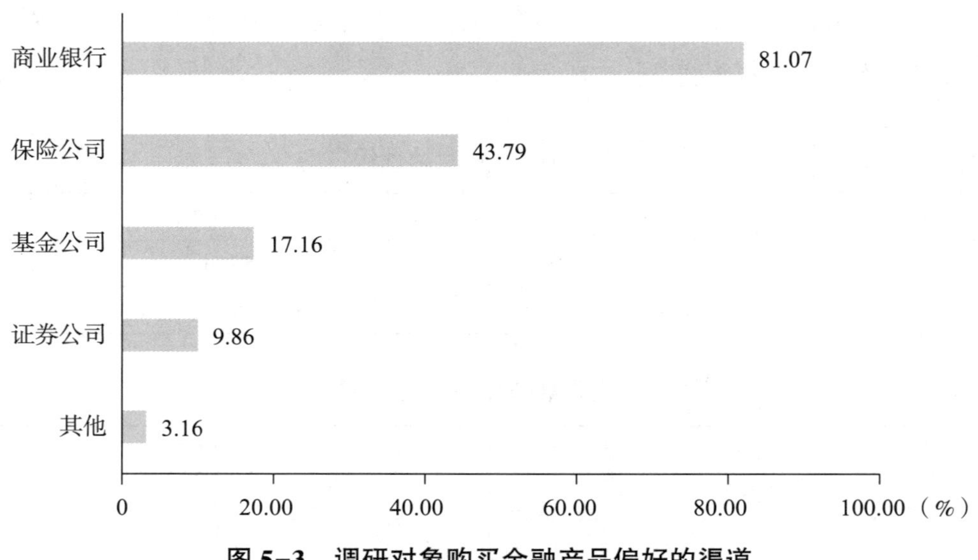

图 5-3 调研对象购买金融产品偏好的渠道

性（89.55%）、收益性（70.22%）依旧是较为可能影响调查对象养老金融产品选择的因素。总体来看，当前群众的养老财富投资偏保守，金融机构应不断优化产品设计，提高产品吸引力。此外，调研对象对老龄服务金融产品希望的改进方向主要集中在加大宣传力度、控风险、提收益、提升服务水平和推进产品介绍简单易懂。

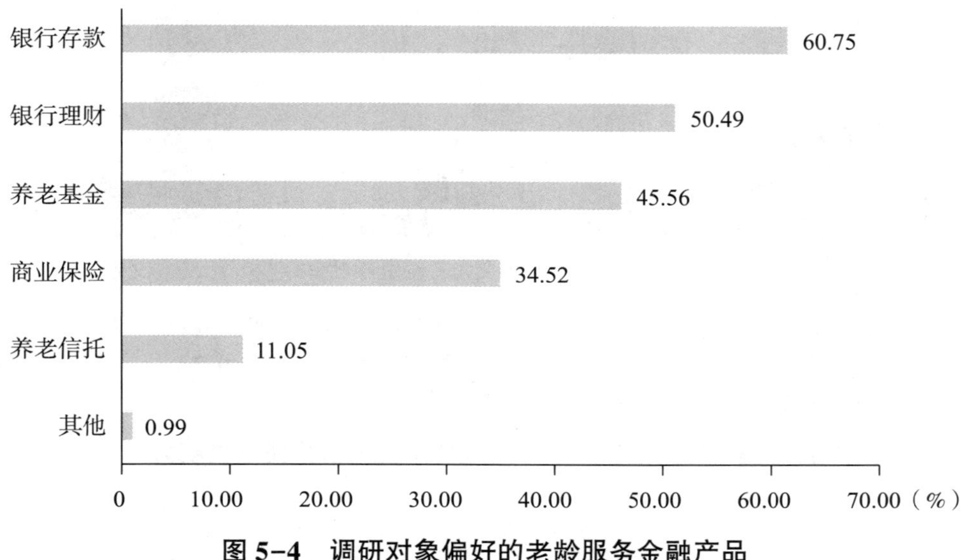

图 5-4　调研对象偏好的老龄服务金融产品

（二）金融素养视角下的老龄服务金融特征

如图 5-5 所示养老金融知识是公众参与养老金融市场的基础，金融知识不足很大程度上会影响公众在金融市场上的投资活动，这直接影响其对老龄服务金融参与的深度与广度。如图 5-6、图 5-7 调研结果显示，未对金融基础知识有基本了解的群体风险偏好更低，对投资资金的灵活存取更为在意，偏好于短期金融产品。此外，无论哪类群体，对安全和收益的追求是所有养老财富投资者共同的聚焦点。

此外，7.89%的调查对象曾遭遇过诈骗且有经济损失，36.29%的调查对象表示身边有人曾经历过金融诈骗并造成了经济损失。受访对象认为想赚钱、过于着急丧失判断力、过度相信自己判断是遭遇诈骗的主要原因。

如图 5-8 所示。

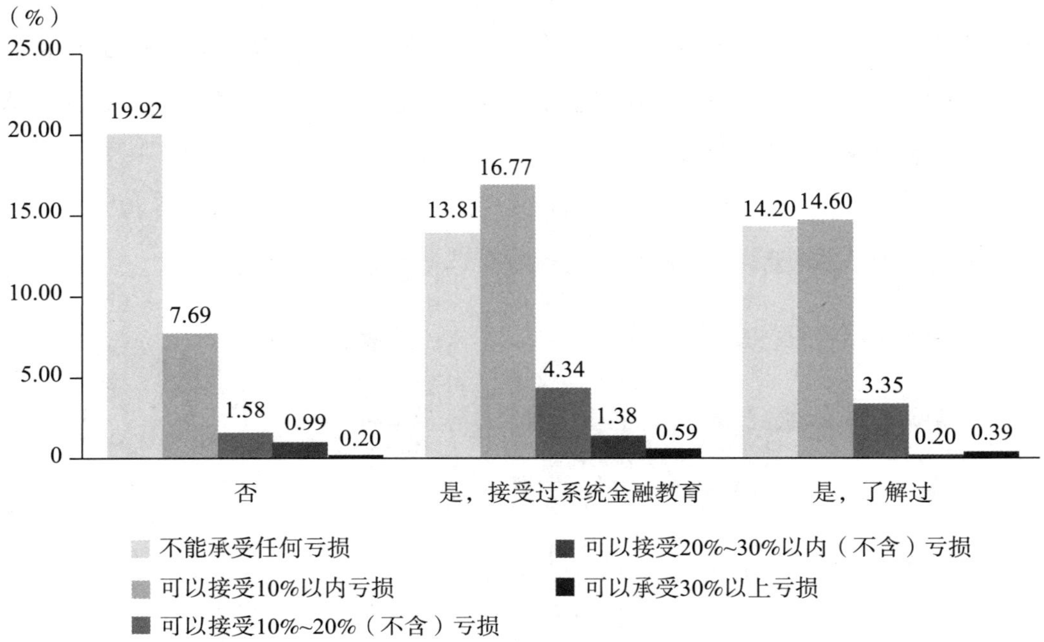

图 5-5　不同金融知识了解程度下的投资损失承受能力

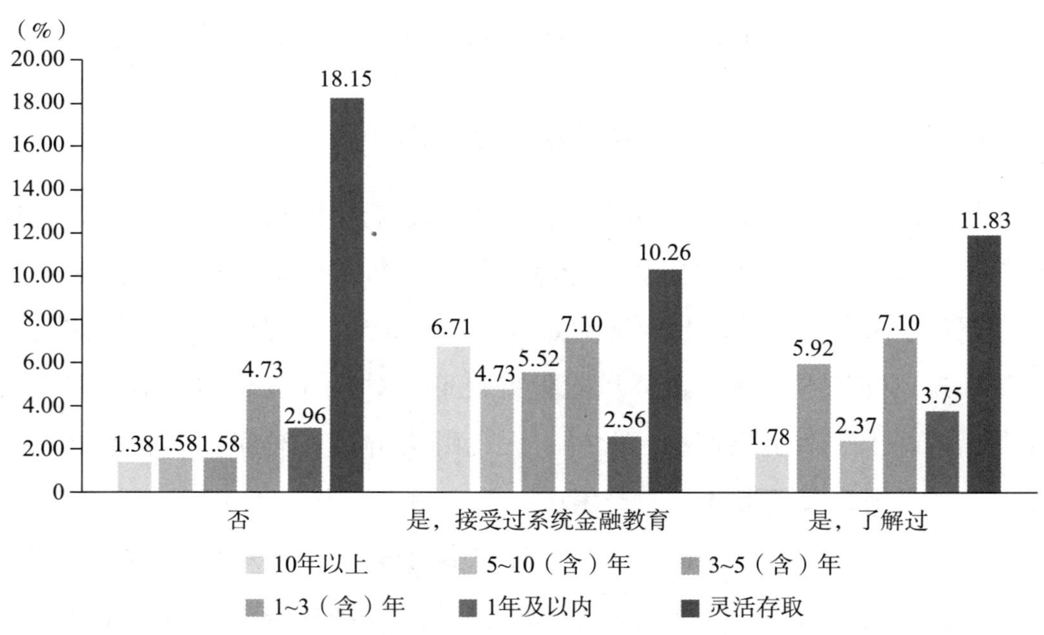

图 5-6　不同金融知识了解程度下的投资期限偏好

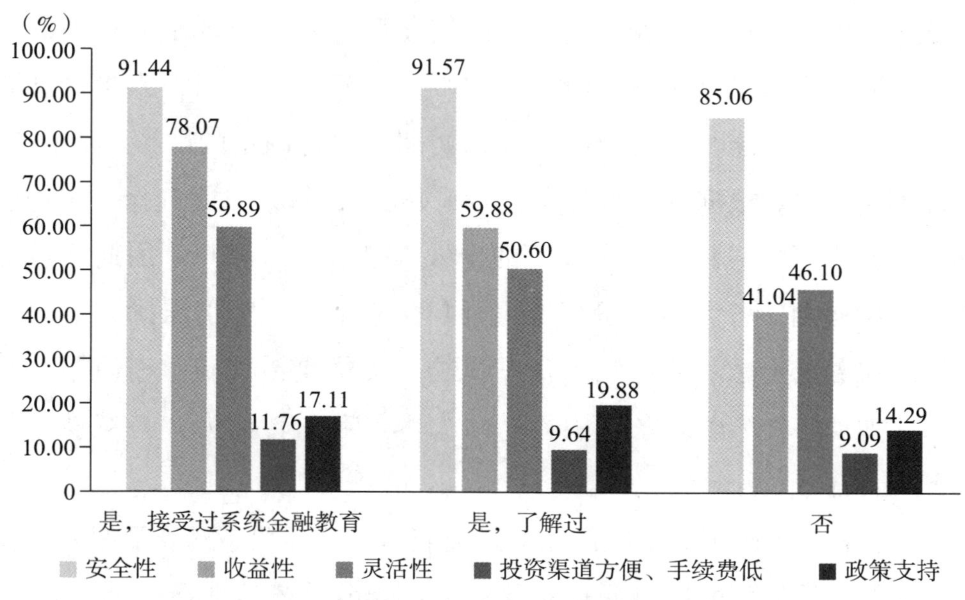

图 5-7　不同金融知识了解程度下的投资影响因素分布

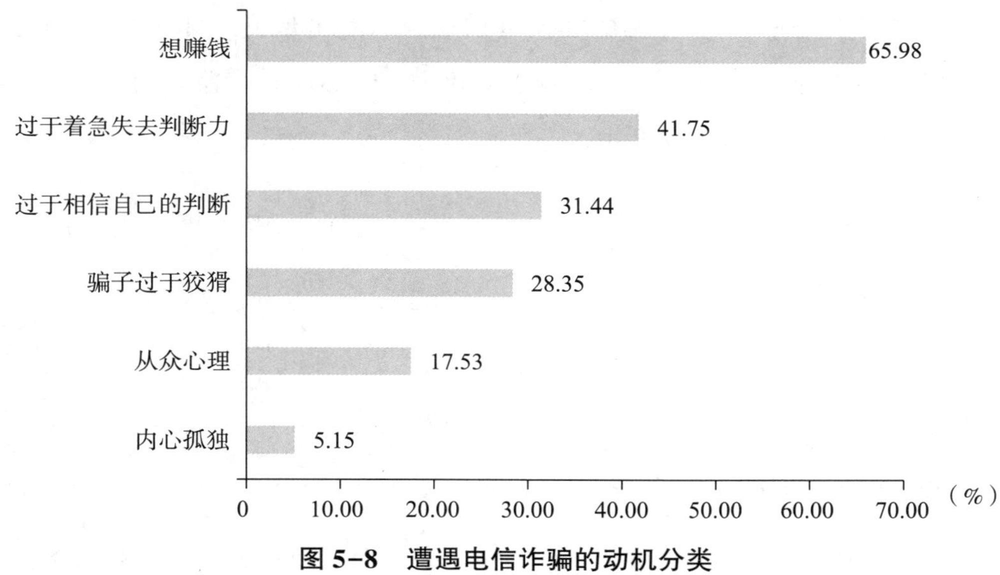

图 5-8　遭遇电信诈骗的动机分类

二、老龄服务金融发展存在的问题与路径展望

从上述调查结果可以看出，近一年来老龄金融的参与度有所提升，但在深度和广度上仍有进一步提升的空间。

首先，第三支柱个人养老金的实际转化率有限。调研显示40%的受访者已经开通个人养老金账户，但其中70%以上仅在账户内存入少量甚至没有存入资金。这可能与养老金账户推广初期各银行制定的“吸引措施”可持续性不足有关。根据《个人养老金实施办法》，每人只能选择一家符合规定的商业银行开立或指定本人唯一的个人养老金资金账户。因此在养老第三支柱建设初期，各大银行争相推出开户优惠活动、吸引居民开设养老账户，以抢占养老金融“蓝海”，“开户即送”类优惠措施转化率有限。在此背景下，如何将个人养老账户从“一站式薅羊毛”转化为“持续性参与受益”值得深思。

其次，各类老龄服务金融产品的投资收益率不尽人意。调研显示，安全性、收益性仍是最可能影响调查对象对于养老金融产品选择的因素。然而，以老龄服务金融产品推出以来备受关注的养老FOF（Fund of Funds）基金为例，发行近5年似乎并未实现稳健投资预期。从基金成立以来的收益率分布可以看出，在目前已成立的403只养老FOF当中，269只收益率为负，“破净”基金占比近7成，如图5-9所示。

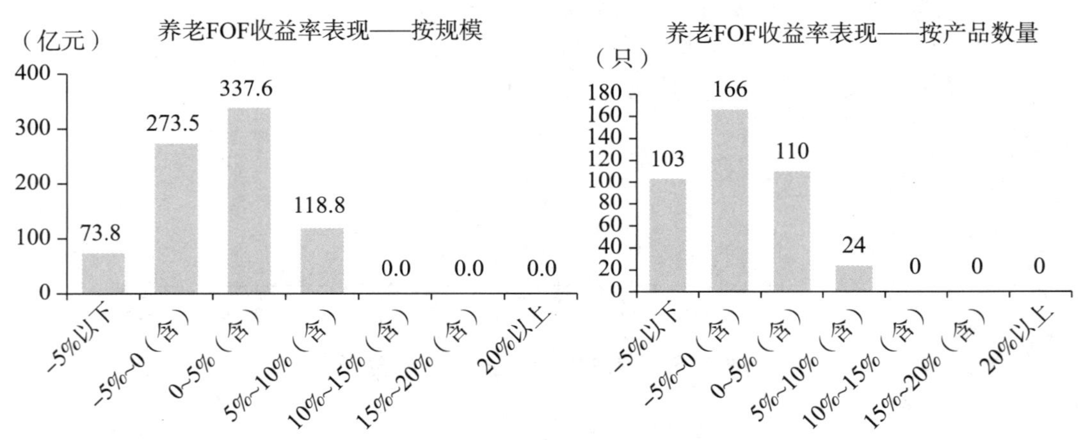

图5-9　养老FOF的整体收益率偏低

数据来源：wind，统计截止日2023/6/30。

从养老FOF的发行节奏及整体规模上也可以看出市场对此类产品的反

馈。2018 年 8 月，14 家基金公司旗下养老目标基金获证监会批文后，养老 FOF 基金不断扩张。截至 2022 年 3 月底，全市场已有 51 家基金公司布局养老 FOF，累计数量 166 只，规模合计 1047 亿元。然而，2022 年以来，权益市场走势震荡，养老 FOF 产品数量不断增加，整体规模却呈收缩态势。截至 2023 年 6 月底，全市场共有 54 家基金公司布局养老 FOF，累计数量 403 只，规模合计 792 亿元。如图 5-10、图 5-11 所示。

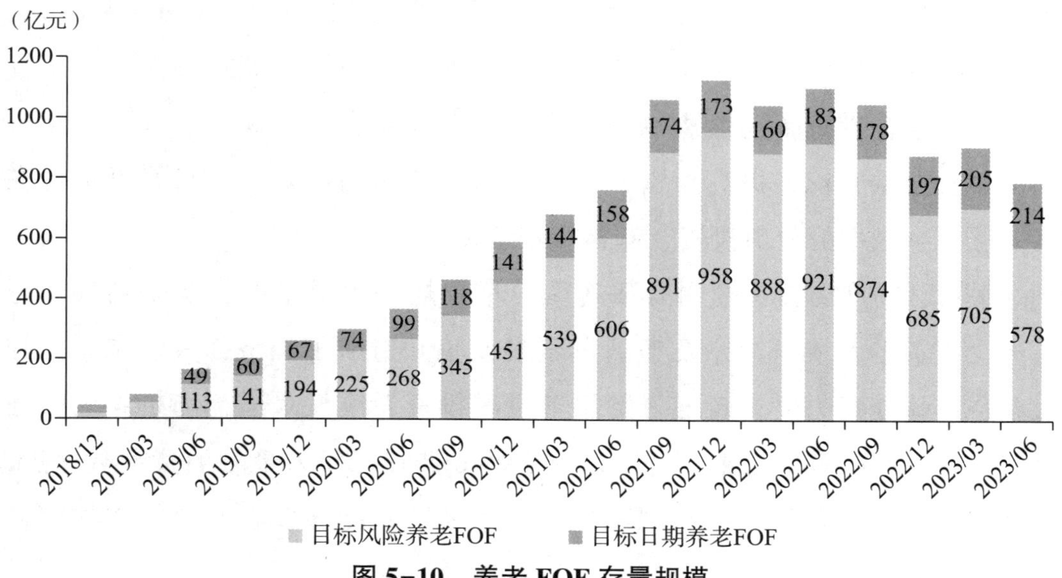

图 5-10　养老 FOF 存量规模

数据来源：Wind，统计截至 2023/6/30。

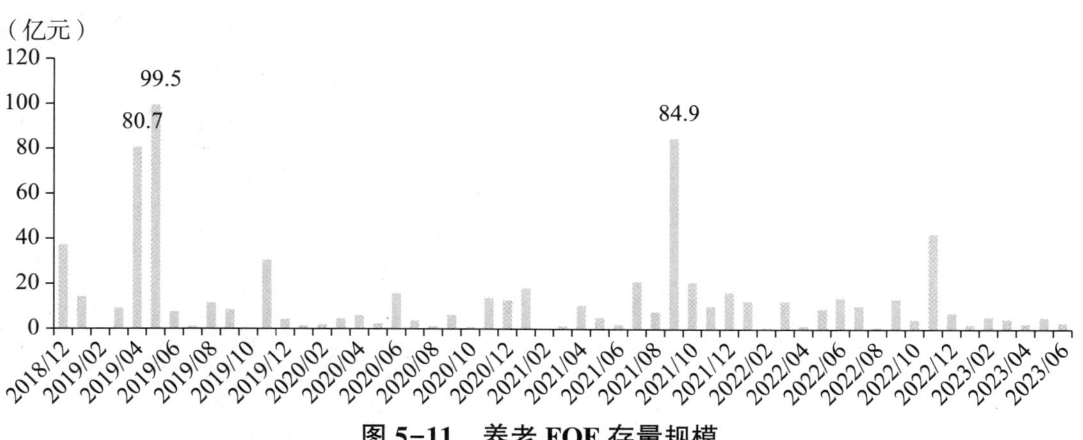

图 5-11　养老 FOF 存量规模

数据来源：Wind，统计截至 2023/6/30。

老龄服务金融产品与一般的金融产品相比，更突出强调稳健性、安全性要求。近年来，金融市场走势震荡导致各类金融产品收益率低甚至为负的现状，更为养老服务金融产品的设计和运作模式敲响警钟。如何穿越熊牛，体现产品绝对收益性，从比较基准的选取到风险目标的划定都值得管理人深思。

再次，需进一步加强投资者教育，提高居民金融素养。对金融知识了解较少的群体偏好短期金融产品，而老龄服务金融产品的久期通常较长，从设计机制上来讲更有利于长期投资，快进快出的投资模式不仅不利于管理人进行组合管理，还会影响投资人的投资收益和持有体验。因此，需进一步普及金融知识，提高投资者对不同金融产品的接受度，培养投资者在养老服务金融中的价值投资、储蓄投资意识。

最后，需严厉打击金融诈骗行为，增强居民投资信心。调研结果中近一半受访者本人或身边亲友遭遇过金融诈骗并造成了经济损失。未来，加大金融诈骗处罚力度，疏通老龄服务金融投资者维权渠道，仍是养老服务金融监管工作的重中之重。特别是对于部分加强老年人金融消费权益保护，帮助老年人提高自我保护意识和能力，使老年人能够放心安全使用数字普惠金融产品和服务。

（陈晋元　徐舒昂）

第六章　养老金融产品发展现状评估与展望

养老金融产品是银发经济高质量发展的重要支撑。本章内容首先以养老金体系建设的政策脉络为切入点，提出我国养老金融产品发展的三个阶段；其次梳理海外主要发达国家或地区的养老金融产品发展状况及其趋势性特征，以期为国内养老金融产品发展与创新提供经验借鉴；最后聚焦当前国内养老金融产品的主要类别，系统性梳理其发展现状、特征以及存在的不足，并提出了相关政策建议。

一、我国养老金融产品发展的历史沿革

（一）我国养老保障制度建设的历程回顾

新中国成立至改革开放前期：国家主导型养老保障制度。新中国成立之后，我国政府开始构建由国家和集体责任为基础的养老金保障制度，1951年2月颁布的《中华人民共和国劳动保险条例》标志着养老保险制度在我国正式开始建立。随后，相继出台《国家机关工作人员退休处理暂行办法》《国家机关工作人员退职处理暂行办法》《关于处理国家机关工作人员退职、退休时计算工作年限的暂行规定》《关于工人、职员退休处理的暂行规定》等制度，这些制度不仅构成了我国初期的国家机关和事业单位的退休制度，同时也通过放宽退休条件来改善职工的退休、退职养老问题。整体上看，这一阶段的特征是在城镇区域形成了国家主导的养老福利供给，单位退休养老成为主要模式，而在农村缺乏整体的制度安排。

改革开放至1997年：探索社会化养老保障制度。这一阶段，政策开始着重强调“效率第一、公平也要兼顾”的原则，逐渐减少了国家的责任，

强调个人在社会福利中的责任，因此我国的养老保障事业进入新中国成立以来最活跃、改革力度最大的时期。1994年底国务院召开深化企业职工养老保险制度改革工作会议并于次年发布《关于深化企业职工养老保险制度改革的通知》(国发〔1995〕6号)，1997年颁布《关于建立统一的企业职工基本养老保险制度的决定》，标志着我国养老保险制度改革进入了一个新的阶段：企业社会养老保险和机关事业单位退休制度相继建立，推动了从依赖单位到依赖社会的转变，也开启了中国双轨制养老金制度。

1998年至2014年：养老保障制度从单一性向多元化转变。这一阶段，重新划定国家、市场和家庭之间的权责关系成为改革的关键，标志着养老保障体系开始由国家垄断向更多元的社会发展转变。2004年《企业年金试行办法》的出台拉开了全国范围的企业年金制度的序幕，也意味着我国正式开启养老金体系第二支柱建设；2009—2011年，国家出台《国务院关于开展新型农村社会养老保险试点的指导意见》和启动城镇居民社会养老保险试点，并在2014年将新农保和城镇居民社会养老保险合并为城乡居民基本养老保险，这是完善全国养老保险制度的关键步骤和重要内容，不仅对完善我国农村社会保障制度具有划时代的历史意义，也为养老金体系的扩展带来了重要机遇。

2015年至今：探索多层次养老金制度体系。这一阶段，中国特色养老金制度进入了深化改革的阶段，采取了一系列举措来解决长期存在的养老金不平衡和不足的问题。一方面，我国正式开启养老金并轨的10年过渡期，这是我国养老金制度改革的重要一步，它有助于实现社会公平和养老金制度的可持续发展，同时也为居民端参与个人养老储蓄奠定了政策基础。另一方面，养老金第三支柱建设的养老金融产品试点方案相继出台，推动加快构建多层次、多元化养老保障体系，促进市场化、商业化养老产品发展，满足多元化养老金融服务需求。比如，《关于开展个人税收递延型商业养老保险试点的通知》《养老目标证券投资基金指引（试行）》《关于开展养老理财产品试点的通知》《中国银保监会办公厅关于开展专属商业养老保险试点的通知》等。2022 年 11 月,《个人养老金实施办法》出台，标志着我国第三支柱个人养老金制度正式启动实施，也意味着我国第三支柱养老保险建设进入一个新阶段。整体来看，当前我国的养老金制度目前正处在一个极其关键的历史时期，通过一系列措施和改革，目的是解决长期存在的问题，使制度更加完善、公平和可持续。

表 6-1 养老金制度与养老金融产品政策梳理

年份	文件
1951	《中华人民共和国劳动保险条例》
1991	《关于企业职工养老保险制度改革的决定》
1993	《关于建立社会主义市场经济体制若干问题的决定》
1993	《企业职工养老保险基金管理规定》
1995	《关于深化企业职工养老保险制度改革的通知》
1997	《关于建立统一的企业职工基本养老保险制度的决定》
2004	《企业年金试行办法》
2005	《关于完善企业职工基本养老保险制度的决定》
2009	《国务院关于开展新型农村社会养老保险试点的指导意见》
2011	《企业年金基金管理试行办法》
2011	《关于开展城镇居民社会养老保险试点的指导意见》
2014	《关于建立统一的城乡居民基本养老保险制度的意见》
2015	《机关事业单位职业年金办法》
2015	《基本养老保险基金投资管理办法》
2016	《职业年金基金管理暂行办法》
2016	《关于金融支持养老服务业加快发展的指导意见》
2017	《企业年金办法》《关于加快发展商业养老保险的若干意见》
2018	《国务院关于建立企业职工基本养老保险基金中央调剂制度的通知》
2018	《关于开展个人税收递延型商业养老保险试点的通知》
2018	《养老目标证券投资基金指引（试行）》
2021	《关于开展养老理财产品试点的通知》

续表

年份	文件
2021	《中国银保监会办公厅关于开展专属商业养老保险试点的通知》
2022	《个人养老金实施办法》
2022	《商业银行和理财公司个人养老金业务管理暂行办法》

（二）我国养老金融产品发展阶段划分

养老金融产品的发展历程与我国养老保障事业的制度设计息息相关。纵观养老保障制度的发展脉络，我国养老金融产品的发展历史可以划分为如下 3 个阶段。

孕育期：1998 年以前。1949 年，我国第一家保险公司——中国人民保险公司成立，并在 1982 年恢复办理寿险业务，同年 8 月在上海集体企业职工中开展了个人养老保险业务；1991 年中央首次提出“逐步建立起基本养老保险与企业补充养老保险和职工个人储蓄性养老保险相结合的制度”，标志着三支柱养老保险架构被纳入社会保障的顶层设计中，中央开始鼓励发展个人储蓄型商业保险，各大商业养老保险公司开始探索设计人寿保险业务，但很长一段时间里，个人商业养老保险的供给与需求不大，覆盖面小，保险深度与保险密度始终处于一个很低的水平。1995 年我国出台《中华人民共和国保险法》，我国商业保险的发展进入了有法可依的规范发展阶段。

成长期：1998—2013 年。1998 年，中国保监会成立，围绕商业养老保险相关制度建设进入加速阶段。1999 年中国保监会出台《人身险产品定价管理办法》，规定所有在售产品定价利率上限为 2.5%，利率限制挫伤了消费者购买养老产品的积极性。为应对政策调整带来的市场震荡，商业保险公司相继推出创新型个人商业养老保险，在原有固定利率商业养老产品的基础上进行修改和调整，投资连结险、分红险、万能险逐步上市销售。随着我国加入世界贸易组织（World Trade Organization，WTO），保险市场对外国资本开放，允许外资保险公司在我国提供保险业务，同年，平安、太平洋等成为国内首批成立的专业性商业养老保险公司，外资养老保险进入中国市场，客观上促进了我国个人商业养老保险产业的规范化和专门化发展。2006年，国务院发布《关于保险业改革发展的若干意见》（国发〔2006〕23号），向保险业释放鼓励发展人身保险业务的信号，以满足城乡人民群众的保险保障需求，其中重点强调发展适合农民的商业养老保险制度。这一阶段，我国养老金融产品的市场主体是保险公司，其产品以商业养老保险产品创新为主。

发展期：2014年至今。养老金融产品的多样性逐渐呈现，具体表现在两个方面：从参与主体看，基金公司、商业银行都参与其中；从产品类别看，养老目标基金、专属养老储蓄、养老理财等试点陆续推进。养老金融产品体系的丰富和发展对于满足不同收入阶层、不同风险偏好、不同养老目标人群的养老需求具有重要意义，有利于提供更为灵活多元的养老规划方案，满足老年人多样化的产品和服务需求，为老龄群体保障基本生活和提高生活品质保驾护航。养老金融市场的竞争和创新也能够推动健康产业和银发经济进一步焕发活力，不断完善养老金融体系，做好养老金融大文章。养老金制度三支柱如图6-1所示。

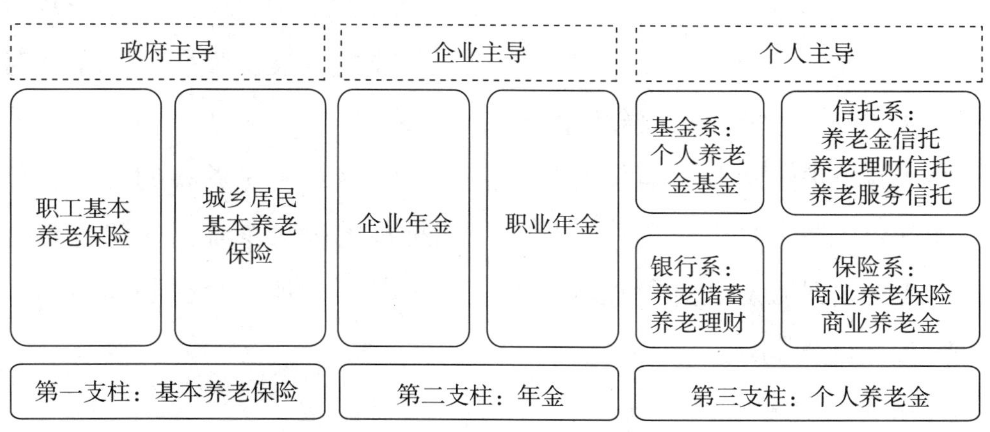

图6-1　养老金制度三支柱

（三）国外养老金融产品的发展现状

1. 保障类养老金融产品

美国的长期护理保险（以下简称长护险）是重要的养老保险形式，为市场主导型。商业保险机构是美国长护险的主要提供者，为特殊群体提供护理保障，对公共保险和养老院服务具有重要的补充作用。具体来看，医疗保健计划（Medicare）为残疾人或老年人（不小于 65 岁）提供特殊疾病的紧急短期护理，医疗救助计划（Medicaid）为低收入人群提供因慢性病或损伤引起的长期护理保障，长期护理合作计划（Longterm Care Insurance Partnership Policies，LTCPP）吸引中低收入居民完成私人长护险的购买，提供全面的护理服务，被保险人除紧急就医外，几乎可免除一切护理费用。近年来，由于恶性低价竞争和低利率的冲击，美国大量保险公司的长护险业务处于亏损状态，2020 年，美国经营商业长护险的公司仅 12 家，传统业务持续收缩，“年金+护理”的混合型业务成为保险公司的重要创新方向。

与美国的商业化模式不同，日本的长护险是强制参保模式的典型代表。日本的长护险要求 40 岁及以上的居民参保并缴费，政府与个人各缴纳一半，保险给付方式以实物为主、现金为辅，有利于满足居民的养老护理需求。护理保险制度的普及也推动了日本养老服务业的发展，吸引了大量私营企业开展养老服务，推动了社会整体养老水平的提高。

德国的长护险则兼具强制性和灵活性。1995 年 1 月颁布的《护理保险法》强制要求收入低于强制医疗保险门槛标准的公民参加长护险，实行社会保险和商业保险双轨并行模式，低收入者必须参加社会保险，高收入者可选择参与商业保险。

2. 融资类养老金融产品

美国的住房反向抵押贷款是养老产业融资的重要力量，为资产持有者提供养老金融服务。住房反向抵押贷款践行“以房养老”的理念，对住房资产进行反向抵押，转换为现金用于个人养老，面向不同价值的房产，推出房产价值转换抵押贷款（Home Equity Conversion Mortgages，HECM）、住房持有者贷款和财务自由贷款三种形式。

日本是最早推出住房反向抵押贷款的国家，以住房设定抵押，为老年人提供量身定制的养老生活保障。日本的住房反向抵押贷款分为两类：一是政府作为主体，为借款人直接提供养老贷款；二是由信托银行、担保公司等金融机构设计相关的住房反向抵押贷款产品，向客户群体发行。当前，日本需要进一步完善风险担保机制，对抵押中的市场风险、年龄风险和利率风险进行有效防范。

在养老金计划方面，许多国家都搭建了较为完善的三支柱养老保险体系。美国形成了"社会保障计划（国家强制养老保险）""雇主养老金计划和个人退休金账户（Individual Retirement Accounts，IRAs）"以及"其他个人补充养老金计划"的三支柱养老保险体系，以第二、第三支柱为主体，第三支柱快速增长。其中，第三支柱是以个人退休金账户为主的个人养老金，具备税收优惠、灵活缴费、资产转存、自主投资等功能。根据 ICI 数据，截至 2022 年末，美国 IRAs 资产规模达 11.5 万亿美元，在美国养老金资产总规模中占 34%，参与家庭数量约 5500 万，约占 40%，社会覆盖率较高。美国对于 IRAs 投资的限制较少，可投资于股票、债券、共同基金和交易所交易基金、实物资产投资和年金等。

日本养老保障制度由公共养老金、企业补充养老金和个人储蓄养老金三大制度支柱组成，其中公共养老金制度覆盖范围最广。增长迅速的第三支柱个人储蓄养老金制度由个人全资支付，按个人意愿缴纳，包括个人缴费确定型养老金（individual Defined Contribution，iDeCo）和日本个人免税储蓄账户（Nippon Individual Savings Account，NISA）。其中，占比较高的 NISA 属于个人储蓄账户，可投资于股票、基金、REITs 等产品，当前基金和股票等为主要资产投向。据日本信托协会数据，截至 2024 年 1 月，面向固定缴款养老金（Defined Contribution，DC）的基金市场规模达 120036 亿日元。

英国年金保险在养老保障由一支柱向多支柱体系的转变中发挥了重要

作用。2008年英国养老金法案提出2012年正式实施“自动加入”政策，始于雇员人数超过250名的大型企业，逐渐推广到中小企业；2016年1月，雇员人数不足30人的小公司开始履行自动加入职责。英国个人养老基金的投保人在年满55岁后能够自由支配资金，具体分为全额提取、分期提取、购买年金保险、按需提取四种方式，其中年金保险是重要的提取选择，可以通过购买年金保险获得终身年金给付，但年金险也存在灵活性不强的问题，运用养老基金购买年金保险不可转回，年金给付方式一经确认也无法更改。

法国养老保障的第二、第三支柱分别实行积分制和实账积累制，无法相互转换，存在多轨制碎片化问题。第二支柱的积分制指将强制缴费转换成积分进行累积，在退休时将积分转出为金额，虽然员工在更换工作单位后积分仍可继续，但无法与第三支柱进行互通。当前，新的积分制改革正在推进，建设体系化养老金融网络任重道远。

3. 投资类养老金融产品

美国的养老目标基金发展较为成熟，已成为重要的创新账户储蓄工具，收益较为稳定，不断吸纳养老资产。美国养老目标基金分为目标日期基金和目标风险基金，资金主要来自DC计划和IRAs计划投资者，具有低费率的优势。受益于此，由银行和信托公司提供的集合投资者信托（Collectire Investment Trusts，CIT）养老目标日期基金快速发展，成为最主流的养老金融产品之一。表6-2列举了部分规模较大的养老目标日期基金，12个月滚动股息率大多集中在1.5%至2.5%，最低投资额和费率方差较大，为市场提供了多样化的投资选择。

表6-2 美国养老目标日期基金示例

基金名称	规模（十亿美元）	滚动股息率（%）	三年回报排名	十年回报排名	调整后费率（%）	最低投资额（美元）
先锋目标2035退休基金	90.65	2.48	39	30	0.08	1000
先锋目标2045退休基金	76.74	2.28	42	30	0.08	1000

续表

基金名称	规模（十亿美元）	滚动股息率（%）	三年回报排名	十年回报排名	调整后费率（%）	最低投资额（美元）
先锋目标 2025 退休基金	75.70	2.72	27	12	0.08	1000
美国基金 2030 退休基金 F2	45.82	2.20	5	2	0.42	250
美国基金 2035 退休基金 F1	43.24	1.69	16	6	0.71	250
美国基金 2045 退休基金 F2	32.68	1.58	19	1	0.46	250
普徕仕 2030 退休顾问	29.16	1.68	37	4	0.82	2500
普徕仕 2030 退休基金	29.16	1.88	25	3	0.57	2500
普徕仕 2035 退休基金	21.48	1.62	33	10	0.59	2500

资料来源：Morningstar。

美国的不动产投资信托基金（Real Estate Investment Trusts，REITs）对养老资产进行长期持有和运营管理，以广大中小投资者为主要投资人，有利于解决美国养老地产行业融资不足的问题，目前 REITs 已成为美国养老地产的重要投资商。

4. 财富管理类养老金融产品

美国的遗嘱信托是养老财富管理的特色产品之一，在养老领域得到了广泛运用。遗嘱信托是根据遗嘱所载指示设立的信托，被继承人通过遗嘱的方式将财产委托给受托人，允许受托人代表信托受益人管理资产，是养老财富管理策略的重要组成部分。

日本的信托银行也推出了兼具长期性和低风险特性的多样化信托产品，并提供财产管理、继承办理、遗嘱执行、遗产处理等综合服务。日本的养老金信托主要为年金信托，包括厚生年金基金信托、确定给付企业年金信托、国民年金基金信托等。据日本信托协会发布的 2023 年度投资信托问卷调查报告，截至 2023 年末，日本民众投资信托的购买目的中，“获取老年生活资金”占比最高，达 53.9%，其中 40 岁至 70 岁群体比例较高。

总体来看，海外地区养老金融产品的储蓄功能和保障功能并重，为民众提供了丰富的养老金融产品体系，见表 6-3。例如美国通过养老目标基金提供储蓄和投资功能，通过长护险提供全面的护理服务，通过住房反向抵押贷款挖掘固定资产的养老支持功能。各国的产品体系立足国情，各具特色，对法定养老制度进行适度补充，力求满足多样化、个性化的养老需求。尤其是在美国、日本等养老金融产品发展历史悠久的国家，基本形成了完整、互联互通的养老金融产品体系，在账户转移、投资管理和税收优惠等方面实现了有效衔接，民众不必面对流程烦琐、资金转移困难的庞杂金融产品。

表 6-3　各国的代表性养老金融产品与特点

产品类型	国家	养老金融产品	特点
保障类	美国	长护险	市场主导，商业化运营，为残疾人和老年人提供护理保障
	日本	长护险	政府主导，强制参保，政府与个人平分缴费份额
	德国	长护险	社会保险和商业保险双轨并行，低收入者强制参与社会保险，高收入者可选择商业保险
融资类	美国	住房反向抵押贷款	以房养老，充分利用固定资产的保障作用
	日本	住房反向抵押贷款	政府与市场共同参与，提供量身定制的养老保障
	英国	年金保险	半强制性，提取方式多样，灵活性较差
	法国	积分制和实账积累制	第二、第三支柱难以相互转换，存在多轨制、碎片化问题
投资类	美国	养老目标基金	收益稳定可观，能够动态调整资产配置
	美国	不动产投资信托基金	对固定资产进行盘活，丰富养老保障渠道
财富管理类	美国	遗嘱信托	财富管理特色化，推动财产代际传递
	日本	养老信托系列产品	长期性，低风险，提供财产管理、继承办理和遗产处理等综合服务

中国在借鉴国外养老金融产品设计与制度安排时，也需要充分结合国情，进行本土化改革。但各国养老金融产品也都面临一系列问题，例如美国长护险受到恶性竞争和低利率冲击，日本的住房反向抵押贷款因房价下

跌和本土文化而推进缓慢，需要不断动态创新。总体来看，建设高效互通、体系健全的养老金融产品网络势在必行。

二、我国养老金融产品的主要类别及特征分析

（一）银行系养老金融产品

1. 养老储蓄

养老储蓄产品是银行为满足客户养老需求而推出的储蓄存款产品，因其操作简便、安全稳定，满足大多数中老年人的低风险偏好。2022 年 7 月，为进一步探索养老金融产品的丰富与创新，银保监会与中国人民银行联合发布《关于开展特定养老储蓄试点工作的通知》，明确由工、农、中、建四家大型银行在合肥、广州、成都、西安和青岛五个城市进行特定养老储蓄试点，开展更长期限的定期储蓄服务。特定养老储蓄产品期限长、收益稳定，本息有保障，包括整存整取、零存整取、整存零取 3 种类型，涵盖多个期限。

特定养老储蓄具有收益率较高、类型多元化的特点，有利于改进传统储蓄产品收益低、灵活性差的弱点，实现普惠性和养老性的平衡。2023 年，我国 20 家系统重要性银行共发行 248 只个人养老金储蓄产品。据国务院 2024 年 1 月 25 日发布会披露，我国自 2022 年 11 月启动特定养老储蓄试点起，存款人数约 20 万，余额接近 400 亿元，取得快速发展。

2. 养老理财

养老理财产品指由理财公司设计并发行，采用符合长期养老需求的资产配置策略的个人养老金融产品。商业银行立足养老资产的长期稳健增值、鼓励客户长期持有的目的，发挥风险管理、客户资源等方面的优势，设计发行养老理财产品。2021 年 8 月 31 日，原银保监会发布《关于开展养老理财产品试点的通知》，确定工银理财等 4 家机构在青岛等 4 座城市开展养老理财产品试点工作；2022 年 2 月 6 日，首批参与试点的银行养老理财产品正式面世，四家理财公司发布养老理财产品，例如光大理财推出的“颐享

阳光养老理财产品橙2026第1期”，产品封闭期为5年，鼓励投资者从年轻时就开始进行养老规划，采取稳健的资产配置策略。

养老理财具有长期性、稳健性和普惠性的特点，风险管理机制较为健全，购买门槛低。商业银行积极拓展养老理财业务，是缓解养老保险压力、发展第三支柱养老保障的重要内容。当前，我国的养老理财尚处于起步阶段，产品数量和种类少，投资较为稳健保守。从投资特点来看，首批发行的养老理财产品均大比例投资于固定收益类资产，形成稳定的收益基础，如图6-2所示。据Wind数据显示，截至2023年12月31日，我国养老理财产品合计规模1016亿元，整体年化收益率为2.49%，最大回撤1.18%，其中权益投贷比例仅为6.6%，风险控制能力较强。同时，养老理财产品采用收益平滑基金机制，有利于提升回撤控制能力，保持净值稳定。如图6-3所示，截至2024年1月末，56只养老理财实际收益率主要分布在1%至2.5%的区间内，投资相对保守。未来，养老理财产品将持续探索更加丰富的投资组合与更高的投资收益率，为市场提供多样化的理财产品。

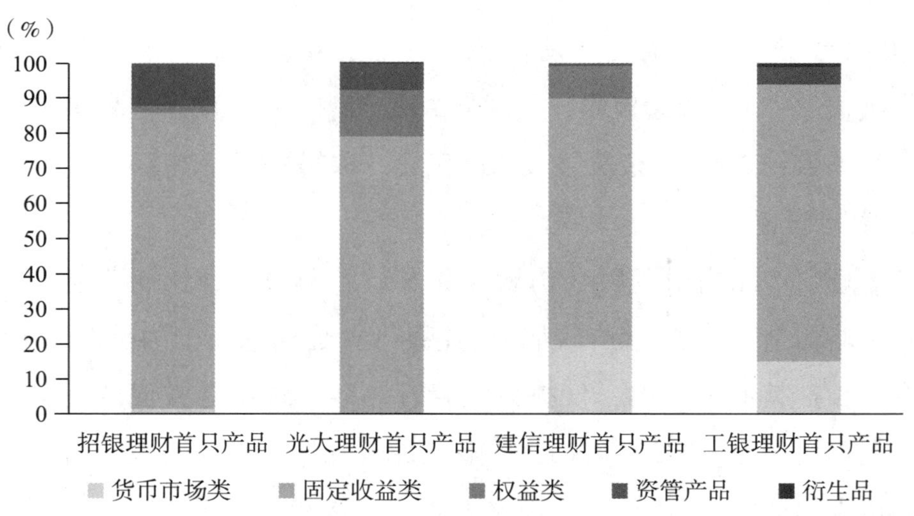

图6-2　首批发行的4只养老理财2023年第三季度末穿透后资产情况

数据来源：普益标准。

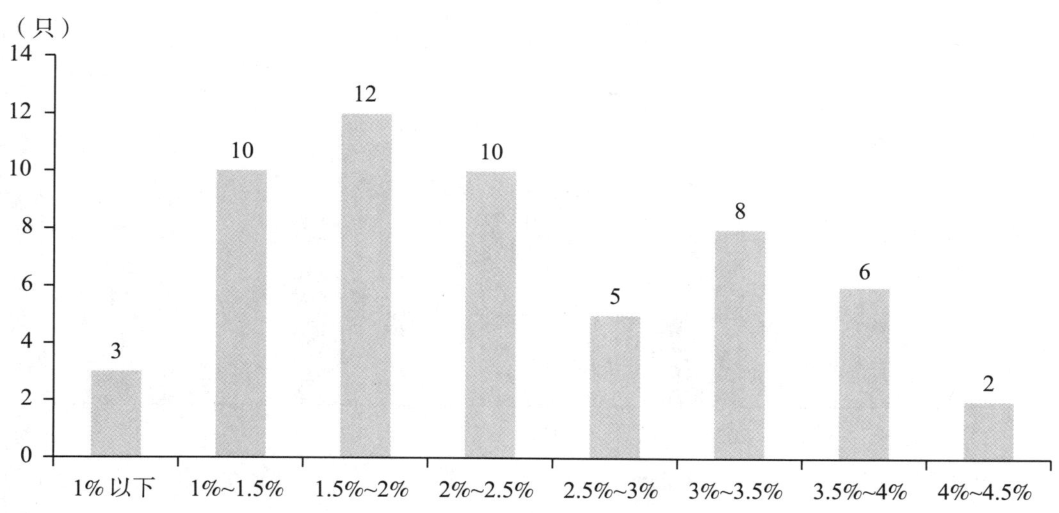

图 6-3 56 只养老理财实际收益率分布情况

注：数据包含左端点，不包含右端点。

数据来源：普益标准。

但是，目前我国养老理财产品在推广过程中存在对养老属性和普惠性的背离。部分银行为追求销售完成度和工作效率，将养老理财产品定向推销至高净值客户，将其作为收益率稳定的普通养老理财产品进行销售，客户仅获取投资收益，并不需要养老保障，脱离了其本质的养老属性。而真正具备养老需求，但购买力相对较弱、认购规模较小的人群难以获得养老理财产品的认购权，养老产品的普惠性无法保障。

（二）保险系养老金融产品

1. 企业补充养老保险（企业年金）

企业补充养老保险是企业和职工在依法参加强制性基本养老保险的基础上，自愿参与的补充养老保险，给予企业充分自主性，由企业和职工共同缴费，建立职工个人账户。如图 6-4 所示，截至 2023 年三季度，我国企业年金累计基金规模达到 3.12 万亿元，较 2022 年末增加 2459 亿元，规模增速达 8.57%；建立计划总数 1884 个，较 2022 年末新增 24 个。

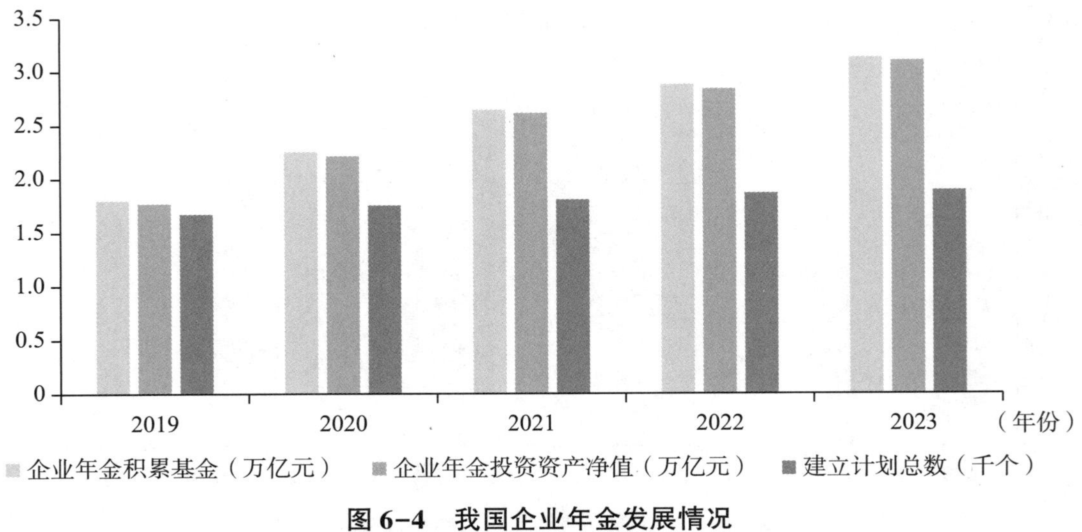

图 6-4　我国企业年金发展情况

数据来源：全国企业年金基金业务数据摘要。

近年来，随着老龄化问题日益突出，我国企业年金得到了快速发展，参与企业数量和参与员工人数持续提升。图 6-5 展示了近年来我国企业年金的发展规模，参与企业年金的企业数量从 2013 年的 6.61 万户增至 2023

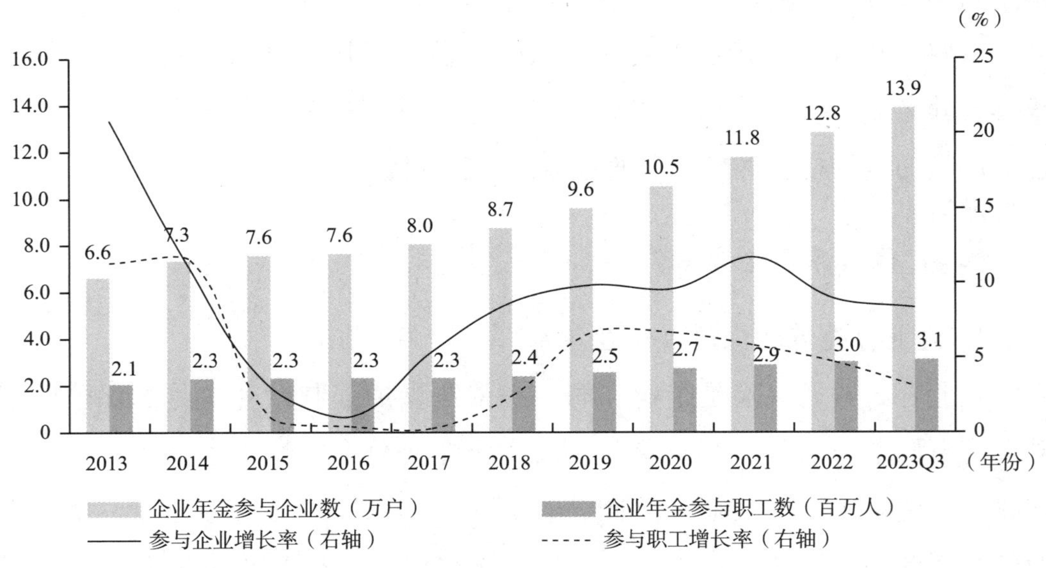

图 6-5　我国企业年金参与规模

数据来源：人力资源和社会保障部。

年三季度的13.87万户，实现了超过两倍的增长；参与员工数从2013年的206万人增至2023年三季度的310万人，社会参与度不断扩大。但是，参与员工数量占职工总数的比例仍然较低，企业建立年金计划的成本较高，年金产品的灵活性、丰富度和吸引力有待提升。

2. 商业养老保险

商业养老保险指以获取养老金为目的的长期人身险，是我国构建社会养老保障体系的重要组成部分。个人通过定期缴纳保险费，在达到合同约定年龄或丧失劳动能力后获取一定的养老金作为经济支持。商业养老保险注重长期储蓄和投资，其产品设计具有灵活性和多样性，能够为不同类型的养老需求提供个性化的金融服务。

近年来，我国商业养老保险不断发展创新，普惠性与多样性不断提升。2018年4月，我国在上海等地开展个税递延商业养老保险试点业务，根据“收益稳健、长期锁定、终身领取、精算平衡”原则推出商业养老保险产品，计入个人商业养老资金账户的投资收益在缴费期间暂不征收个人所得税，在领取养老金时再征收，且给予税收优惠，进一步激发了民众参与商业养老保险的积极性。2021年6月起，我国在浙江省和重庆市开展专属商业养老保险试点，推出将资金长期锁定用于养老保障，领取年龄在60周岁及以上的个人养老年金保险产品。国家金融监督管理总局数据显示，截至2023年三季度末，专属商业养老保险累计保费规模81.6亿元，承保63.7万件。表6-4展示了2023年我国专属商业养老保险的结算收益情况，大部分专属商业养老保险的结算收益率位于3%至4%的区间内，收益率可观。

表6-4　2023年我国专属商业养老保险结算收益

发布机构	产品名称	稳健账户结算利率（%）	进取账户结算利率（%）
国民养老	国民共同富裕	4.15	4.25
新华养老	新华养老盈佳人生	4.00	3.60

续表

发布机构	产品名称	稳健账户结算利率（%）	进取账户结算利率（%）
泰康人寿	泰康臻享百岁	3.90	4.10
平安养老	平安富民宝	3.90	3.80
人保寿险	福寿年年	3.85	4.00
人保寿险	福寿年年B款	3.85	4.00
人保寿险	福寿年年C款	3.85	4.00
中国人寿	国寿鑫享宝	3.80	3.30
太保寿险	太保易生福B	3.80	4.00
泰康人寿	泰康臻享百岁B款	3.80	4.00
太保寿险	太保易生福A	3.60	3.80
新华保险	卓越优选	3.50	3.50
太平养老	太平盛世福享金生	3.00	3.80
恒安标准养老	恒安标准养老信天翁·启航	2.60	3.00
太平人寿	太平岁岁金生	2.10%	4.00%

资料来源：各机构官网。

综合来看，商业养老保险发展前景良好，但仍存在产品同质化、整体市场由销售主导而非需求主导等问题，保险公司需提升资产负债管理能力，不断提供个性化的优质商业养老保险产品。

3. 商业养老金

商业养老金是第三支柱的重要组成部分，指养老保险公司为客户提供养老金的账户管理、养老规划、资金管理和风险管理等服务的创新型养老金融业务。2022年12月1日，原银保监会办公厅印发《关于开展养老保险公司商业养老金业务试点的通知》，试点区域包括北京市、上海市、江苏省等10个省（市）。

与个人养老金相比，商业养老金具有专业性强、快捷灵活的特点：明确由养老保险公司专营，对流动性管理类、固收类、混合类、目标日期型等金融产品进行组合；商业养老金更为方便快捷，年满18岁即可购买，不受其他限制，无须开立养老金专户，通过绑定银行卡即可操作；通过不同的养老金领取方式，满足客户不同期限的资金需求。据国务院 2024 年 1 月 25 日的新闻发布会披露，商业养老金自 2023 年 1 月起在 10 个省（市）启动试点以来，已累计开户超过 59 万个。

我国首只商业养老金产品于 2023 年 1 月 4 日成立，截至 2023 年末，4 家试点机构共计成立 26 只商业养老金产品，如图 6-6 所示，其中，国寿养老以 12 只的产品数量居于首位。2023 年上市商业养老金产品包含固定收益类、混合类和流动性管理类三种产品类型，如图 6-7 所示，包括固定收益类商业养老金产品 6 只、混合类商业养老金产品 16 只和流动性管理类商业养老金产品 4 只。当前，养老金产品的提供机构和数量较少，发展空间有待进一步拓展。

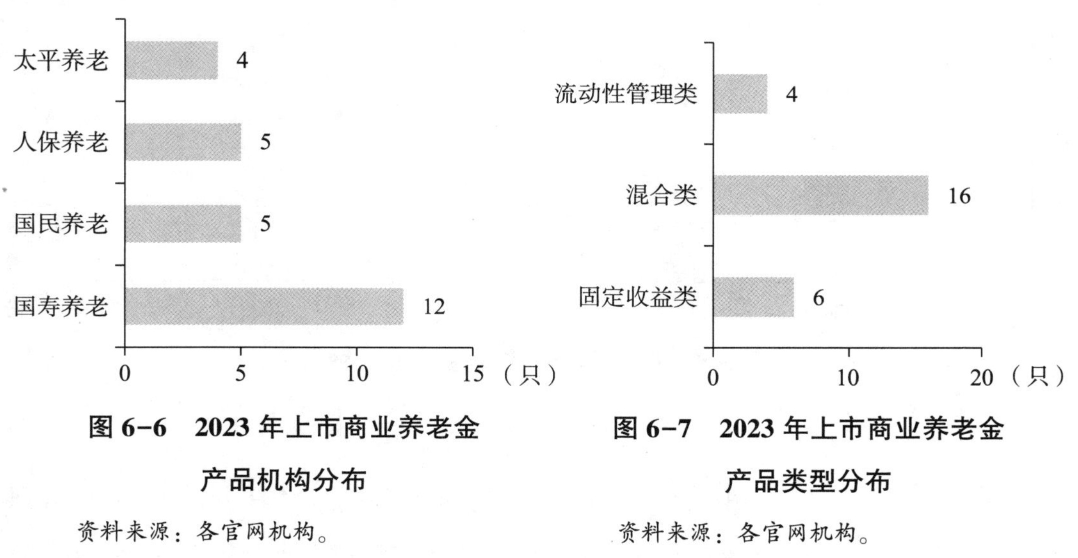

图 6-6　2023 年上市商业养老金产品机构分布

资料来源：各官网机构。

图 6-7　2023 年上市商业养老金产品类型分布

资料来源：各官网机构。

（三）基金系养老金融产品

基金行业对养老金融产品的探索开展较早，2006 年汇丰晋信发行了我国首只具有养老属性的混合型和债券型目标日期基金，2012 年天弘基金推出了我国首只养老主体基金。2016 年《关于金融支持养老服务业加快发展的指导意见》中明确表明，应大力发展养老型基金产品，鼓励个人通过各类专业化金融产品投资增加财产性收入，提高自我养老保障能力。2018 年 3 月，证监会正式发布《养老目标证券投资基金指引（试行）》，养老型基金正式成立并试点运行，明确指出，养老目标基金应当采用成熟稳健的资产配置策略，控制基金下行风险，追求基金长期稳健增值，对养老基金的投资策略进行了明确。此后，养老基金成立数量总体呈增加趋势，如图 6-8 所示。2022 年，随着《个人养老金实施办法》以及《商业银行和理财公司个人养老金业务管理暂行办法》政策文件的印发，个人养老金基金的发行与交易正式拉开了序幕。

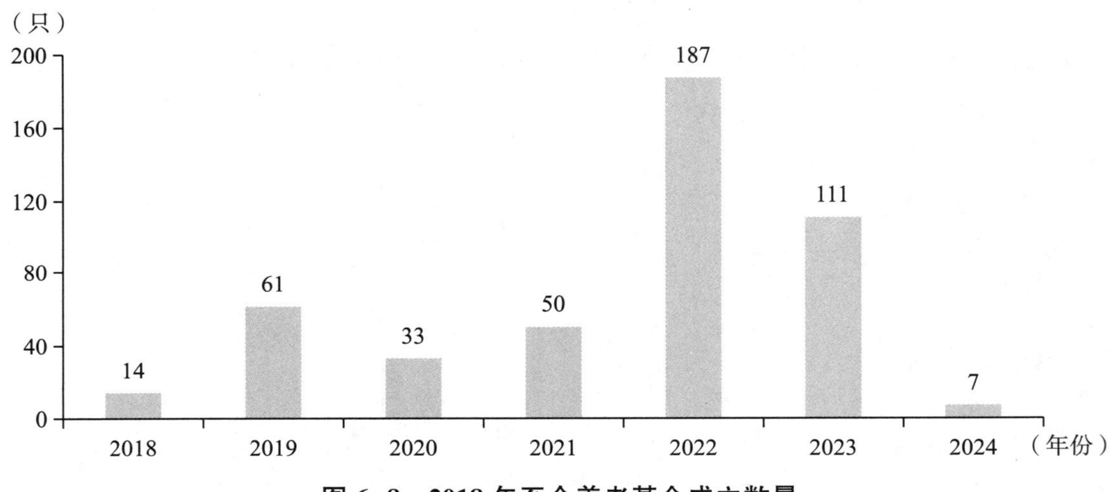

图 6-8　2018 年至今养老基金成立数量

数据来源：iFind。

截至 2023 年 12 月 31 日，市场共存续养老金基金 463 只，总规模达到 710.92 亿元，基金类型均为契约型开放式 FOF 基金，持有期类型均为普通持有到期。当前个人养老金基金仍处于摸索阶段，因此市场存续的个人养老金基金规模普遍较小，如图 6-9 所示，300 只基金规模处于 1 亿元（不含）以下，112 只基金规模位于 1 亿~3 亿元（不含），17 只基金规模位于 3 亿~5 亿元（不含），32 只基金规模超过 5 亿元。

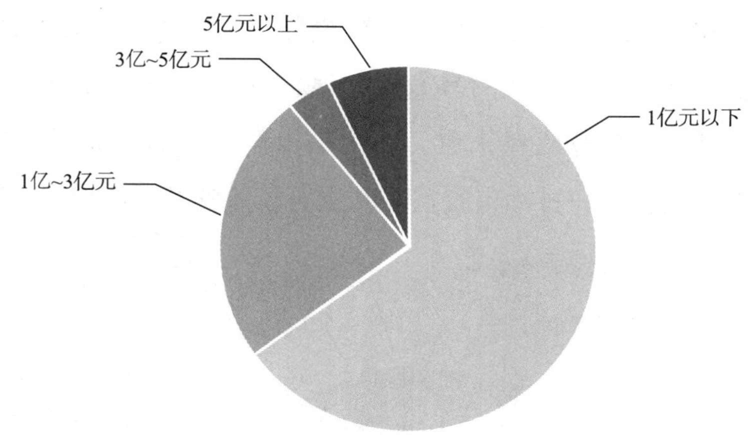

图 6-9 基金投资市值分布

注：数据包含左端点，不包含右端点。

数据来源：iFind。

根据证监会监管要求，FOF 基金应将 80%以上的基金资产投资于基金产品，同时不得持有具有复杂、衍生品性质的基金份额，也不得持有其他 FOF 基金。受到养老金产品以及 FOF 基金产品的限制，大多数个人养老金基金旨在通过大类资产配置以实现资金资产的长期稳健增值。而在投资范围上，受到监管要求的限制，个人养老金基金将主要资金集中于基金产品。如图 6-10 所示，截至 2023 年末，个人养老金基金的基金投资市值占比为 86.25%，股票投资市值占比为 2.75%，债券投资市值占比为 4.66%，存款投资市值占比为 2.97%，其他资产市值占比为 1.66%。

例如，其业绩比较基准计算公式为：

$$基准 = X \times 沪深300指数收益率 + (1 - X) \times 上证国债指数收益率$$

式中，X 取值范围为 2018—2020 年 50%、2021—2025 年 50%、2026—2030 年 50%、2031—2035 年 45%、2036—2040 年 26%。

尽管养老金基金的投资目标是实现稳健的价值增长，但从目前存续的养老金基金的收益来看，实际收益与投资目标仍有较大的差异。如图 6-11 所示，当前存续的养老金基金中，仅有 105 只成立以来实现正年化收益率，其余基金成立以来均为亏损状态，最大年化亏损率甚至超过 50%，超过半数的基金最大回撤超过 10%。当然，目前存续的个人养老金基金成立时间均较短，相对于其投资周期来说仍然具有较长的待观测区间，但不可否认的是，从目前个人养老金基金的投资收益来看，不论是投资策略的运用还是投资标的的选择，个人养老金基金在目标与收益之间仍有较长的实践之路。

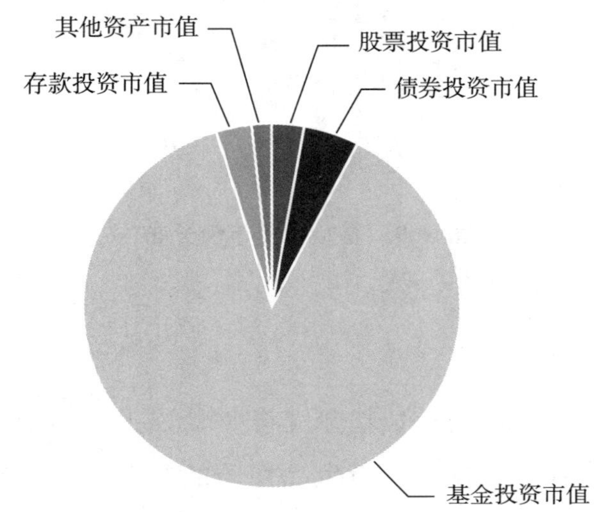

图 6-10　基金规模分布

数据来源：iFind。

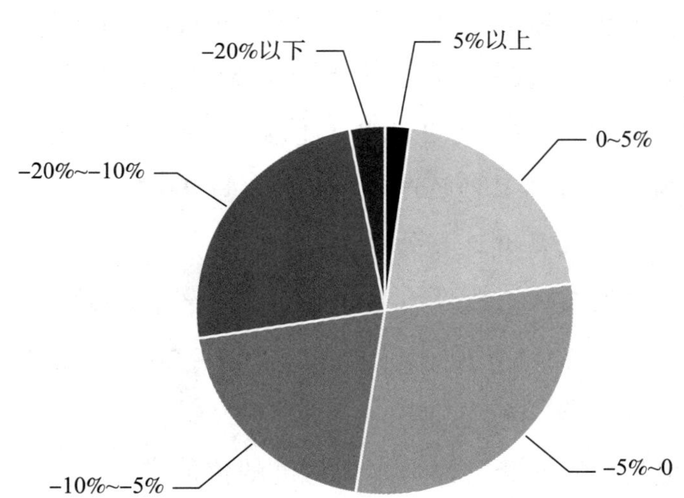

图 6-11　基金成立至今年化收益率分布

注：数据包含左端点，不包含右端点。

数据来源：iFind。

（四）信托系养老金融产品

养老信托具有专业服务体系和投资优势，在我国，养老金信托和养老服务信托取得了较为显著的成果。其中，养老金信托是信托机构等受托人管理相关企业的养老金，在雇员退休后以年金形式支付的信托形式，有利于发挥受托人的专业性，保障财产的收益性和安全性，形成理财优势。养老服务信托指个人将资金或资产交付信托公司，信托公司作为受托人对其进行投资管理的业务模式，同时与养老机构展开合作，提供财富管理、居家养老、社区医养、紧急救援等多样化的养老保障服务。普惠型养老服务信托方面，光大信托发行的“安心颐养计划养老服务信托”通过信托产品锁定养老需求者未来在光大养老社区的长期居住权和旅居产品权益，能够在实现财富管理的同时，对养老做出规划。其起投金额为 30 万元，存续期限不低于 2 年，门槛相对较低，能够提供普惠型的养老理财服务。中高端养老服务信托方面，五矿信托于 2021 年推出的“五矿信托—颐享世家养老信托”聚焦高净值客户的养老需求，起投金额为 500 万元，提供“专业财富管理+优质养老服务平台”的综合服务，筛选并向受益人提供养老社区、高端医疗、适老化改造、意定监护、殡葬的五大类服务。

此外，养老理财信托、养老财产信托和养老慈善信托也逐渐发展。《2023 年度中国慈善信托发展报告》显示，截至 2023 年末，我国慈善信托累计备案数量达 1655 单，累计备案规模为 65. 20 亿元，其中 2023 年新增备案 454 单，比 2022 年多增 62 单；新增备案规模 12. 77 亿元，较 2022 年多增加 1. 37 亿元。

三、我国养老金融产品的启示与建议

伴随老龄化程度的加深且短时间内趋势较难逆转，以养老金产品为代表的第三支柱在养老金制度中越发重要。当前，我国养老金融产品体系不断丰富，银行、保险、基金和信托等金融机构不断开发创新型的养老金融产品。纵观我国养老金融产品的发展历程，结合国外发展经验，能够进一步明确我国养老金融产品的发展成果和面临的挑战，得到具有现实意义的启示与展望。

（一）发展面临挑战

养老金融产品收益率偏低，投资吸引力不足。养老金融兼具社会属性和经济属性，与其他投资产品相比，需要更加重视安全性，因此在投资范围和种类方面受到限制，难以实现较高收益。但当前部分产品的收益率过低，未达到安全性和收益性的平衡，对民众和金融资本的吸引力弱，资产管理能力有待提升。以基金为代表的养老金融投资产品仅有23%收益率为正，难以得到投资者的青睐，更无法满足养老金融产品本身的功能定位。短期来看，养老金融产品的收益率问题仍旧是限制其规模扩张的主要原因。

产品层面的同质化问题严重。当前，各类金融机构提供的养老金融产品在服务内容、运作方式以及产品收益等方面存在高度重复，且与市场中普通金融产品的差异不大，个性化养老需求难以得到满足。例如，银行提供的养老理财产品和保险公司提供的商业养老金具有高度相似性；与传统商业养老保险相比，专属商业养老保险的产品设计也缺乏鲜明特点。不同主体提供的各类产品虽在投资配置、风险偏好方面有所差异，但根本上都聚焦养老资金的投资增值，具有保障性质的养老金融产品供给不足，缺乏匹配养老多样化需求、服务于养老综合保障的创新产品。

养老金融产品的配套服务缺乏。当前，民众对于养老金融产品的认知尚不明确，并未形成明确的社会认知。例如，养老金融产品的投资具有长期性和复杂性，在发行和销售过程中，缺乏专业的养老财富规划顾问提供咨询服务，帮助客户选择适合的养老金融产品。此外，对于产品的宣传和解析也有所欠缺，潜在客户难以充分了解相关产品的保障功能和风险收益情况，社会对养老金融产品的接受度较低。

养老金融产品的参与率有待提升。2022年11月，个人养老金开始试点，目前已有超5000万人开立账户，但实际缴费人数占比不到1/3，平均缴费金额仅2000余元，缴费人群中满额12000元的人群占比低，反映了我国养老金融产品的覆盖度仍有所欠缺。企业年金方面，参与人数仅占同期城镇职工基本养老参保人数的6%。随着老龄化趋势的进一步深入，如何扩大养老金融产品的参与率成为重要的社会经济问题。

（二）启示与展望

深耕客户行为研究，优化全生命周期的养老金融产品开发。个体在不同年龄或是不同风险承受水平下，对养老金融产品的投资目标、投资期限和风险收益具有不同需求，因此需要合理设计更加灵活多元的养老金融产品。同时，由于养老主要是个人在工作期间积累财富并进行金融资产配置，在老年期获取生活保障，因此需要促进工作期的养老资产积累与退休期养老服务消费精准对接，满足不同阶段的养老需求，优化养老资源在不同时期、不同主体之间的优化配置。

发挥集团综合经营优势，深化养老产业金融生态圈建设。养老经济保障和服务保障是养老金融的两大基本功能。在养老经济保障方面，养老产业金融具有回报周期长、依赖规模扩张的特点，需要在延伸康养产业链的过程中进行成本控制，提供普惠性的养老产业服务。在养老金融支持服务保障方面，针对游购养医等多样化诉求，需要重点关注养老产业链条的完整性和关联性，搭建丰富的服务场景。针对医养结合、养老护理、慢病管理等重点领域，不断拓展上下游产业链，探索养老问题的综合金融解决方案。当前，我国大部分理财子公司所属的母行为综合化经营的金融集团，可以进一步依托母行在项目拓展、综合服务、风险管理等方面的优势，进一步深化养老金融生态圈建设。

整合各类机构资源，积极合作开发养老金融产品池。当前，商业银行、基金公司、保险信托等机构都在积极推进养老金融产品开发，但产品存在较高同质性，市场中近似产品种类多也导致投资者难以抉择。各类机构将产品组成养老金融产品池，既便于监管机构的统一管理，也有利于产品的横向高效对比，能够及时针对投资策略、服务条款等内容进行动态调整与创新。

体系化建设养老金融产品网络，拓宽个人养老金融产品覆盖面。与美国和日本等养老金融发展历史悠久的国家相比，我国养老金融产品起步晚，私人养老金发展相对滞后，虽“多点开花”，但产品功能有所重叠，互联互通有所欠缺，尚未形成系统化的产品网络。因此，未来要完善第二、第三支柱之间的联通渠道，打破企业年金、职业年金和个人养老金间的壁垒，推动投资管理、账户转移和税收政策等方面的有效衔接。北京大学中国保险与社会保障研究中心专家委员会委员朱俊生表示，我国养老金融发展面临的突出挑战是参与率有待提升，需要着力解决缴费高、异地转移接续难、手续较为复杂等问题，发挥税收优惠的激励作用，完善第二、第三支柱之间的资金流通与对接机制，着力增加个人养老金融产品的参与人数。

研究推出辅助决策工具，优化客户的投资体验。在客户投资辅助方面，摩根大通资产管理有限公司创设了目标日期指南针、核心菜单评估器等工具，简化客户的投资决策；由于机构客户的资金规模不同，还为他们提供个性化的401（k）定制服务。当前，我国投资者面临养老金融知识欠缺、投资决策困难等问题，各金融机构需要结合自身业务特点，充分运用数字化手段，推出养老理财顾问、终身养老财富规划等业务，实现养老财富管理的多元化和差异化选择。

（田圣杰　杨麓宁）

第七章　我国养老目标基金的发展现状与经验借鉴

随着个人养老金制度正式实施，40 家基金公司的 129 只养老目标基金产品入围个人养老金基金名录，标志着养老目标基金日益成为我国个人养老金制度下的重要金融产品。大力发展养老目标基金是推进我国养老领域供给侧结构性改革、做大做强养老金第三支柱的重要手段，这既符合国际经验，也符合我国发展实际。结合当前我国养老目标基金的发展现状和市场特征，本章通过归纳美国养老目标基金发展的内在特征和现实逻辑，以期为我国养老目标基金的发展提供更多参考。

一、引言

近年来，随着社会老龄化的不断加深，大力发展养老金融日益成为社会各界关注的热点。2022 年 11 月，《个人养老金实施办法》正式出台，相关配套政策相继发布，标志着我国养老保障体系建设迈入了新的发展阶段，同时为养老金融发展打开了更加广阔的市场空间。在此背景下，作为个人养老金投资的重点产品，养老目标基金或将迎来新的发展机遇。2018 年，证监会共审批通过包括“华夏养老 2040 三年持有混合（FOF）”“中欧预见养老 2035 三年持有（FOF）”在内的 14 只养老目标 FOF 基金，标志着我国养老目标基金的正式诞生。经过 5 年多的发展，养老目标基金的发展已取得阶段性成效，规模逐步扩大，产品逐渐丰富，相关资管机构参与积极性也不断提升，但总体上仍处于发展初级阶段。2018 年以来，我国养老目标基金发行数量和规模合计如图 7-1 所示。

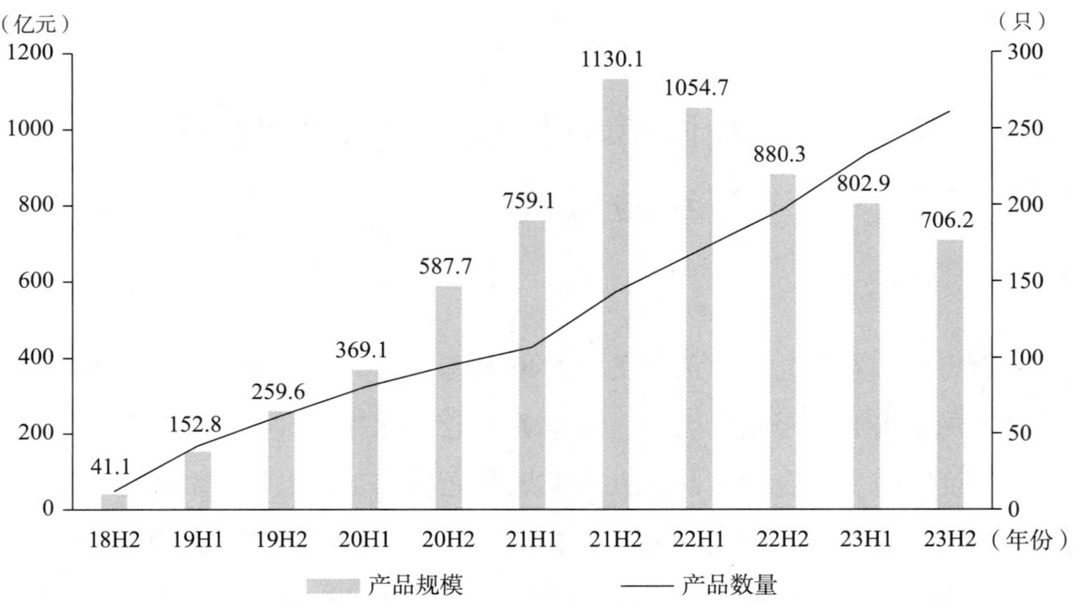

图 7-1　2018 年以来，我国养老目标基金发行数量和规模合计

数据来源：Wind，作者自行整理。

二、我国养老目标基金的发展现状

（一）养老目标基金的概况及相关分类

根据《养老目标证券投资基金指引（试行）》第二条规定，养老目标基金是以追求养老资产的长期稳健增值为目的，鼓励投资人长期持有，采用成熟的资产配置策略，并能合理控制投资组合波动风险的一种公开募集证券投资基金，采用基金中基金（FOF）形式运作。自 2018 年首批养老目标 FOF 发行以来，截至 2023 年末，我国养老目标 FOF 数量共计 261 只，管理总规模达 706. 17 亿元。个人养老金制度正式实施以来，51 家基金公司的 178 只养老目标基金产品入围个人养老金基金名录，养老目标基金日益成为我国个人养老金制度下的重要金融产品。

从产品类别看，根据投资策略的不同，养老目标基金可以分为目标日期基金和目标风险基金。具体来看，目标日期型基金与退休日期挂钩。比如，养老目标日期2035三年持有期混合基金，名称中的“2035”是指2035年退休，即告诉投资者，如果退休时点在2035年左右，比较适合选择包含“2035”数字的目标日期基金。目标风险型基金，是将产品风险的大致水平（“稳健”“平衡”“积极”）写入基金名称，比如“平衡养老目标三年持有期混合基金”“稳健养老目标一年持有期混合基金”。值得关注的是，对于不同的风险水平，目标风险型FOF基金的权益配置比例存在较大差异，其中平衡型目标风险基金权益配置比例中间值大致在50%，一般不会超过60%；而稳健型权益配置比例中间值大致在20%，一般不会超过30%。详见表7-1。

表7-1　养老目标FOF基金按投资策略分类

差异类别	养老目标日期型基金	养老目标风险型基金
定位	生命周期解决方案	配置工具型产品
产品设计	预先设定目标日期	预先设定风险承受水平
配置策略	基金的投资风格随着生命周期的延续和目标日期的临近而逐渐转向保守，逐渐降低权益类资产比例	锚定风险，限定波动率，为投资者提供适合自身风险收益特征的解决方案
细分类型	阶梯型和曲线型	积极型、稳健型和平衡型等
识别标识	名称中常包含“20**”字眼	名称中常包含“积极”“平衡”“稳健”等关键词

数据来源：Wind，作者自行整理。

从适用场景看，尽管目标日期型基金和目标风险型基金都适合作为养老规划的产品选择，但是适用的人群和场景不太一样。目标日期型FOF基金，名称辨识度很高，只要算好退休时间，买入对应的基金即可规划养老，因此这类产品比较适合于没有太多时间，但是又有一定收入可以做规划的中年客群。目标风险基金，比较适合愿意自己做主的投资者，比如当权益市场表现趋好，那么就多配置平衡型产品，提高权益比例，而当权益市场处于低迷时，可选择防守策略，提升稳健型产品配置比重。

从市场规模看，无论是产品数量还是规模，养老目标基金在全部FOF基金中均占据了半壁江山。具体来看，目标风险型基金的数量较多（占比超50%）且管理规模大（占比近70%），其中稳健性FOF数量居多，管理规模接近400亿元；目标日期型基金占比相对较小，目标日期主要分布在2025—2060年，其中以2035年、2040年为到期日的基金数量较多。

从产品优势看，养老目标基金具有三点优势：一是长期收益较为可观，基金多配置权益类资产，通过投资“一篮子”基金实现风险的二次分散，长期收益具有优势（见表7-2）；二是产品策略丰富，为不同年龄阶段、不同收入层次、不同风险偏好的投资者提供不同的养老投资管理方案；三是资产配置与基金精选相结合，基金的内核即为大类资产配置，而与基金选择相结合的科学多元的资产配置是获得长期良好回报的基石。

表7-2　2019年以来我国养老目标基金年化收益趋势

产品类型	成立以来年化收益率（%）	过往一年年化收益率（%）	过往两年年化收益率（%）	过往三年年化收益率（%）
202X	-0.29	0.56	-1.41	0.47
203X	-5.04	-6.49	-10.08	-5.31
204X	-8.46	-7.43	-10.69	-5.99
205X	-9.97	-10.81	-14.72	-8.53
积极	-12.07	-9.45	-11.59	-4.87
平衡	-6.41	-4.95	-7.79	-3.74
稳健	-1.68	-1.45	-2.93	-0.58

数据来源：Wind，作者自行整理，截至2023年12月31日。

（二）养老目标基金的市场特征

随着产品持续扩容，养老目标基金市场呈现出四大特征：一是“二八”现象日益明显。一方面是养老目标型基金头部效应渐显，交银施罗德基金、兴证全球基金和汇添富基金三家机构的管理规模位居前列，合计占比超过

25%；另一方面，自 2022 年以来，单只产品规模持续下滑，规模在 2 亿元以下的养老目标基金达 160 余只，其中超过 110 只规模不足 1 亿元。二是不同投资策略下的收益特征分化明显。目标日期型基金的整体收益与沪深 300 相近，且在市场震荡下行趋势下具有较强的抗跌性；目标风险型基金的收益分化更为明显，整体上稳健型养老 FOF 表现略差于二级债券基金，平衡型养老 FOF 表现在大多数考查区间优于偏债混合型基金和二级债券基金，积极型养老 FOF 近两年的年收益中位数均强于沪深 300 和偏股混合型基金。三是资产配置呈现多元化特征。近年来，直接投资港股、QDII 基金和商品型基金等产品的养老目标基金逐渐增多。事实上，同时投资于权益、固收、商品、QDII 等资产是 FOF 组合的一大优势，通过降低组合与单一大类资产的相关性、分散风险，从而获得长期稳定收益。四是"六大"评价维度综合反映市场表现，目标日期型基金组合当前的风险特征与其目标日期相关，而目标风险型基金的风险特征则主要取决于权益部分的配置比例。整体来看，对养老目标基金的评价指标需要关注业绩表现、风险控制、资产配置能力、风格配置能力、基金优选能力和交易操作能力六大维度。

三、海外养老目标基金的发展历程

当前，我国对养老目标基金的认识、运作和管理仍处于探索阶段，整体来看，养老目标基金在国内仍属于"新鲜事物"。然而在海外，尤其是美国，养老目标基金发展已久。梳理美国养老目标基金的发展历程，对我国持续做大养老目标基金规模、助力养老第三支柱高质量发展具有重要的现实意义。

（一）政策与市场形成合力，是推动养老目标积极发展的重要前提

早在 1935 年，美国《社会保障法》颁布标志着美国开始建立养老保险体系，经过近 40 年的发展，1974 年美国《雇员退休收入保障法》颁布，规定实行 IRAs，标志着美国构建起养老金的三支柱体系。随着养老保障体系日渐完整，如何进行投资者教育，鼓励和引导投资者积极进行有效养老投

资成为政府和市场需要合力面对的挑战。实践中，面临的主要困境有三点：一是投资者难以对投资组合进行动态调整；二是个人养老账户的管理较为烦琐，且部分投资者的投资方式较为单一；三是投资者教育对调动投资者养老投资的主动性、积极性的作用有限。在此背景下，随着退休时间临近，动态调整权益投资比例的目标日期基金应运而生，通过产品设计为投资者解决资产配置动态调整问题，并为投资者提供从当下到退休全时段的一站式养老投资方案，即1993年巴克莱全球投资公司推出第一只目标日期基金（BGI 2000 Fund）。经过近30年的发展后，美国养老目标基金取得了较大的成功，截至2021年底美国养老目标基金总规模已经达到了2.23万亿美元（包括目标日期和目标风险基金），占美国共同基金市场规模的18%，且过去10年长期年化收益率为8%~9%。

养老目标基金的快速发展，一方面是由于其产品设计很好地契合了市场需求，另一方面是因为税收优惠政策与合格默认投资选择（Qualified Default Investment Alternatives，QDIA）制度的支持与推动。随着QDIA制度的建立①，目标日期基金被纳入QDIA范围内，越来越多的养老资产选择投资目标日期基金，这对养老目标基金的发展起到了极大的助推作用；政府对个人养老账户的税收优惠政策，推动了养老金规模的增长，间接地推动了养老目标基金的发展。

（二）差异化、精准化投资策略，是推动养老目标积极发展的现实基础

在美国，基于不同的投资策略和受众客群，养老目标基金被分为目标日期基金和生活方式基金（即目标风险基金）两大类。整体来看，前者的投资者是选择将资产配置的决定、组合的构建以及后期的再平衡都交给基金经理来管理的不愿意主动管理的人群，其功能在于通过帮助那些缺乏时间或兴趣去管理自己的退休计划的人群建立分散化的投资组合并获取投资

① 2006年颁布的《养老金保护法案》推出了合格默认投资选择（Qualified Default Investment Alternatives，QDIA）机制，若雇员不做出投资选择，雇主可以免责帮助雇员选择QDIA范围内的产品。

目标；后者的投资者是那些对选择基金有困难，但是对自己的风险认知清晰，渴望在生命周期中主动管理自己的投资目标的人群。

目标日期基金最大的特点在于其权益类资产配比的递减，其理论基础在于年龄变化与风险偏好变化存在一定的相关关系。产品设计层面，目标日期基金的设计基础是50年以上的时间维度，贯穿一个人的整个生命周期，通常从25岁到95岁；产品运作层面，针对各类资产的配置比例设计一个滑行路径（Glide Path），在滑行路径上，随着风险偏好的变化，基金经理会调整资产的配置比重来调整组合的风险水平。截至目前，目标日期基金为美国养老目标基金市场的核心产品。数据显示，从2000年末至2021年末美国养老目标基金市场规模增长迅速，年均复合增速为21.14%，其中目标日期基金规模年均增速为29.28%，高于目标风险基金16.13个百分点。

目标风险基金是在风险水平既定的约束条件下，实现投资组合收益的最大化，因此具有明确的风险控制策略和风险收益特征。从发展轨迹看，目标风险的发展始于20世纪90年代，其历程可以分为起步、快速发展、持续增长、规模稳定四个阶段，其中退休计划改革后养老金规模的扩大和目标风险基金被纳入QDIA是快速发展阶段的主要动力，而2008年金融危机加速推进了投资者的风险意识觉醒，这同样是目标风险基金的持续增长的重要外部条件。从产品结构看，针对投资者不同的风险偏好水平，目标风险基金一般分为激进型、成长型、稳健型、平衡型、保守型和收入型，产品针对的投资者群体风险偏好水平逐级递减。值得关注的是，近些年美国共同基金投资者对于风险的认识持续提升，对自身的风险偏好和承受能力的衡量也趋于明确，在投资标的的选择上也提出了更加精细化的需求，因而在美国市场的目标风险FOF产品，有进一步细化分类的趋势。

（三）产品配置多元化、产品收益稳定可观，是推动养老目标基金发展的重要动力

从市场格局来看，美国养老目标基金发展的行业集中度较高。2004年

以来养老目标基金规模前十大机构排名变化不大，以目标日期基金为例，先锋、富达和普信三巨头占据了目标日期基金70%的市场份额，前十大公司占据了行业90%以上的份额。专业化、多元化的产品配置能力是构成行业竞争壁垒的重要前提，也是推动养老目标基金行业趋向寡头现象的重要原因。

目标风险基金方面，其产品配置通过分散化投资、大类资产配置实现风险管理，比如对权益资产配置比例进行细化共分为5个等级，即15%（含）~30%、30%（含）~50%、50%（含）~70%、70%（含）~85%及85%以上，最大限度地满足不同风险偏好的投资者需求；投资范围上，既可以投资于美国境内也可以投资于境外，整体来看主要投资于美国境内的权益与固收类资产。数据显示，截至2021年底，目标风险基金规模已达0.4万亿美元。美股在2008年金融危机后进入长期的牛市，使得美国目标风险基金整体投资收益远高于同期国债。数据显示：2009年至2021年的13年间，有10年的年回报率超10%，其中有6年的年回报率超20%，2013年的年回报率甚至高达32.39%。目标日期基金方面，不同的投资逻辑、投资方法以及资产暴露比例，使得目标日期基金的业绩表现有所差异。数据显示，截至2021年底，目标日期基金规模已超过1.8万亿美元，94%的目标日期基金自成立以来收益为正，124只目标日期基金平均成立以来累计收益达48.82%。

四、我国养老目标基金发展的启示与展望

当前，我国养老目标基金处于起步阶段，而美国养老目标基金则已趋于成熟。因此，无论是发展阶段和市场环境，还是养老保障体系和监管制度环境，中美之间都有较大差异。纵观美国养老目标基金发展历程，能够深化对我国养老目标基金发展面临的诸多挑战的认识，同时也将带来有现实意义的启示和展望。

（一）发展面临挑战

产品视角下同质化趋明显。对比美国市场，一家基金公司针对养老风险型基金产品通常只发行一只，并采取深耕投研实力和逐渐养大规模的管理模式；目标日期基金的滑道设计仅一种，延伸出不同策略是基于底层基金的管理方式的不同，如底层基金由主动基金、被动基金或者主被动基金相结合的方式管理而形成同一滑道下的3种策略。对比国内产品设计，同一基金经理往往用类似策略同时运作多只产品。同质化现象凸显，将导致投资者选择困难，同时相同到期日的滑道设计不一样，也会引起投资者的困惑。

理念视角下适应性需提升。从本质上讲，这与投资者理念相关。一方面，长期投资理念不足。目标养老基金的锁定期通常比较长，中间不能赎回，缺乏流动性，投资者需要去合理安排资金的久期，且需要提升对风险的容忍度，国内投资者偏好追求业绩稳健和绝对收益，需要更长的时间来适应养老目标基金的模式。另一方面，产品整体认可程度较低。总体来看，全社会对养老目标基金的知晓度和接受程度还有待提升。产品宣传范围较窄和宣传方式单一，同样掣肘着民众对相关金融产品的认识和了解。当前，养老目标基金的发展时间短、可追溯的历史业绩数据偏少，在大部分民众对传统银行储蓄和银行理财较为认可的大背景下，投资者通常对养老目标基金投资存在诸多顾虑。

人才视角下专业能力需增强。一方面，养老目标基金属于居民的养老储蓄资金，承载着特殊的投资使命，其投资逻辑和方法有别于一般的公募基金，即投资的是基金组合。这对基金经理优选基金，为投资者节约投资成本，并充分利用封闭期优势来追求收益性、安全性和流动性的平衡，提出了更高的要求。另一方面，基金经理群体的专业化程度要求高且能力培养周期较长，叠加“奔私”“一拖多”等现象，相关专业人才稀缺。此外，资管机构投资能力欠缺，叠加QDII产品的有限使用和不成熟的衍生品市场，使得养老目标基金可配置的海外资产较少且缺乏必要的对冲工具。

第一，中国金融市场仍缺乏深度，资产管理行业仍处于发展阶段，以及政策层面激励机制和力度不足，比如税收优惠政策受益群体较少；第二，三支柱缺乏流动衔接机制，同样是影响养老目标基金发展的因素。

（二）启示与展望

1. 政策层面，强化顶层设计

养老金政策对于养老目标基金发展至关重要，这是源头之水，任何政策上的变动都将给养老资金的流动与配置带来显著影响。对比海外的成熟经验，第三支柱的发展离不开税收优惠、个人账户制和市场化投资运营等政策保障的有力支撑。以美国为例，完备的养老金政策与庞大的第二支柱养老金体系是养老目标基金蓬勃发展的主要原因。例如，第二支柱养老金有养老目标基金很好的应用场景和投资者教育场景，但仍要结合雇主端的缴费激励匹配和税收优惠，同时免除雇主在设置默认投资选项时的相关责任，才使得美国的养老目标基金在2007年以后有了爆发式的增长。

因此，我国应在个人养老金制度全面实施的政策导向下，持续推动完善相关政策，包括但不限于税收优惠、默认投资选择机制设计和第二、第三支柱转换机制。以税收为例，我国税收优惠制度改善还需要一定的时间，对于如何提高税收优惠力度，包括提高缴费环节的扣除限额、降低领取环节的个税税率等，进而增强税收优惠对个人养老投资的激励，尚需要政策和制度的进一步探索。此外，中国资产管理行业的开放，有助于将全球最佳行业实践引入中国，推动资产管理行业的发展和成熟，在此背景下功能完善的资产管理将利好养老目标基金行业，并助推养老目标基金的健康发展。

2. 产品层面，优化市场供给

首先，养老目标基金的下滑曲线资产配置方案和自动再平衡策略将匹配个人在不同生命阶段的风险偏好和所需回报，其在美国养老金投资者群体中的受欢迎程度已得到证明。其背后的逻辑在于其操作的简单性，即不仅会吸引不具备系统投资知识的个人，也会吸引那些有一定投资能力但没有精力进行投资的个人。从需求导向来看，养老目标基金在中国同样会迎来广阔的发展空间。事实上，对比海外经验，一款成功的养老目标基金通常具有以下要素：在基金的整个生命周期内保持一致的业绩；资产周转率低到使基金达到平衡所必需的程度；良好的费用管理制度；清晰的资产配置策略，即使投资者不具备良好的财务知识也能被吸引；与金融科技平台合作的基金销售，以触达更广泛的客户群体。

其次，养老目标基金的发展高度取决于底层产品供给。考虑到被动型产品是优质的底层工具，具有成本低、运作更加透明、工具属性突出的特点，因此，需要进一步发展指数基金、ETF、商品基金等被动型产品，不断夯实养老目标基金的底层产品供给。同时，要继续做好创新产品的研究储备，包括与符合国家政策导向的长租公寓等资产相关的公募 REITs、以北交所为主要投资方向的公募基金等产品，不断拓展投资深度和广度，以使 FOF 基金及养老目标基金的资产配置能力得以充分发挥，持续助力养老金融行业发展。

最后，养老目标基金的发展要服务于养老资产增值。一方面，当前我国养老目标基金在权益资产暴露的敞口明显不足，距离海外同类产品尚有很大的提升空间。参照美国养老目标基金发展，较高权益资产配置比例的目标日期基金往往在基金业绩上有更为突出的表现，因此更受到距离退休时间较远的年轻人的青睐。另一方面，相比于银行和保险机构，公募基金在投研实力上具有充分的储备和优势，对比银行养老理财产品和保险机构养老产品，养老目标基金在权益投资上有较强的实力，能够帮助养老资金扩大在权益资产上的配置，达到养老资产增值的目的。

3. 理念层面，树立长期业绩观

对投资者而言，要持续加强投资者教育。随着养老目标基金的认可度逐步提升，需要强化投资者教育：一是引导投资者摒弃短期高收益、赚快钱的投资理念，减少短期投资行为；二是保持足够的投资耐心和定力，投资适合自身风险偏好和风险承受能力的产品，追求绝对收益，实现由养老储备向养老增长转化、由短期投资向长期投资转化。

对资管机构而言，强化业绩考核要与资金性质相匹配。美国养老目标基金的资金大多要到退休才领取，存续期限长。所以美国养老目标基金的考核期限长，一般采取一年、三年、五年期的考核，部分公司将期限拓展到八年和十年，行业内也把长期限考核作为行业最佳实践。目前，我国已建立起三支柱养老金体系，但中长期的考核期限与养老目标基金投资人的真实诉求是否真正匹配尚存在不确定性。此外，监管对于考核的规范并不是公司考核养老目标基金的全部内容，具体的考核方法还需要管理人在实践中不断细化和改进。

（李成林　汪子杰）

第八章　适老化金融服务的海外经验借鉴与国内实践

随着老龄化的加深，各国金融机构都在积极进行适老化金融产品和服务的创新，结合老年客户群体的特殊性，对金融机构现有的设施、产品、服务进行适老化改造，并创新推出适合老年客户群体的产品和服务，同时为了保护老年客户消费者权益，政府和金融机构也推出系列举措，加强培训指导，防范老年客户金融欺诈风险。近年来，随着我国老龄化程度逐渐加深，适老化金融服务的建设取得了部分成效，本章主要介绍有关适老化金融服务的海外经验和国内当前的实践情况。

一、适老化金融服务的海外经验

（一）金融机构线下网点的适老化改造

金融机构线下网点一直是提供金融服务的重要组成部分，相比于网上银行等线上金融服务，老年人更信赖和偏好线下的存折、银行卡和现金服务。为了满足这部分需求，各国普遍进行了金融机构适老化改造和创新。

比如美国、英国、日本等国的银行机构普遍使用移动自动存取款机（Automated Teller Machine，ATM）车在银行网点没有覆盖的地方巡回往返，为出行不便的老年人存取款提供便利。

为保障客户基本的现金存取款服务，英国在 2022 年 7 月新修订了金融服务和市场法案（Financial Services and Markets Bill）。因此除了移动 ATM 车外，英国银行业还通过共享银行网点、提供远程银行服务（智能 ATM

机，可实时访问客服）、利用附近邮局等方式保障现金供给及兑换等基本服务。

新西兰银行协会在2009年就制定了老年人金融服务指引，要求采取合适的银行柜台高度、简化自动存取款机使用流程、方便轮椅使用等措施，以提升对老龄客户的金融服务质量。

（二）金融基础设施老龄化适配

除线下网点这一重要金融服务场所外，其他的金融基础设施也需要进行老龄化适配改造，方便满足老年人的特殊需求。欧洲、日本等金融机构针对老年人的特殊需求，进行金融服务老龄化适配和设计创新。

如苏格兰皇家银行为帮助视力不好的客户区分借记卡和储蓄卡，借记卡上设计有两条凸起点的垂直线，而储蓄卡只有一条凸起的点连成的线；为方便客户识别插入ATM机端口的卡片方向，在银行卡右边设计一个缺口。英国巴克莱银行则针对老龄人容易遗忘银行卡密码以及难以理解计算机指令等现实问题，把指纹识别技术应用到了银行卡上。巴克莱银行、劳埃德银行等还为老年人提供银行账户代理服务，老年人可以授权给信任的其他人访问个人的银行账户，进行提取现金等有限的金融服务。

日本已经形成了系列适老化改造标准体系，比如银行、证券和保险的营业环境与服务设备的“适老化”改造、养老金融基础知识教育手册的发行，以及在金融行业针对员工普及老年医学和养老护理基础知识的活动等。目前，日本主要的金融集团在营业网点基本配置了拥有养老护理经理专业职称（国家考试资格）或是养老护理员资格证书的金融人才。

（三）金融产品适老化创新

金融活动渗透进入了生活的方方面面，除了养老金需求外，老年人群体对金融服务也存在更多需求，因此需要更多针对老年人群体的金融产品创新。

日本老龄化问题最为严重，为满足老龄金融需求，日本政府建立了“老龄化社会与金融服务官民圆桌会议”机制，通过官员专家和金融机构互动讨论，适时发展出丰富的适老化金融产品和养老金融标准体系。在适老化金融产品方面，日本的银行提供长期护理贷款、住房反向抵押贷款。信托提供财产管理、继承办理、遗嘱执行、遗产处理等全方位服务，推出阿尔茨海默病信托、代理支付信托等创新型产品。保险公司开展个人年金业务，提供商业长护险、创新设计认知症保险等产品。

美国商业银行作为资本市场的重要参与主体，为老龄群体提供财富管理服务，形成了涵盖退休计划方案设计、个人账户管理、受托管理、投资者教育、待遇支付等一系列完整业务链条的产品体系，并运用资产配置的理念投资股票、债券等金融产品，提高其财产性收入，在支持实体经济发展的同时，也实现了养老资产的保值增值。如金融科技公司 Kindur，主要为老年人提供退休财务规划工具，包括财务健康指标、退休收入计算工具（社保、医养花费、税务等）、投资产品市场、返现产品市场等。美国还创新推出遗嘱信托、医疗服务信托等，以直接投资或者二次委托的方式对养老产业资源进行控制、整合等，促进养老护理以及医疗康复等养老服务供给。比如美国 Cake 公司，主要提供临终规划服务，包括康养与照护、法务与财务、丧葬、遗产 4 个方面；也提供文档的云端存取和管理服务，以及选购其他服务的市场（寿险、年金、养老服务、密码保管等），简化遗产规划流程、打破壁垒、增加认知与参与度。

英国商业银行则通过个性化的个人退休策略模型，全面收集从个人到雇主、从计划缴费到全面财务状况的客户相关信息，并在精心研究和提炼客户需求的基础上，联合第三方财务顾问公司，向个人提供退休规划服务，大大提高了其养老金融产品对雇主和雇员个人的覆盖率。

（四）加强老龄消费者权益保护

老年人由于认知能力下降，很容易成为金融欺诈的受害者，因此防范老年人陷入金融欺诈尤为必要。

美国消费者金融保护局（Consumer Financial Protection Bureau，CFPB）积极倡导金融机构在老年人金融消费账户发生异动以及交易模式出现异常时，能够及时准确地提供警示，并要求金融机构能够指导员工识别金融诈骗并向执法机构或成人保护服务机构报告，在遭到金融诈骗后保留15天的交易可撤回期。

美国通过研究制定了有效的老年消费者保护战略来加强老龄消费者权益保护。2017年，联邦政府颁布了《老年人虐待行为防范和检举法案》（Elder Abuse Prevention and Prosecution Act of 2017），对虐待和伤害老年人的行为进行预防和惩罚，加大对老年人的保护力度。同时，该法案规定美国联邦贸易委员会作为监管主体，每年要向国会详细报告所有老年消费者权益保护行动。具体的执法行动包括5个方式：一是对欺诈老年消费者的个人或公司提起诉讼，案件涉足的领域广泛，包括医疗保险、康养、金融、技术支持、汇款、房地产和商业投资等；二是事前警告，委员会向可疑的个人或公司发出警告信，提示其行为可能触犯委员会法案，以及可能面临的后果，如民事诉讼和罚款等；三是对权益受损的老年消费者直接进行经济援助，例如向遭遇欺诈的受骗消费者进行退款补偿；四是在事后积极协助司法部门调查案件并追究欺诈者刑事责任；五是开展老年消费者教育和宣传活动，提高老年消费者的自我保护意识。

英国金融服务和市场法案要求银行保护诈骗受害者的权益，应当撤回受害方的资金交易。日本等国家为了避免或者减少老年人进行不当的金融投资或者消费，要求金融机构设置针对老年客户的专门销售流程，提供消费犹豫期和额度控制，同时还需要开展严格的资格审查并进行充分的风险披露等。韩国金融监督院（Financial Supervisory Service，FSS）在金融消费者保护相关实施细则中，要求金融机构向高龄老人充分说明购买相关金融产品需要关注的事项，保障高龄老人（65岁以上）完全理解并自主选择适当的金融产品，慎重向高龄老人推荐股票挂钩型证券、衍生品挂钩型证券、股票挂钩型基金等衍生证券产品和次级债等结构复杂或高风险的金融产品。

（五）弥合老年人数字鸿沟

老年数字鸿沟反映了老年群体因面临诸多障碍而逐渐与数字社会脱节的现象。随着全球数字化程度的加深，老年数字鸿沟所带来的问题逐渐由老年人无法享受数字生活带来的便利和优势，转化为衣食住行等日常生活所面临的障碍，构成了权利行使的隐性限制和侵害，导致了“数字不平等”（Digital Inequity），因此及时弥合老年人数字鸿沟也成为适老化金融服务的必由之路。

一个重要方面就是智能终端产品的开发与适老化改造，目前已有多个国家大力推动智能终端产品的开发与适老化改造。日本重点扶持了移乘搬运、移动辅助、步行助力、自动排泄处理、健康监测和走失监视等智能化产品的开发推广。2022 年 2 月，韩国金融服务委员会（Financial Services Commission，FSC）与韩国金融监督委员会联合发文要求各银行在 2023 年上半年推出优化后的应用程序版本，提升老年用户的移动银行服务使用体验，包括通过应用程序（App）“长者模式”，提供常用的、易于理解的、易于使用的数字金融服务，同时提供必要的欺诈监测与预防服务。韩国金融监管部门后续还将在其他金融服务领域推出类似的适老化改革措施。欧盟“阿尔弗雷德”项目研发了老年人专用的人工智能虚拟管家，可与老人交谈、接收老人的提问或指令、提供活动建议、监测老人健康状况等。

除了硬件设备方面，还包括智能服务的适老化改造，不断优化老年人服务体验。新加坡数字办公室推出了一整套面向老年群体的协同性政策，包括设立数码服务柜台、数码大使、银发信息大使和数字超市之旅等举措，助力弥合老年人数字鸿沟。西班牙一家企业推出了专门针对老年人的视频通话 App，老年人用户只需输入姓名即可登录使用，目前，已有 50 家养老院申请使用该软件。

另一个重要方面是提升老年人数字化应用技能，在开展智能终端产品的开发与适老化改造的同时，还需要同步提升老年人使用数字化产品的技能。新加坡数字办公室为近10万名老年人提供了智能手机视频通话、政府数字服务访问、在线支付等数字技能培训服务，服务次数超过25万次。法国南特市发放了2000张免费培训券，用于指导老年人等特定群体注册电子邮箱、安装打印机、在线填表等。智利国家老年人服务局推行了“老年人数字融合计划”，在16个地区建立了32家老年人数字中心，配备了200台计算机，教老年人如何上网，如何处理和保护个人数据，以及如何编辑文本和表格等。

部分国家还积极动员社会力量参与老年人数字技能培训。美国老年人网络中心在美国设立了30多个学习分中心，面向50岁及以上的成年人提供计算机和互联网教育服务。韩国首尔数字财团启动了教学机器人授课的数字技能培训课程，面向首尔市5个区的17所老年人福利设施内的学员，以非接触方式开展免费培训。

二、我国适老化服务政策逐渐发力

（一）基础设施适老化改造范围持续细化

近年来，适老化改造逐渐成为解决老龄化问题的重中之重，各项适老化改造政策不断推出，覆盖范围不断扩大，政策关注的精细化程度持续提升。

2019年，国务院办公厅印发的《国务院办公厅关于推进养老服务发展的意见》中提到“实施老年人居家适老化改造工程。2020年底前，采取政府补贴等方式，对所有纳入特困供养、建档立卡范围的高龄、失能、残疾老年人家庭，按照《无障碍设计规范》实施适老化改造。有条件的地方可积极引导城乡老年人家庭进行适老化改造，根据老年人社会交往和日常生活需要，结合老旧小区改造等因地制宜实施”。

2020年，国家发展改革委、财政部、银保监会等联合发布的《关于加快实施老年人居家适老化改造工程的指导意见》提到“实施老年人居家适老化改造，应坚持需求导向，政府重点支持保障特殊困难老年人最迫切的居家适老化改造需求；同时，顺应广大老年人居家养老的意愿与趋势，以满足其居家生活照料、起居行走、康复护理等需求为核心，改善居家生活照护条件，增强居家生活设施设备安全性、便利性和舒适性，提升居家养老服务品质。坚持因地制宜，从城乡、区域发展不平衡的实际出发，因地制宜加快推进，不搞一刀切，不搞层层加码，杜绝脱离实际的‘形象工程’；鼓励有条件的地方探索创新，先行引路。坚持市场驱动，强化政策保障，落实惠企利民政策，激发市场活力，提升供给品质，将老年人居家适老化改造需求与居家养老服务需求潜能引导释放出来，发展壮大养老服务、居家养老设施、老年用品等消费市场。坚持部门协同，加强协作配合，注重制度衔接，统筹改善老年人住房内外的生活环境，形成工作合力”。同年，国务院办公厅发布的《关于促进养老托育服务健康发展的意见》中强调“加强宜居环境建设。普及公共基础设施无障碍建设，鼓励有条件的地区结合城镇老旧小区改造加装电梯。加强母婴设施配套，在具备条件的公共场所普遍设置专席及绿色通道。引导房地产项目开发充分考虑养老育幼需求。指导各地加快推进老年人居家适老化改造。以满足老年人生活需求和营造婴幼儿成长环境为导向，推动形成一批具有示范意义的活力发展城市和社区”。

2022 年，国务院印发的《关于印发“十四五”国家老龄事业发展和养老服务体系规划的通知》中提到“提升社区和家庭适老化水平。有序推进城镇老旧小区改造，完成小区路面平整、出入口和通道无障碍改造、地面防滑处理等，在楼梯沿墙加装扶手，在楼层间安装挂壁式休息椅等，做好应急避险等安全防护。有条件的小区可建设凉亭、休闲座椅等。完善社区卫生服务中心、社区综合服务设施等的适老化改造。推动将适老化标准融入农村人居环境建设。鼓励有条件的地方对经济困难的失能、残疾、高龄等老年人家庭实施无障碍和适老化改造。推动公共场所适老化改造。大力推进无障碍环境建设。加大城市道路、交通设施、公共交通工具等适老化改造力度，在机场、火车站、三级以上汽车客运站等公共场所为老年人设置专席以及绿色通道，加强对坡道、电梯、扶手等的改造，全面发展适老型智能交通体系，提供便捷舒适的老年人出行环境。推动街道乡镇、城乡社区公共服务环境适老化改造”。

同年，国家卫健委老龄健康司发布的《关于印发“十四五”健康老龄化规划的通知》中提到“加快无障碍环境建设和住宅适老化改造。推动在老年人集中场所安装自动体外除颤仪（AED）。”

（二）适老化改造目标群体不断扩大

当前，适老化改造进入新阶段，困难群体、失能群体、残疾老年人等特殊需求也逐步被纳入适老化改造的考虑范围内。

2021年，民政部在《“十四五”民政事业发展规划》中要求“加强社区养老服务设施用途管理，支持将社区养老服务设施低偿或无偿用于普惠型养老服务。实施老年人居家和社区适老化改造工程。实施特殊困难老年人家庭适老化改造，引导有需求的老年人家庭开展适老化改造，配合做好老旧小区适老化改造工作。支持社区养老设施配备康复辅助器具并提供专业指导。鼓励基层群众性自治组织、社区养老服务机构、老年人协会、企事业单位开展社区互助养老活动”。

2022年，民政部、财政部、住房和城乡建设部、中国残联等部门联合印发的《关于推进“十四五”特殊困难老年人家庭适老化改造工作的通知》将改造范围逐步扩大，要求各地持续抓好民政部等9部门《关于加快实施老年人居家适老化改造工程的指导意见》（民发〔2020〕86号）落实，“以‘室内行走便利、如厕洗澡安全、厨房操作方便、居家环境改善、智能安全监护、辅助器具适配’为主要目标，对纳入分散供养特困人员范围的高龄、失能、残疾老年人家庭实施居家适老化改造，有条件的地方可以将改造对象范围逐步扩大到城乡低保对象中的高龄、失能、留守、空巢、残疾老年人家庭和计划生育特殊家庭（以上对象统称“特殊困难老年人家庭”）等”。

（三）适老化改造服务应用场景创新多样

在适老化改造的服务应用场景上，我国结合新时期出现的新特点，推出了一批针对创新应用场景的制度规范，提升创新场景下的适老化改造水平。

2021 年，国务院在《关于加强新时代老龄工作的意见》中就提到了“打造老年宜居环境。各地要落实无障碍环境建设法规、标准和规范，将无障碍环境建设和适老化改造纳入城市更新、城镇老旧小区改造、农村危房改造、农村人居环境整治提升统筹推进，让老年人参与社会活动更加安全方便。鼓励有条件的地方对经济困难的失能、残疾、高龄等老年人家庭，实施无障碍和适老化改造、配备生活辅助器具、安装紧急救援设施、开展定期探访。指导各地结合实际出台家庭适老化改造标准，鼓励更多家庭开展适老化改造。在鼓励推广新技术、新方式的同时，保留老年人熟悉的传统服务方式，加快推进老年人常用的互联网应用和移动终端、App 应用适老化改造。实施‘智慧助老’行动，加强数字技能教育和培训，提升老年人数字素养”。

2023 年，住房和城乡建设部发布了《城市居家适老化改造指导手册》，针对城市老年人居家适老化改造需求，在通用性改造、入户空间、起居（室）厅、卧室、卫生间、厨房、阳台 7 个方面形成了 47 项改造要点。基于老年人差异化需求将改造内容分为基础型、提升型两类，基础型改造内容以满足老年人基本生活需求、安全和生活便利需要为主；提升型改造内容主要满足老年人改善型生活需求，以丰富居家服务供给、提升生活品质为主。《城市居家适老化改造指导手册》为城市居家适老化改造提供系统、简单、可行的改造方案和技术路径，可以帮助老年人提高居家适老化改造意识，提升行业居家适老化改造技术水平。

2024 年，国务院办公厅发布的《关于发展银发经济增进老年人福祉的意见》继续明确推进适老化改造。推进公共空间、消费场所等无障碍建设，纳入城市体检指标体系，定期开展国土空间规划实施评估。开展居家适老化改造，鼓励老旧小区加装电梯、家庭配备智能安全监护设备。开展数字适老化能力提升工程，推进互联网应用改造，保留涉及老年人的高频事项线下服务。推动老年食品、药品、用品等的说明书和宣传材料适老化。

（四）数字适老化改造占比逐步提升

我国的数字化水平在很多领域处于世界前列，利用数字化为适老化改造赋能也是近年来日益受到重视的领域。

2020 年，工业和信息化部在《互联网应用适老化及无障碍改造专项行动方案》中要求开展互联网网站与移动互联网应用（App）适老化及无障碍改造、开展适老化及无障碍改造水平评测并纳入“企业信用评价”，授予信息无障碍标识及公示工作。

2021 年，工业和信息化部又在《互联网网站适老化通用设计规范》中明确了提供适老化服务的网页或独立的适老化网站，网页中严禁出现广告内容及插件，也不能随机出现广告或临时性的广告弹窗。提供适老化服务的网页或独立的适老化网站中无诱导下载、诱导付款等诱导式按键。同时，计算机网站至少提供全程键盘和特大鼠标这两种操作方式，移动网站应增加快速定位、语音阅读等规范性的适老化智能手势。在兼容性方面，网页应为各类辅助技术和语音识别等人工智能技术的访问操作，规范相应的服务功能与对应的标识信息。

同年在《移动互联网应用（App）适老化通用设计规范》中要求在移动应用中，应可对字型大小进行调整，段落内文字的行距至少为 1.3 倍，且段落间距至少比行距大 1.3 倍，同时兼顾移动应用适用场景和显示效果。此外，内嵌适老版界面的移动应用首页需具备显著入口，支持切换至适老版，或在首次进入时给予显著切换提示，且在“设置”中提供“长辈版”入口。移动应用程序进行个人信息处理时应遵循最小必要原则，即处理个人信息应当有明确、合理的目的，并应当限于实现处理目的的最小范围，不得进行与处理目的无关的个人信息处理。

（五）老年人数字化应用技能日渐丰富

对于使用数字化技术困难的老年人，我国也在逐步出台各项政策，帮助老年人群体能够掌握、应用更多数字化技术，目前来看成果显著。

2020 年，国务院办公厅发布的《关于切实解决老年人运用智能技术困难实施方案的通知》就已经注意到这个问题，其中明确要求在政策引导和全社会的共同努力下，有效解决老年人在运用智能技术方面遇到的困难，让广大老年人更好地适应并融入智慧社会。到 2020 年底前，集中力量推动各项传统服务兜底保障到位，抓紧出台实施一批解决老年人运用智能技术最迫切问题的有效措施，切实满足老年人基本生活需要。到 2021 年底前，围绕老年人出行、就医、消费、文娱、办事等高频事项和服务场景，推动老年人享受智能化服务更加普遍，传统服务方式更加完善。到 2022 年底前，老年人享受智能化服务水平显著提升、便捷性不断提高，线上线下服务更加高效协同，解决老年人面临的“数字鸿沟”问题的长效机制基本建立。

2023 年，工业和信息化部制定的《促进数字技术适老化高质量发展工作方案》中提出，“到 2025 年底，数字技术适老化标准规范体系更加健全，数字技术适老化改造规模有效扩大、层级不断深入，数字产品服务供给质量与用户体验显著提升，跨行业深度融合的产业生态更加成熟，多方协同、供需均衡、保障到位、服务可及的数字技术适老化高质量发展格局基本形成，老年人在信息化发展中的获得感、幸福感和安全感稳步提升”。我国适老化服务政策梳理如图 8-1 所示。

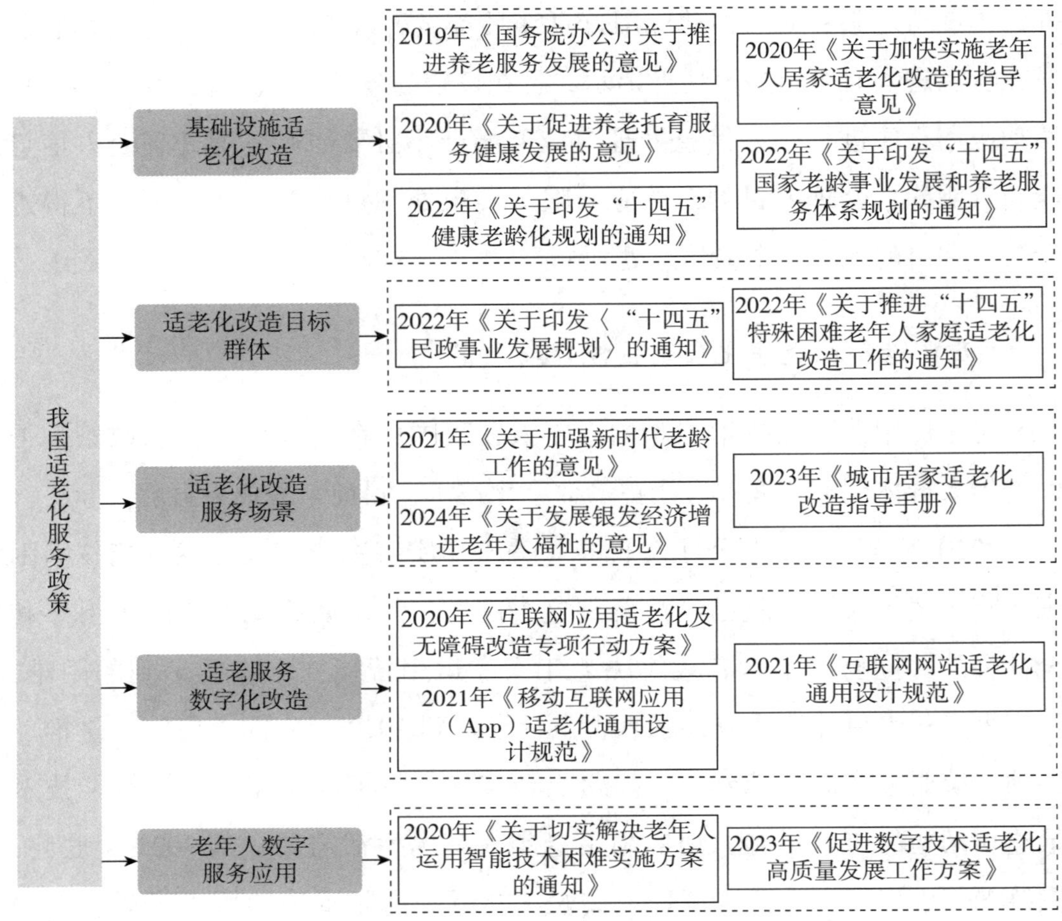

图 8-1　我国适老化服务政策梳理

三、适老化金融服务的国内实践

（一）银行等物理网点适老化改造初见成效

我国虽然对金融服务的适老化改造起步较晚，但近些年来发展较快，已取得了一些成效，当前全国超过96%的银行网点已推进适老化改造，通过升级自助设备、设立老年客户“绿色通道”“服务专区”等措施。各家银行也根据自身的服务特点和当地特色，打造了满足不同老年人群体需求的适老化服务网点。

适老化改造，制度建设先行，无论是大型商业银行还是城商行、农商行，基本都建立起了专门适用于老年人金融服务全流程的工作机制，明确了网点为特殊及老年化群体提供服务所遵循的原则和行为规范，建立服务风险防控机制和应急处置流程。例如某大型商业银行近年来打造的“适老服务示范网点”，在营业网点服务企业标准中补充适老化、无障碍金融服务等内容，不断提升服务规范性和统一性。

基础设施方面，适老化改造主要以完善自助设备、老年人专属服务区为主。老年人依旧是当前物理网点的主要客户群体，存在数字化自助设备应用困难、客流时段集中和开办业务集中等特点。大型商业银行针对这些问题，普遍进行了硬件改造，基本设有了老年人服务专区，备有放大镜、老花镜等物品；网点等候区，配有移动填单台，大堂经理随时帮助老人使用智慧柜员机。除此之外，对因特殊情况无法亲自到网点办理业务的老年客户，还会根据客户实际需求提供专属解决方案，借助可移动服务设备将银行金融服务送上门，延伸金融服务渠道，解决客户燃眉之急。很多农商行则根据客群特点，优化柜台窗口排布，保留传统存折使用、现金和支付结算服务，为不会使用智能设备和手机银行的老年客户开辟绿色通道，畅通柜面结算服务，有效地提升老年人群体开办业务的获得感。

（二）弥合老年人数字鸿沟方面还需进一步加强

在弥合老年人数字鸿沟方面，我国金融机构在智能终端产品的开发与适老化改造和提升老年人数字化应用技能同时进行，通过设置远程银行服务解答老年客户遇到的疑难金融业务问题，既可以降低老年人获得金融服务的门槛，又可以通过指导使得老年人逐渐养成使用智能终端产品的习惯。

大型商业银行普遍从电话银行和手机银行两方面着手，降低使用数字化服务的门槛，提供更为便捷化的服务，均在不断开发和改进电话银行服务，优化电话渠道服务流程，通过智能识别老年客户，为老年客户提供“一语直达”“一键直达”人工服务快捷入口，简化人工服务业务流程；还组建了老年客户专业服务团队，在服务过程中根据客户实际情况调整语速，使用更适合老年客户的语言表达。手机银行方面，普遍面向老年客户推出关爱版手机银行App，界面简洁实用，主要集中在基本和高频业务场景，字体适度放大，功能一目了然，并提供语音辅助功能，方便老年客户阅读和使用。

城商行和农商行等小型金融机构在手机银行方面也有所开发，但在电话银行等方面与大型商业银行差距相对较大，很多业务领域还属于空白，在数字化适老化改造方面依然存在着不小的提升空间。与大型商业银行相比，城商行和农商行客群相对较小，线上的数字化应用场景较少，开发维护成本高，因此大多从提升线下网点适老化改造程度寻找自己的比较优势。

（三）养老服务金融产品逐渐丰富

随着我国老龄化程度不断加深，金融机构提供更为丰富的金融产品来构建全生命周期养老财富管理场景闭环就显得尤为重要。当下商业银行主动挖掘养老财富管理场景下的客户需求，针对不同年龄段的养老目标群体特征和服务需求，充分整合养老金融、零售业务、投资银行、金融市场等业务板块，统筹分析积累的理财、保险、基金等各条线客户和数据资源，构建覆盖养老客群全生命周期的场景金融服务。但也可以看到，当前我国养老金融产品的丰富度依然与发达国家存在着较大差距，可供选择的金融产品还不够多，这部分金融产品还需要转变理念，针对更多养老场景选择合适的投资思路和理念。

（四）老年人群体投资者教育和权益保护开展稳步推进

在老龄化程度提升的时期，如何高效有序开展老年人权益保护工作一直是各国探索的重中之重，与发达国家相比，我国有关的制度建设还需要进一步补充。当前的权益保护形式依然以宣传教育为主，持续发挥营业网点宣传主阵地作用，通过多种形式向老年人普及银行金融知识、消保知识，帮助老年客群了解新事物、体验新科技，提升老年客群金融素养和风险防范意识。

无论是大型商业银行还是城商行、农商行，在加强金融宣教上面稳步发力，提升老年客户“安全感”。金融知识普及宣讲活动形式多种多样，很多结合“进社区”“进广场”等送金融知识上门活动，向老年群体做好金融知识的宣传普及。结合真实案例，以通俗易懂的语言制作宣传视频、宣传折页及海报等，降低学习门槛，用老年人喜闻乐见的方式介绍各类诈骗常见手法及防范措施，多渠道、多层次开展老年宣传活动，普及支付安全、个人支付敏感信息保护、防范涉诈涉赌违法犯罪活动、反假币和消费者权益保护等方面知识，弥合老年“数字鸿沟”，增强安全支付意识。

（五）保险养老社区建设持续扩容

为进行服务养老适老化改造，各保险公司也正积极拓宽养老社区的布局。2023 年 10 月，国华人寿的上海普陀国际康养中心正式开放，并宣布将在 2024 年开始运营，总投资额高达 8 亿元。同时，泰康保险也在全国范围内建立了 40 个“泰康之家”养老社区项目，覆盖 35 个城市，目前有 20 个社区在 19 个城市开始连锁运营，为超过 12000 名居民提供服务。

现有的养老社区布局主要采取保险产品与养老社区相结合的方式，即购买指定的保险产品可以享受养老社区的免押金入住和优先选房等权益，实现了保险与养老服务的无缝衔接。在养老社区的类型上，多数保险公司参考了 CCRC，即持续照料退休社区的模式，同时也各有创新。例如，中国平安更倾向于在城市核心区建设养老社区；泰康保险通过“泰康之家”项目打造全国多城市的旅居养老模式；中国人寿则实行地区差异化的社区模式；大家保险则在“城心养老”方面取得了显著成果，推出了“城心医养”“旅居疗养”和“居家安养”3 条养老社区产品线，以满足不同人群的多样化养老需求。

养老社区不仅提供了养老服务的基础设施，还带动了医疗、物业等相关配套服务的发展，形成了围绕养老社区的运营闭环。然而，如何在众多的养老社区中实现差异化服务，成为参与者特别是新进入者的共同挑战。为了解决子女探望难、快速享受优质医疗服务难等问题，一些保险公司已经开始尝试将养老社区从近郊转向城市中心。

（六）保险产品的养老定制化服务持续深入

随着老龄化社会的到来，养老服务需求呈现多元化和个性化的特点。为了满足老年人对品质生活的追求，养老产业当前也更注重人群细分，提供定制化服务。对此，保险公司在养老服务领域已有积极探索，如推出针对不同年龄和健康状况的养老服务产品线。

许多保险公司也已经对此做出了相应的定制化服务改善，如大家保险将老年人划分为三类——低龄的活力人群、中高龄的自理及半自理人群和高龄医护刚需人群，根据每一类老龄人群都推出各具特色的养老服务产品线，针对老年人的特定需求设计不同服务产品。

随着养老意识的提高，养老服务需求将越来越多元化和分层化，市场也在提供更定制化的服务，满足不同支付能力和需求的老年人群体。

（裘道　张可欣　岳淑媛）

第三篇
老龄产业金融

第九章　老龄产业投融资体系建设的路径选择
——基于社会资本参与视角

考虑到当前老龄产业发展面临诸多瓶颈，其中投融资瓶颈最为突出，本章创新性地以社会资本参与为视角，首先以支付、融资和投资三端为切入点，勾勒出社会资本参与老龄产业投融资体系建设的逻辑框架。其次引入社会资本参与老龄产业发展的海外经验进行验证，并得出三点启示：一是增强养老储备保障，提升老年群体各类服务需求的支付能力；二是多元化的融资渠道，保障社会资本参与的经营稳定性；三是高效的投资运营能力，加速释放老龄产业发展的规模效应。最后围绕三端协同发力提出相应的路径选择，以期为激活社会资本参与动力，构建并完善兜底性、普惠型、多样化的养老服务体系提供参考价值。

一、引言

人口老龄化，是全球性人口发展大趋势，也是在今后较长一段时期内我国的基本国情。人口老龄化催生了老龄产业的兴起和发展。作为综合性产业，老龄产业具有产业链长、关联度高、辐射范围广以及健康可持续等特点，对上下游如建筑、器械、食品、医养、金融等领域具有较强的带动效应，未来有望成为国民经济的“动力产业”。老龄产业具有一定的“福利”属性和“准公共品”属性，根据福利多元化理论，福利责任需要不同参与主体共同承担，这既凸显了政府角色和负担的必要性，也表明了发挥家庭、市场、社会团体等社会资本参与主体的重要性。

从全球来看，美国、日本、德国等全球主要发达国家进入人口老龄化社会的时间远早于我国，已构建起相对完善的老龄产业发展体系，其中老龄产业投融资体系建设是助推海外老龄产业发展的重要力量。在此进程中，居民、企业、民间组织等市场主体在老龄产业投融资与金融市场的融合中均扮演着重要角色。从国内来看，我国正处于人口老龄化快速发展阶段，老龄产业发展刚刚起步，融资渠道相对单一、叠加社会资本参与动力不足，使得市场总量占 GDP 的份额相对较低。老龄产业的发展离不开金融支持。随着我国人口老龄化进程加速，老年人需求结构正在从生存型向发展型转变，发挥好社会资本优势，着力解决老龄产业投融资瓶颈问题，进而不断完善老龄产业投融资支持体系，既是贯彻落实“应对人口老龄化国家战略”的重大举措，也对构建并完善兜底性、普惠型、多样化的养老服务体系，不断满足老年人日益增长的多层次、高品质的健康养老需求具有重大的现实意义。

二、文献综述

老龄产业这一概念，自 1999 年在国内被首次提出以来，学术理论界对其概念和内涵的认识并未统一。早期的研究中，老龄产业被视为由老年人口的需求导向和拉动的综合性产业，强调以老年人为供给对象、以养老服务为主要内容，因此也被视为老年产业或养老产业；《国家中长期老龄产业发展规划（2014—2020）》，虽对老龄产业的内涵进行了延展，但仍聚焦老年人群的市场需求特征，将其界定为根据市场需求专门为老年人提供的产品和服务的集合，具体涵盖第一、第二、第三产业中涉及专门对老年人生产、销售、经营、服务的所有企业和经济实体，以及这些实体构成的综合市场体系。随着我国老龄化程度不断加剧，有关老龄产业的研究也从单一的老年人群视角逐渐向社会形态、全生命周期等视角扩展，由此老龄产业的内涵不断丰富、框架不断完善，比如党俊武指出，老龄产业是老龄社会条件下所有经济活动的总称，包括面向全体公民老年期提供准备性、持续性和善终性产品和服务的各相关部门组成的业态总和。

产融结合理论指出，产业发展的每一个阶段都需要相应的金融支持，要促进产业的健康发展，就要通过优化产业政策来实现产业和金融供需的动态平衡，这是产业发展的重要保障。长期以来，老龄产业与金融资源的融合发展受到学术界的广泛关注，其中融资视角是关注重点。发达国家对老龄产业投融资问题的研究始于20世纪70年代，David Shulman等主张重构美国养老模式，由政府出资建设养老院，通过政府购买合同将运营权交给企业，以促进企业把精力从不动产投资转移到提高服务水平上来；Dan M. McGill指出政府应该加强对老龄产业投融资管理，扩充养老项目的资金来源，并引入了企业发展中的内源性融资问题来完善企业的融资体系，较具启发性；Zvi Bodie引入生命周期理论和风险管理理论，从个人理财的角度研究了养老金出现和管理方面的误区，同时在生命周期金融产品创新方面提出了优化建议，这对完善老龄产业的融资体系意义深远。国内对老龄产业融资支持问题的研究起步较晚，从研究角度看，大致分为三类：一是从经验借鉴的角度展开，如张同功和白飞野、周列平、谷甜甜等，主要借鉴美国、日本及欧洲发达国家老龄产业融资支持的先进经验，并提出缓解我国老龄产业融资难的实施路径；二是从宏观研究视角，围绕养老产业金融服务体系、养老服务金融产品创新、建立担保机制及制度保障等主题来探讨老龄产业投融资体系建设的必要性和具体措施；三是实证研究方面，以我国养老产业上市公司为研究样本，对我国上市养老企业的融资效率进行测度和分析。社会资本参与老龄产业发展，是经济性动力和政策性动力共同作用的结果。要充分认识到老龄产业自身的“弱质”特征定位，在此基础上强化政府主导的老龄产业“互补性”“内生性”的成长路径与发展战略，才能对“弱质性”老龄产业发展推出全面、系统的配套性扶持政策。这其中，金融资源是产业发展的重要支撑，以投融资体系建设为切入点不断完善老龄产业发展的金融基础设施，对引导社会资本积极参与老龄产业综合发展战略具有重要的现实意义。

纵观现有研究，无论是国际学者还是国内学者均侧重于研究老龄产业发展的紧迫性、老龄产业发展面临的问题，并侧重于从融资视角来研究老龄产业与金融融合的发展路径。一方面，根据优序融资理论，企业基于融资成本的考虑，当面临不同融资渠道时，融资成本相对较低的内源性融资通常是企业融资的优选项，然而针对如何提升老龄产业发展的内源性融资能力，现有研究成果还需进一步丰富。另一方面，企业投融资互动机制理论认为，企业融资方式的差异，将通过影响企业的价值活动、资产配置等因素，进而影响企业的现金流和企业价值，并最终影响企业的投资决策，可见将投融资之间的互动机制引入研究范畴具有较好的创新性。鉴于上述思考，本章以支付、融资和投资三端为切入点，勾勒出社会资本参与老龄产业投融资体系建设的逻辑框架，并通过引入社会资本参与老龄产业发展的海外经验进行验证，在此基础上，对我国老龄产业发展现状提出相应的发展路径，以期为激活社会资本、加快推进老龄产业供需两端平衡发展提供参考。

三、社会资本参与老龄产业投融资体系的逻辑框架

从实践逻辑来看，社会资本参与老龄产业投融资体系建设，需要明确两个重要概念，即“社会资本是什么”“老龄产业的弱质性特征如何理解”。

社会资本是经济增长的重要因素，最初来源于社会学概念。在经济和金融领域，有关社会资本的界定，目前尚未统一：从存在形式看，社会资本分为经营性资本、投资性资本和金融性资本（仇颖，2011）；从划分类别看，非政府所有的资本都属于社会资本，比如民营企业的流动资产及家庭的闲散资金（宋健、刘艳，2016），还有学者指出社会资本是某个国家或地区除去国有资本和外商资本的所有资本的总和，且资本的持有人为民营企业或股份制企业中的私有股份。本章认为，社会资本有狭义和广义之分，其中狭义的社会资本，可以是依法设立的境内外企业法人或契约型基金、非营利组织、合伙企业等法律法规规定具有投资资格的其他组织①；而广义的社会资本，还应该包括居民端为增强养老服务需求的支付能力而提前参与规划的各类养老储备。

① 资料来源：《政府和社会资本合作模式操作指南（修订稿）》（2014 年度）。

弱质产业，通常是指一个产业的经济再生产能力处于相对弱势甚至绝对弱势的地位和状态，一般性特征主要表现为：产品和服务的市场有效需求不足、价格附加价值低、产业投资回报率低、产业资本积累能力不足等。就我国老龄产业的发展现状而言，产业的弱质性特征明显，比如：养老金替代率在 40%左右，老龄人口实际购买力偏低，尽管老龄人口规模巨大，但有限的货币支付能力短期内无法让养老服务的潜在需求向有效需求转变；在市场定价方面，老龄产业的产品与服务多以生产成本为基础，产业投入的资金回收慢、盈利水平普遍偏低；老龄产业的发展，对政府财政的福利性补贴扶持政策具有强烈的路径依赖，老龄产业自身的扩大再生产能力不足。

合理的投资回报，是社会资本参与老龄产业发展的重要前提。全生命周期内的养老储备规划、丰富多样的养老金融产品以及必要的养老储备收益率，是实现居民在老年期具备必要支付能力的基础性保障，有助于养老服务的潜在需求向有效需求转换；随着居民端在老龄阶段的有效需求逐步释放，企业的经济收益稳定性增强，既能提升企业内源性融资能力，也能极大地改善企业的外源性融资环境，进而为企业在投资端扩大再生产、丰富老龄产业的产品和服务创造基础性条件。社会资本参与老龄产业投融资体系建设的逻辑框架如图 9-1 所示。

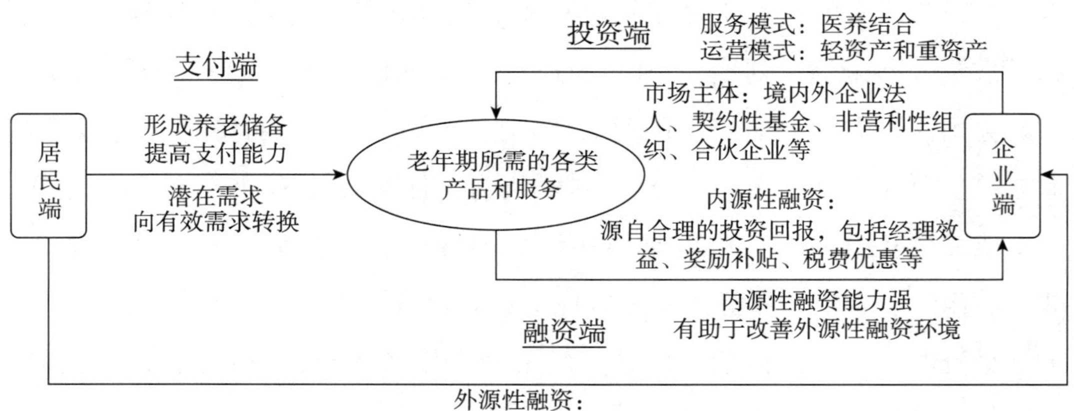

图 9-1　社会资本参与老龄产业投融资体系建设的逻辑框架

从实践逻辑看，在支付端，供需不匹配与支付能力弱等障碍是导致老龄产业相关企业的整体经营能力趋弱的重要原因。利润率低，资本原始积累慢，叠加投资回本周期长等诸多因素掣肘着内源性融资能力。在融资端，社会资本参与需要完善的保障体系与金融市场支持。融资渠道单一、融资成本高等因素无法为企业的外源性融资提供足够保障，必将阻碍各类生产要素流动，进而弱化企业扩大再生产的能力。与此同时，支付端与融资端面临的诸多挑战也将传导至投资端，进而改变养老服务企业的运营模式和服务模式。理想情况下，社会资本的不同主体通过机构、社区与居家养老等方式为市场提供养老服务，构建多层次养老服务体系。

四、社会资本参与老龄产业投融资体系建设的海外经验借鉴

海外主要发达国家步入老龄化社会的事件远远早于我国，在政策制度和市场机制的作用下，金融资源和老龄产业深度融合，在此进程中社会资本在整个老龄产业发展的支付端、融资端和投资端的参与角色不容忽视。本章梳理海外部分主要国家的社会资本参与老龄产业发展的特点和路径，以期为我国老龄产业投融资体系建设提供借鉴。

（一）支付端：有效需求持续释放，激发老龄产业发展的内源性融资能力

在整个老龄产业链中，围绕医疗、康复和护理三大核心需求而衍生的一系列养老服务，是老龄产业链发展的核心环节。由于支付能力高低直接决定着有效需求的强弱，因此充足的养老储备、有效的政策指引和完善的制度保障，自然是推动养老服务供需平衡的基础性保障。

1. 增强居民端的个人养老储备意愿，不断提升养老保障水平

国际上，通常将养老金替代率作为评价养老金体系能否提供充足、可负担、可持续且稳健待遇水平的基础指标。目前，海外各国都在积极推进

养老金制度改革，以提升养老金替代率。在有数据统计的 18 个 OECD 国家中，2020 年平均养老金替代率水平达到 59.37%，较 2019 年提高了 1.06 个百分点，略高于 55%的最低标准，但仍低于可以维持退休后基本生活水平的养老金替代率水平（60%～70%）。在 OECD 国家中，美国的人口老龄化程度不是最高的，但养老保障程度居前，且养老保障体系较完善。2020 年，美国养老金资产占 GDP 比重为 169.9%，养老金替代率达到 81.34%，其中公共养老金和私人养老金的替代率分别为 39.21%和 42.13%。

考虑到美国第一支柱广覆盖、保基本的特征，且公共养老金替代率与全球发达国家整体水平（40%左右）基本相当，因此驱动美国养老储备的关键原因在于激发居民端个人养老金储备的参与意愿，并最终实现第二、第三支柱均衡发展。从参与动机来看，一方面，在缴纳、投资、领取三个环节实施较大力度的税收优惠，让居民参与私人养老计划的积极性大大提高，2021 年末，美国 1.3 亿家庭中，第二、第三支柱普及率分别是 50%和 37%；另一方面，在稳健、均衡的配置思路下，平衡好权益类和固定收益率资产的投资占比，并适度增加海外投资比例，过去 10 年养老金资产的多元化配置倾向，让居民参与养老金投资获得了较高的实际收益率。从参与便利性来看，第二、第三支柱间的自由转换以及产品丰富、投资组合多样的养老金投资产品，为居民提供了极大的便利，也是美国第三支柱规模增长的主要动力。2021 年，有 57%的传统 IRA 计划中包含转账资产，其中 85%的人会选择将全部的雇主养老资产转入 IRA。

2. 构建社会化养老服务的经营生态，不断提升社会化服务主体的现金流管理能力

在德国、日本等少数发达国家，介护保险制度的引入，对老龄人群的护理需求起到了基础保障作用。通过对护理服务的购买、消费和生产各环节的引导和规范，护理保险制度实现了护理服务的生产、购买和消费者分离，这一点深刻地改变了护理服务行业的市场形态和资金周转状况。随着介护者享受到所需的护理服务，护理市场上的资金从护理保险机构或社会

救助机构流向护理服务机构，有效地确保了购买护理服务的资金来源，在此基础上稳定的资金供给提高了介护者的消费能力，进一步激发了护理服务机构的发展动力。从实践来看，在德国，护理保险为老年人养老服务提供了大部分资金来源；在日本，通过介护保险制度，建立了一个具有稳定资金来源的养老服务体系，有效地推动养老服务业形成了完整的产业链。

针对高昂的医疗费用支出，1983 年美国政府建立了预先支付制度。这一制度最先在美国的 Medicare 中应用，即按某一预付指标推算出平均值作为标准费用，预先支付给医院。若医院治疗病人的实际费用低于预付的标准费用则盈利，反之则亏损。相较于传统的事后补偿型支付方式，预先支付制能让医疗机构在提供服务前期就得到一笔相对稳定且合理的周转资金，并引导其合理使用医疗资源，在保证服务质量的前提下，做好费用控制。事实表明，预先支付制度取得了较好的效果：美国医疗保险计划的医院总费用增速从 1983 年的 18.5%下降至 1990 年的 5.7%。

（二）融资端：健全金融制度和金融市场，不断增强企业外源性融资便利性

1. 规范的政策性制度保障

海外经验表明，政府在制度建设、产业引导以及融资担保等政策性制度保障方面具有不可替代的作用。美国政府通过立法规定了老龄产业产品和服务的标准：1935 年颁布《社会保障法》，并在此基础上形成了政府运作的养老保障措施和政府监督下的民间私营的各种养老保障计划；1960 年颁布《房地产投资信托法案》，为房地产信托基金提供了法律制度支持；《雇员退休收入保障法》《经济恢复税法》以及后续的《税收救济法》等，共同构成美国居民端参与私人养老金投资的主要制度安排；同时，相关法律法规在运行实践中不断修订完善，通过设立小企业管理局（Small Business Administration，SBA），建立起小企业的融资服务框架体系，通过对符合贷

款条件的企业提供政府担保，解决提供养老产业服务的小企业融资难问题。德国对养老产业的引导规划清晰，资金投向明确，通过制定 10 年、20 年发展规划，将失能、失智的老年人作为重点服务对象，通过建立长期看护保障制度，将重点的资金投向聚焦在老年人的软性服务上；日本主要通过实施《介护保险法》等保险制度来规范本国老龄产业融资支持体系。

2. 养老产业与金融资本市场高度关联

美国是世界上养老产业最发达的国家之一。相较于其他发达国家的产业发展模式，一般情况下，美国政府只负责资管认定、保险和税收管理等，不直接参与运作养老机构，因此养老产业的市场化、产业化与社会资本参与的融合程度很高，这其中私募基金、投资银行和上市房地产信托基金是美国养老产业的主流直接融资模式。比如，美国上市房地产信托基金市场非常发达，该市场中的医疗健康类房地产信托基金投资持有大量养老资产和医疗机构，见表 9-1。

表 9-1　美国规模较大的前 5 家房地产信托基金

公司名称	总市值（亿美元）	主营业务
Welltower，Inc	219	（1）高级住房； （2）医疗保健物业
Healthpeak Properties，Inc	137	（1）医院和医疗办公室； （2）生命科学； （3）高级住房
Ventas，Inc	135	（1）老年人住房； （2）专业的护理设施； （3）医疗办公室大量和其他医疗设施
National Health Investors，Inc	25	（1）辅助和记忆护理社区； （2）医疗办公室大楼和专科医院； （3）专业的护理设施

续表

公司名称	总市值（亿美元）	主营业务
Diversified Healthcare Trust	8.38	（1）持续护理退休社区； （2）独立生活和辅助生活社区； （3）医疗办公室和疗养院

数据来源：陈俊华：《养老金融》，华龄出版社，2022.

通常情况下，美国养老产业涉及投招商、开发商、运营商三个主体，共同组成完整的融资、建设、运营市场化体系，其中项目管理者与持有者分离，具体各主体的特点见表9-2。主流的投资商是上市房地产信托基金，为项目募集资金用于项目的开发和运营是其重要职能；主流的运营商是美国规模较大的护理公司和机构，主要负责对开发好的项目进行运营和管理。其中，在美国的证券交易所上市是养老护理公司和房地产信托基金直接融资的最佳途径之一。

表9-2 美国养老产业各主体的特点

主体	职能	盈利方式	类型
投资方	（1）以担保等形式为开发商提供融资便利和财务安排； （2）购买和持有物业； （3）确定物业经营模式	（1）租赁模式下从运营方获得租金； （2）委托经营模式下获得大部分营业收入	（1）政府； （2）房地产信托基金； （3）私募基金PE； （4）养老基金
开发商	（1）根据运营商或投资商的要求建设养老社区； （2）按照事先约定的价格向投资方或运营商出售物业	通过建筑建设和快速销售获取物业销售收入和建设成本之间的差价	专业度较高的养老地产建筑商
运营商	（1）维护和使用物业； （2）提供养老服务	租赁模式下获取大部分营业收入； 委托经营下向持有人收取经营费用	分为轻资产类和重资产类

资料来源：作者自行整理。

除美国外，在欧洲市场，IPO和增资扩股等方式同样为企业做大规模提供了便利。企业上市可以提升养老企业的知名度和影响力，在公司营销方面起到一定的积极作用，同时由于信息和资料更为公开，也可以不断督促公司提升服务质量。通过IPO筹集的资金，辅以后续的增资扩股也加速了公司的扩展，上市之后也为公司主动进行再融资提供了更多的途径。欧洲最大的养老护理公司ORPEA上市两年后便开始在欧洲扩展业务，通过与意大利共同保险公司Reale Mutua合作，在意大利建立了两家养老院；2011年，ORPEA进行2.03亿欧元的增资以优化公司财务状况，加速了其在国际和国内的扩张步伐。在此基础上，ORPEA通过物业兼并和新建，快速扩张形成规模效应，使得营业收入大幅增长，从而获得高利润。

3. 津贴、资助和优惠贷款是重要的补充资金来源

在老龄产业的资金端，处理好资金供给的精准性和时效性，是老龄产业健康发展的重要前提。从海外经验看，日本、法国等发达国家都较好地发挥了银行信贷期限长、利率相对较低的优势。日本政府，在早期城市规划中为老龄产业和老年设施预留了发展用地，以降低老龄产业土地、租金等经营成本，在此基础上积极鼓励企业建立私立或公益性的养老院或护理机构，来缓解公立养老院床位过度紧张的压力。对于参与的企业，政府则给予土地、税收优惠以及政府金融机构提供长期低息贷款等政策扶持。以长期低息贷款为例，日本政府对需要融资的养老企业，可提供长达50年的信用贷款，贷款利率可在基准理论的基础上进行一些浮动。在法国，非营利性的私人养老机构可获得法国信托局（CDC）贷款；所有与法国信托局签署合约的信贷机构均可发放社会用途租金贷款，比如法国土地信贷银行、德克夏银行（Dexia）、法国农业信贷银行、国民互助信贷银行和合作信贷银行等，同时作为社会用途租金贷款的补充贷款，法国信托局还设立了灯塔贷款专门用于养老机构住房的改善、重建和扩建；一些社会保障机构可以提供零利息贷款，例如健康与退休保险管理处（CARSAT）可为养老企业项目提供零利息贷款。品种多样的长期贷款有效地保障了住房修建、修缮、卫生设备、起居设备的提升及安全维护。

（三）投资端：响应市场需求、强化资本运作，增强老龄产业发展的运营投资能力

1. 积极适应市场需求，医养结合是主流模式

老龄化趋势加剧的大背景下，老年人平均寿命增加，带来的患病概率也将随之上升，由此表现出来的病症、依赖性情况也将变得复杂且多样。一方面，养老服务企业仅仅提供护理、照顾的服务无法满足老年人群的需要，因此需要将医疗元素引入整个养老服务体系，以便满足老年人群的综合化医养需求；另一方面，由于公共医疗体系无法负担所有老年人的医疗和护理两方面的需求，客观上为专业医疗团队解决老年人群对医疗方面的需求以及引入私人养老企业解决医疗后期的护理需求提供了现实条件。

从海外经验来看，医养结合的护理模式能够有效地平衡老年人群对养老、护理与医疗三者的需求。Korian 集团是欧洲最大的私人养老机构，其主营业务涵盖三个领域：医疗养老住宅、康复治疗诊所和精神疾病医疗诊所。从医养结合的具体模式看，主要有两种形式：一方面，在集团的医疗养老住宅内部有丰富医养结合模式的应用场景。在为老年人的晚年生活提供舒适生活环境和服务的同时，医疗养老住宅还针对老年人群病症特征的复杂化，专设同专业医疗方向的医生参与治疗和陪护。另一方面，集团三大领域分工明确，医疗养老住宅的主要经营项目为养老服务，而另外两类诊所则主要提供医疗服务，因此目标客群有所差别，正是基于这一差异化特征，不同领域机构之间存在着专业人员输送、服务接续等协作方式，不断夯实和丰富医养结合新场景。在日本，随着《介护保险法》的实施，养老服务企业将养老资源和医疗资源结合，提供医养结合的服务，同样较好地适应着依赖型老年人群的相关服务产业的市场需求，比如生活照料方面雇用养老服务人才，为老年人提供上门服务；医疗服务方面将长期护理、康复训练和紧急施救等医疗类护理服务外包，严重疾病的治疗则和附近的医院合作，并且会有包车定期运送老人去医院检查或者医生上门检查。

2. 强化资本运作，助推企业做大规模

并购是企业做大规模的重要因素。在整个老龄产业链中，围绕养老服务需求而进行的土地购买、房屋建设、设施设备等一系列初期投资，资金规模大，且耗时长，并不利于企业持续扩张市场份额，而兼并收购同类企业的养老资源便是高效提升市场份额的增长模式。在欧洲，Korian集团现已成为欧洲支持公共医疗健康体系、共同应对人口老龄化问题的第一养老私企。从其规模扩展路径来看，自2006年上市以来，Korian集团的迅速成长壮大，与公司不断对多家有不同经营重点的养老企业进行兼并关系密切，企业的四次典型并购事件，为其打开欧洲市场、巩固本国市场奠定了坚实的基础，见表9-3。在美国，Brookdale发展至今，其规模和行业地位已是全美最大的养老公司，在一定程度上也大大促进了美国养老行业的发展。纵观Brookdale的发展史，并购同样是成为行业第一的关键，尤其是2006年、2011年和2014年对三家养老服务公司的收购，使其养老社区的数目不断增长，公司规模快速扩大，品牌推广建设颇为成功，其中2014年Brookdale所收购的Emeritus是当时美国第二大养老企业，这次收购使其社区数量猛增493个，床位数由不到7万跃升至超过11万，业务范围迅速扩大。

表9-3　Korian集团并购历程及意义

年份	并购事件	重大意义
2006	Batipart集团将下属集团Suren和Medidep进行合并，更名为Korian。同年11月，Korian集团在欧洲交易所Euronext主板市场挂牌上市	拓宽融资渠道，为下阶段做大规模提供资金保障
2007	收购意大利的Segesta公司，这是意大利依赖型老年人服务领域的第二大私营集团，具有很强的市场领导力	标志着正式打开了意大利市场，向欧洲市场迈出了第一步
	9月，收购德国的Phonix公司，这是德国第十大私营企业，拥有27家养老服务机构、347个康复治疗诊所床位、2660个养老社区床位	Korian集团成为了依赖型老年人服务领域的唯一一个“欧洲集团”

续表

年份	并购事件	重大意义
2012	收购德国养老企业 Curanum，该机构主要经营养老住宅和老年社区，拥有 77 家机构、10150 个床位、7000 多名员工。随后，将 Curanum 和 Phonix 公司进行合并	巩固德国本土市场，将德国定位为集团在欧洲最为重要、坚固的市场
2013	收购比利时养老企业 Medica 公司，并成立 Korian-Medica 财团。Medica 公司是一家比利时养老集团，在法国、意大利和比利时都有一定的市场份额，其名下共拥有约 13800 个床位	两大集团的合并，也标志着欧洲养老领域第一大私人集团正式形成

资料来源：作者研究整理。

五、社会资本参与老龄产业投融资体系建设的路径选择

借鉴海外发达国家社会资本参与老龄产业发展的经验，本章从构建生态的角度，认为社会资本参与老龄产业投融资体系建设，需要从支付、融资和投资三端同时发力，共同构成我国老龄产业投融资支持体系。

（一）海外经验启示："三端"协同发力

1. 增强养老储备保障，提升老年群体各类服务需求的支付能力

与海外人口老龄化进程不同，"未富先老"是我国人口老龄化背景下的重要社会现象，见表 9-4。良好、健康的养老财富积累是释放养老服务需求、增强老年生活幸福感的物质基础。一般来讲，养老金和相关投资收益是满足老年人群多层次、多元化养老需求的主要收入来源。当前，我国养老金替代率①不足 44%，养老金整体替代率低带来的财务韧性趋弱，潜在的养老服务需求无法释放，一定程度上抑制了养老产业的发展空间。此外，养老规划意识不足、金融素养待提升等发展缺口，同样是抑制养老需求释

① 2021 年，我国企业退休人员月人均养老金为 2987 元，城镇职工基本养老金替代率为 43.13%。城镇非私营单位平均工资 106837 元，私营单位平均工资 62884 元，总就业人口 46773 万，其中私银单位就业人数 4 亿，测算出我国企业退休人员月人均养老金替代率仅为 43.13%。

放的重要因素。

表 9-4 我国与日、德、意、美老龄化进程对比情况

国家	65岁及以上人口比例（%）					人均 GDP（美元）				
	1960年	1990年	2000年	2010年	2020年	1960年	1990年	2000年	2010年	2020年
日本	5.7	11.9	17.2	23.0	28.4	8369	25371	40167	43118	40193
德国	11.5	14.9	16.3	20.8	21.7	—	22303	36517	40164	46252
意大利	9.5	14.9	18.3	20.3	23.3	10450	20825	34832	33761	31769
美国	9.2	12.6	12.4	13.1	16.3	17169	23888	43890	46616	63206
中国	4.0	5.6	7.0	8.9	13.5	186	317	1740	4434	10434

2. 多元化的融资渠道，保障社会资本参与的经营稳定性

当前，我国老龄产业相关企业的整体营利性趋弱且现金流不稳定的问题，难以通过内源性融资满足经营活动的融资需求。与国外发展经验对比，缺少介护险制度、住宅金融支持机构等专为养老产业设计的制度与政策。补贴与税收优惠虽然能在一定程度上缓解相关公司的现金流压力，但对于公司盈利前景与市场认可程度作用较小，前期投入大、回本周期长的情况没有根本性改善。从外源性融资的角度看，养老产业普遍存在融资渠道单一、财政依赖程度高的问题。在养老产业的融资体系中，大量中小型养老机构的融资结构中政策性融资占据较大比重，依靠财政拨款与国家专项资金维持日常经营。单个养老机构或者养老项目的规模小，市场认同程度低；信用价值低，产业融资力量没有形成（赵晓明、唐飞，2014），最终导致养老产业或养老机构难以通过发行债券或者上市的方式进行融资。因为资本市场通过资金募集、信息披露与并购重组等方式促进产业结构合理化（顾海峰，2010），过于单一的外部融资渠道抑制了金融支持对养老产业的正面作用。

3. 高效的投资运营能力，加速释放老龄产业发展的规模效应

从整体来看，我国老龄产业的规模优势不显著，并购后的整合难度增加。我国养老产业在2016年并购热潮之后，2020年又掀起一轮并购浪潮。

从被并购企业运营模式看，养老服务的规模优势具有明显的属地化特征，即优势集中在同一城市同一区域的不同养老服务类型项目中，一旦跨区域发展，人力成本和运营成本逐步上升，边际效益不明显。因此，随着资本方投资后管理难度加大，规模化的发展优势难以体现。此外，尽管私募及风险资本具有一定的投资意愿，但其自身的投资回报周期与养老产业长周期微利属性存在时限上的矛盾。这一时限上的错配，使得以养老产业为投资范围的私募及风险基金往往沿着养老服务产业链向周边延伸，导致养老产业的主题产业养老服务业难以得到大量私募资金的支持。

从局部来看，投资运营能力的高低，离不开良好的政策导向和保障机制。当前，医养结合是国际养老模式的发展趋势。医养结合养老模式的创新发展，能够整合“碎片化”资源，放大养老资源变量，实现规模效应和乘数效应，构建医、护、康、养一体化的医养结合服务系统。然而，当前我国的医养结合工作虽取得积极进展，但处于试点和探索阶段，仍存在政策支持、服务供给、队伍建设等多方面的难点和堵点，比如各地差异较大，缺乏统一的医院开展医养结合服务扶持政策和支持系统。

（二）路径选择

1. 统筹推进，夯实养老需求的物质基础

一是增强养老金投资运营效能，提升养老金投资收益率。基本养老金方面，自 2016 年 12 月受托运营以来，年均投资收益率为 6.42%。对比日本政府养老金投资基金（GPIF）对养老金投资设定的长期回报目标，即必须在风险最小的情况下实现 1.7%的长期实际回报（养老金储备基金的净投资收益减去名义工资增长率），我国养老金投资收益虽整体上呈上升趋势，但仍落后于城镇职工平均工资增长率。因此，探索为养老金长期投资提供更具参考性的目标收益率，保值养老金投资运营的有效性，将是增强基本养老金储备可持续性的现实选择。与基本养老金相比，年金的投资运营模式更具市场化，但整体投资收益仍有较大提升空间。自 2006 年逐步开展市场

化运作以来，企业年金平均收益率达 7.17%，其中 2021 年投资收益率为 5.33%。从具体投资组合看，企业年金的投资收益受权益组合的影响比较大，这既表明在当前利率市场环境下寻求适当风险收益特征的资产面临较大缺口，表明当前在整个企业年金的市场化运作中，长期资金优势尚未得到较好发挥。

二是优化养老金体系结构，夯实养老保障第三支柱。从国际经验看，由于第一支柱养老金保基本，因此整体替代率均不高，比如日本的公共养老金替代率与我国基本相当，维持在 40%左右，并且随着人口老龄化进程加快，基本养老金替代率逐步下降，事实上，我国当前基本养老金储备已面临巨大的赤字压力①。因此，要切实增强养老金替代率，确保退休生活享受健康、适宜的养老服务，还需要持续扩大第二、第三支柱的覆盖群体，持续做大第二、第三支柱规模，尤其是要大力挖掘第三支柱的增长潜力。加大发展第三支柱，保障老龄人口退休后依然能通过金融产品的投资收益和本金返还得到稳定的现金流入，将是增强居民提前参与养老规划意愿、构建多层次养老保障体系的必然选择。

三是加快发展长期介护险等养老服务保障体系。养老服务的公共品属性与福利属性造成利润空间小，叠加部分老龄群体支付能力不足的现状，共同作用导致行业整体盈利能力差，内源性融资困难。从满足老龄人口照护需求、改善养老产业盈利的角度来看，可以通过发展长护险的方式，扩大养老服务供应。当前长护险的支付模式与护理标准各地区相差较大，没有形成统一模式。为此，可参照日本介护险的标准制定路径，在全国范围内对照护者实施长期跟踪调查，得到较准确的活动能力评定标准，比如失能界定标准、采购价格标准等。此外，政府可探索将英国政府的 PFI 模式引入长期护理险，即政府不再承担从建设到运营的全部任务，而是与社会资

① 数据显示，2018—2021 年，我国劳动年龄人口从 8.97 亿下降至 8.82 亿，年均减少 500 余万人，叠加少子化、退休高峰和养老成本等现状，在现收现付模式下，我国基本养老金储备面临巨大的赤字压力。

本签订长期协议，由运营经验丰富的私营部门提供专业养老服务，社会资本也可以获得长期收益。

2. 引导社会资本转型，提升其综合融资能力

基于政府在投融资体系中的关键作用，为拓宽融资渠道与降低融资成本，政府应加大政策扶持力度，在组织上发挥带头作用。间接融资方面，加大对于银行信贷的支持力度，降低老龄产业获取信贷资金的门槛与成本。引导银行等信贷机构创新金融服务模式，在风险可控的前提下开发符合老龄产业特点的信贷产品。同时，因为贷款需要抵押物，部分以轻资产模式运营的老龄服务公司缺乏抵押资产。构建贷款担保基金等政府性融资担保机构，为老龄产业的中小微公司提供担保支持，开展贷款贴息补助。直接融资方面，政府牵头建立股权投资基金，引入社会资本，共同出资对亟待纾困的老龄产业公司进行股权投资，缓解流动性约束。进一步引导险资进入，保险资金长久期、跨资产配置的特点与养老产业天然契合，但对风险要求较为严格。通过减少险资投资养老房产税与土地使用税等扶持政策，降低保险资金的投资风险。或尝试与险资合作，对现有运营情况差的养老社区进行重建，盘活存量资产。通过险资等金融资本渗透产业资本，加速养老的产业结构调整，降低双边的契约成本（郑南源等，2007）。此外，在老龄产业生态完善且企业现金流稳定之后，市场对于产业认可度上升，可以试点引入 REITs 等金融工具。基于租金收入与服务费用发行收益凭证，帮助社会资本实现股权退出，提高资金流转效率。

3. 完善社会资本参与模式，推动养老产业多元化发展

改进社会资本参与老龄产业的模式，降低参与门槛。改造存量养老设施，扩大“公办民营”“公建民营”的比例，配合土地与税收方面的优惠政策，解决社会资本进入门槛高、回本周期长的问题。PPP 模式下，政府在项目建设与运营过程中应当明确公私责任，处于项目主导者和监管者的地位。完善风险分担机制，基于公私部门对于不同风险承担能力的差异，发挥政府兜底与公共服务作用。将政治、法律等风险交由政府承担，经营风

险由社会资本承担。

产业结构方面，推动社会资本进入社区养老与居家养老领域，建立以居家和社区为主的养老服务体系。通过政府购买、运营补贴等形式，引导社会资本进入，在保证社会效益的前提下，构建“社区—机构—居家”共同发展的多元养老体系，有针对性地发挥社会资本管理方面的优势。在社区建立日间照护中心，为老龄群体提供日间护理服务与文体娱乐。政府牵头整合资源，将医疗资源嵌入社区养老体系。一方面，推动诊所、医院与社区建立合作关系，为老龄群体就医提供便利；另一方面，鼓励医疗机构提供照护人才培训、上门照护，实现医养结合，满足失能、失智老龄群体的刚性照护需求。对于大型养老地产项目，避免其进一步地产化、豪华化。引导运营机构尝试其他收费模式，防止与保险过度捆绑导致“超卖”现象。在风险可控的前提下鼓励其扩大投资范围，将康复、医养机构、医疗等养老的上下游产业纳入。通过养老社区衔接上下游，形成产业闭环，发挥产业资本的长期优势。

（李成林　田雨豪　魏源）

第十章　我国养老产业发展“拐点”研判
——基于多案例研究的典型事实

我国养老产业发展的“拐点”何时到来？为回答好这个问题，本章以案例研究和实证分析相结合的研究框架进行研判。首先，采用多案例研究，以法、德、日、美四国为例，系统梳理其养老产业发展历程，总结归纳出养老产业发展“拐点”出现的共性特征；其次，采用单案例研究，聚焦日本养老产业发展轨迹，重点关注其介护险实施前后养老产业相关重要指标变化；最后，采用实证分析，选取九个养老产业相关指标，基于指数平滑、灰色模型等方法对中国未来情况进行预测，并与日本可比时期指标情况进行比较，判断中国养老产业“拐点”出现的可能时间。研究发现：养老产业发展“拐点”的出现具有四个共性特征，分别是三支柱养老金体系改革、长护险制度全面实施、多元化服务助推医养结合、代际转换背后的产业增量机会，而中国养老产业发展“拐点”可能出现的窗口期将在2026—2030年。

一、引言

中国人口老龄化进程正明显加速。国家统计局数据显示，2022年我国60岁及以上人口占全国人口的19.8%，其中65岁及以上人口占比为14.9%。我国已步入深度老龄化社会，这不仅标志着人口老龄结构的转变，还意味着社会、经济和产业政策等方面也将面临迫切而复杂的挑战。之所以着眼于养老产业发展，一方面，人口老龄化形势日益严峻，大规模的老年人口增长意味着以长寿红利为核心的新的老龄社会形态孕育着巨大的经济动能。据中国老龄科学研究中心测算，中国养老产业产值将在2050年突破100万亿元，届时占GDP比重可达1/3以上，是未来亟待开发的新经济，也是中国乃至世界其他国家经济持续发展的稳定驱动力之一①；另一方面，党的十八大以来，习近平总书记十分重视我国老龄产业与养老体系建设，提出“让老年人共享改革发展成果、安享幸福晚年”的发展目标，同时党的二十大报告中明确提出“实施积极应对人口老龄化国家战略”。发展养老产业是应对人口老龄化挑战的必然选择，也是实现实体经济高质量发展、迈向共同富裕的重要战略制高点。然而，当前养老产业供需错配、收支错配等问题依旧存在，尽管有巨大的潜在市场，但相较于海外发达国家，养老产业发展的速度仍然不快、社会资本参与的积极性仍然不高。因此，探究影响我国养老产业发展“拐点”的关键因素及“拐点”预判对于解决当前产业发展瓶颈及指明未来产业发展方向具有重要意义。

现有关于养老产业发展的研究主要集中于以下三个方面：第一，回顾与分析我国养老产业发展现状和政策，部分学者从产业模式、产业资源和服务质量三个层面开展当前国内养老产业发展情况的相关研究②；第二，梳理海内外典型国家养老产业政策以对比并总结可借鉴的产业发展模式，田香兰③研究了日本政府在本国老龄产业发展的各个阶段采取的差异化发展政策，认为中国应当重视老年消费潜力、鼓励养老用品产业的研发创新以及养老地产的发展；第三，基于地区养老产业发展现状因地施策，刘晓静等④认为目前北京市养老服务产业仍处于发展初期，应当重视养老服务业的要素供给，缓解养老产业结构性矛盾，实现政府、市场和社会之间的良性互动。杜偲偲⑤则从政策法规、社会保障体系、税收优惠、人才培养、养老用地和信息技术六个方面总结了江苏省扶持养老产业政策的重要因素。当前

① 党俊武. 新时代中国老龄产业发展的形势预判与走向前瞻（上）[J]. 老龄科学研究，2018，6（11）：3-27.

② 李燕，伍梦. 中国养老产业发展研究综述与展望——基于养老产业政策的角度［J］. 当代经济，2018（9）：119-122.

③ 田香兰.日本老龄产业制度安排及产业发展动向[J].日本问题研究,2015,29(6):37-49.

④ 刘晓静，吕月英，吴智育. 基于政策视角的北京市养老服务产业发展研究［J］. 社会福利（理论版），2018（12）：3-7，12.

⑤ 杜偲偲. 江苏扶持养老产业政策研究［J］. 江苏商论，2018（4）：67-70，84.

探讨国内养老产业发展的研究大多是从定性层面进行分析的，而基于定量层面或定性与定量相结合的研究尚不多见。同时，鲜有文献借助数据、模型等量化方法对我国养老产业发展“拐点”做出预测。

鉴于此，本章的研究主要涵盖以下内容：①系统梳理法、德、日、美四国养老产业发展历程，总结归纳出养老产业发展“拐点”出现的共性特征；②聚焦日本养老产业发展轨迹，重点关注其介护险实施前后养老产业相关重要指标变化，为中国养老产业发展寻找新思路；③选取可比性较强的养老产业指标，对中国未来指标情况进行实证预测，并与日本可比时期指标情况进行比较，判断中国养老产业“拐点”出现的可能时间。

本章可能的边际贡献在于：①采用定性与定量相结合的方法，分析不同国家养老产业发展历程事件背后的共性，并从指标的角度对照国内养老产业的发展现状，研判发展“拐点”；②基于海外典型国家的多案例研究与单案例分析，对养老产业的多个细分领域，如养老金融、养老服务、社区养老等进行全方位的分析，探索影响养老产业发展“拐点”的关键因素，以期从更加系统全面的指标角度对我国养老产业的发展提出政策建议。

二、文献综述

（一）养老产业发展的海外经验借鉴

中国是目前老龄化增长速度最快的国家之一，但其养老产业仍处于起步期。放眼全球，欧洲作为世界上率先步入老龄化社会的地区，也是最早建立全民养老福利体系的地区，在养老产业发展方面积累充足经验；美国是世界上养老产业市场化程度最高的国家；而日本与我国国情最为相似，也是老龄化程度最严重、养老产业发展最为成熟的国家之一[①]。通过借鉴这三个海外国家和地区发展养老产业的经验，有助于进一步明晰我国养老产

① 尹文清，罗润东.老龄化背景下日本养老模式创新与借鉴[J].政策瞭望，2017(4)：50-52.

业的发展趋势和政策着力点。

1. 欧洲："政策与制度联动"模式强化养老产业供需匹配

现有研究表明，老龄化政策是缓解人口老龄化和出生率下滑等问题对社会福利造成冲突的有力举措①。其中，税收政策是推动欧洲养老产业发展的重要因素②。德国、英国和法国皆通过税收优惠养老金立法来鼓励养老产业需求。德国政府在1911年、1924年和1957年先后进行养老金制度改革，完善"三支柱"养老体系，以促进养老服务业发展③；德国政府还对养老产业用地实施免征房产税和限制土地起价的措施，保证了养老用地供给。英国则针对65岁以上的老人进行房税减免，使他们有更多的资金用于养老服务消费，带动养老市场需求。法国综合使用了优惠税率和减免税两种增值税优惠形式，较好引导养老服务供给和养老市场需求。政策以外，制度先行，先进的社保制度为养老产业发展保驾护航。法国在1853年首创现收现付型养老保险，1945年通过《社会福利法》，这标志着社会保障体系的正式建立。尔后，随着相关立法的不断完善，居民社会保障范围进一步扩大④。1995年，德国设立长护险制度并纳入《社会法典》，在不断迭代完善下，德国养老保险制度成为当前全球社会保险型养老保障制度的典范。

在产业政策与社会保障制度的相互联动下，养老产业的发展更加精细化，对于人才队伍、养老方式和养老产品提出了更高的要求。德国有专门针对护理人员的职业培训法和严格的"验收"制度，由专业的监督机构与监管人员对监督护理效果负责。从养老方式来看，德国的私立养老院是承担养老服务的主体，主要提供老年护养上门服务和机构照护两种方式；英国极为重视养老服务质量评价，目前员工数量、培训体系、行为监督和自

① 张熠. 国际社会保障动态：积极老龄化战略下的社会［M］. 上海：上海人民出版社，2017.

② 郑军，张璐. 税收政策支持养老服务业发展的国际比较及启示［J］. 南华大学学报（社会科学版），2020，21（2）：69-75.

③ 吴锡杨，阮静雯，黄灿云，等. 发达国家养老金融经验及对我国的启示建议［J］. 西部金融，2022（1）：94-97.

④ 杨钊. 法国多样化产业化养老服务模式的发展及启示——兼论我国养老服务产业发展［J］. 当代经济管理，2014，36（7）：88-91.

我评价均纳入养老服务质量评价体系中①。另外，法国、德国均有完善的养老产品市场，这为机构养老、社区养老和居家养老提供了有力的支持。

2. 日本：长期介护保险制度推动护理产业高速增长

日本是目前世界范围内老龄化问题最为严重的国家②。自 1970 年步入老龄化国家行列，日本开始发展其养老产业。起初，养老服务主要由政府指派特定机构负责③，市场化程度较低。随着高龄失能老人数量增多，家庭护理人员走向就业岗位④，养老医疗与护理糅为一体的模式造成较大的护理服务缺口与较高的护理成本等问题⑤，而没有社会资本的参与又使得政府财政压力巨大⑥。为应对越发突出的养老问题，2000 年，日本政府宣布实施《介护保险法》。长期介护保险制度的实行，是日本商业养老产业爆发的关键条件⑦，此后养老产业规模进入快速扩张期。介护险的实施，不仅实现了护理的社会化，让社会全体公众参与到护理服务中，改变了此前仅靠家庭成员承担护理责任的局面⑧，还将护理从原有的医疗体系中独立出来，形成新的产业，减少了护理对医疗费用的无效占用，同时有效提高了护理服务的环境与质量⑨。社会主体与资本迅速进入护理产业中，为行业注入了市场活力，实现了护理服务从行政措施到合同约束的转变，成为日本养老产业

① 宋成华，吴雅婷. 日本居家养老服务机制及启示［J］. 合作经济与科技，2023（10）：172-174.

② 锁凌燕. 养老服务体系建设的日本经验［J］. 中国金融，2022（11）：40-41.

③ 索宏. 日本养老机构的历史变迁［J］. 福祉研究，2021，4：126-132.

④ 姬鹏程，王皓田. 日本长期护理保险制度的经验与启示［J］. 宏观经济管理，2020（11）：85-90.

⑤ 翟绍果，马丽，万琳静. 长期护理保险核心问题之辨析：日本介护保险的启示［J］. 西北大学学报（哲学社会科学版），2016，46（5）：116-123.

⑥ 杨振轩，胡立君. 日本养老产业发展中的政府职能与启示［J］. 学术界，2018（1）：203-213.

⑦ 詹卉. 养老服务供给体系中的政府作用：美国的分析与镜鉴［J］. 经济资料译丛，2022（4）：14-24.

⑧ 刘小菲，李定发，宋钰箐. 让第二、三支柱养老金转换贯通［J］. 中国社会保障，2022（7）：86-87.

⑨ 董克用，周宁，施文凯. 美国私人养老金计划税收政策借鉴及启示［J］. 税务研究，2023（5）：91-98.

被激活的重要原因之一[①]。

3. 美国：养老金第二、第三支柱助力养老产业市场化发展

美国养老产业的市场化程度更高且体系较为成熟[②③]，对老龄人口的支付能力要求更高，因此养老金体系的发展尤为重要[④]。美国养老金体系发展历史可追溯到1875年运通公司设立企业年金，此后经历了由第一支柱联邦社保基金向第二、第三支柱雇主养老金与个人退休养老计划转移的过程[⑤]。这种转移使得企业更具人才吸引力[⑥]，养老金融产品也具有更强的创新性。同时，汇集的养老金不仅能够保障退休人员的养老支付能力，也为资本市场提供充足的资金与流动性[⑦]。美国养老金第二、第三支柱快速壮大的原因，一是相对税收优惠，差异化的缴税机制能够激励更多的企业与个人参与养老金积累[⑧⑨]；二是养老金第二、第三支柱间高度相似的税收与征管政策[⑩]，便于其在企业与个人之间进行转移，当个人职业发生变化时，雇主养老金可转移至个人账户，为离职员工提供保障[⑪]；三是养老金融与资本市场之间存在有效的互动机制，成熟的资本市场吸引养老金的投入，而第二、第三支柱赋予个人充分的投资偏好权利，私人养老金成为最大的机构投资

---

① 谢予昭. 养老保险税优政策的本土探索、国际经验与提升路径［J］. 保险研究，2022（4）：82-98.

② 巴蕾. 中英美日四国三支柱养老金体系对比浅析［J］. 新理财，2022（9）：28-31.

③ 杨秀玲，邸达. 国外养老金融业发展的经验及借鉴［J］. 经济研究参考，2014（52）：30-34.

④ 王笑啸，刘婧娇. 中国共产党推进养老保障的百年探索：发展历程、基本经验与未来方向［J］. 西北人口，2021，42（4）：114-126.

⑤ 国家统计局. 中华人民共和国2022年国民经济和社会发展统计公报［Z］. 2023.

⑥ 赵一红，聂倩. 供需与结构：中国社会养老服务体系建构的逻辑——基于六城市养老机构的实证调查［J］. 社会学研究，2022，37（6）：164-179，229-230.

⑦ 武赫. 人口老龄化背景下我国养老产业发展研究［D］. 长春：吉林大学，2017.

⑧ 章晓懿. 养老服务产业的发展趋势及模式创新［J］. 人民论坛，2023（10）：62-66.

⑨ 杜鹏，武玉. 中国养老服务政策的变迁路径、动力机制与未来转型［J］. 中州学刊，2023（3）：82-90，2.

⑩ 章晓懿. 养老服务产业的发展趋势及模式创新［J］. 人民论坛，2023（10）：62-66.

⑪ 刘操. 支持社会力量参与养老服务业［N］. 海南日报，2023-06-20.

者，为资本市场注入资金的同时获取投资回报，实现资金的积累[①]。

（二）国内养老产业的发展现状

我国养老产业发展起步较晚，经历了从孕育、探索、形成体系到快速发展的四个阶段[②]。从养老服务设施领域来看，2022 年末养老机构总数超 4 万家，十年内各类养老床位数量由 474.6 万张增至 822.3 万张，势头迅猛[③]。同时，个人养老金宣布实施，长护险试点工作不断深化，养老金融开始发力。然而，快速增长的养老服务业仍无法满足人口老龄化加速产生的巨大养老需求，供需失衡问题依旧突出，且主要表现为供给端的重“量”而轻“质”以及需求端的支付能力不足[④]。“未富先老”“未备先老”“未康先老”问题突出，叠加养老产业公益性与营利性较难兼顾，养老服务产出增速逐渐放缓，民间资本投资活力严重缺失，养老服务从业人员稀缺且人才质量良莠不齐[⑤]；而政策的体系化不足与监管标准的不统一又让市场主体无法公平参与，产业链协同效应难以形成[⑥]。因此，要形成标准化、体系化、充满活力的养老产业，政策端需在进一步完善政府职能与监管体系的基础上，以全局动态的眼光，推动更多更有效的产业政策落地[⑦]；同时政府让利让位于民间企业，鼓励社会资本参与，用合理的规范化制度提高养老服务质量

---

① 刘兆旭．人口老龄化背景下居家养老服务供给存在的问题与对策［J］．就业与保障，2023（5）：76-78.

② 王波，郑联盛，郭安．养老金融：中国实践、国际经验与发展对策［J］．西南金融，2022（8）：3-14.

③ 董克用，孙博，张栋．从养老金到养老金融：中国特色的概念体系与逻辑框架［J］．公共管理与政策评论，2021，10（6）：15-23.

④ 黄江明，李亮，王伟．案例研究：从好的故事到好的理论——中国企业管理案例与理论构建研究论坛（2010）综述［J］．管理世界，2011（2）：118-126.

⑤ 刘月．我国长期护理保险制度发展研究［J］．西南金融，2021（9）：52-64.

⑥ 李玉娇．医疗保障水平、服务认知差异与养老方式选择——制度效果会影响老年人居家养老需求吗？［J］．华中农业大学学报（社会科学版），2016（3）：118-124，136.

⑦ 乔晓春．全国有多少人和哪些人住在养老机构？［J］．社会政策研究，2022（4）：40-57.

与从业人员素质[①][②]。此外，长护险与养老金第二、第三支柱建设，是未来养老产业持续发展的关键[③]，全面实施长护险及相关配套制度、加快推动企业年金与个人养老金改革，是解决“未富先老”问题的必要路径[④]。

（三）文献评述

当前，国内外学者对养老产业发展的相关研究已较为丰富，但仍存在以下不足：第一，随着我国经济进入新常态，大多数研究开始关注养老产业与科学技术发展新趋势之间的联系，但目前针对适应经济发展新常态阶段的养老产业存在的问题提出发展对策和找出新的解决路径的相关研究尚不多见；第二，目前已有研究主要是聚焦于养老问题、养老金融、养老地产、养老服务和居家养老等某一方面，缺乏从总体层面来探讨我国养老产业发展演变趋势的相关研究；第三，当前探讨国内养老产业发展的研究大多是从定性的视角进行分析，而基于定量视角或定性与定量相结合的研究还较少，未来利用数据、模型等方法研究养老产业发展的相关问题应是该领域的重要研究方向。

三、研究设计

（一）研究方法

本章采用多案例与单案例研究相结合的方法，原因在于：①案例研究在挖掘微观典型案例的主体动机、行为和结果之间的因果关系上具有优势；②案例研究法能够较好回答如何（How）和为什么（Why）的问题，能基于

---

① 刘方涛，郭小楠，张蕊，等. 基于需求角度的个人养老金潜在规模测算［J］. 保险研究，2022（1）：64-78.

② Schwartz A F. Housing policy in the United States［M］. London Routledge，2021.

③ Giles J，Glinskaya E，Chen X，et al. What are the current and future long-term care needs of China's aging Population［J］. Background Paper，Development Research Group，World Bank，2016.

④ Koval N，Priamuhina N，Zhmurko I. Analysis of economic-financial experience of the world countries in the system of pension insurance［J］. Baltic Journal of Economic Studies，2020，6（1）：1-8.

鲜活具体的案例分析发展新的理论解释，有助于较好研判国内养老产业发展“拐点”何时到来；③多案例研究具有横向比较寻找共性特征的相对优势，能够更加准确地突出情境、展示过程并揭示关系，为理论构建提供更加坚实的基础与更具普适性的结论[①②]；④单案例研究更加注重在纵向梳理中对案例过程与机制的深度挖掘，能利用多维度数据“把故事讲好”和“把故事升华”。因此，多案例和单案例研究相结合的方法有利于借鉴养老产业发展的先进国际经验，同时通过关键事件或数据的横纵向比较综合研判国内养老产业的发展“拐点”可能出现的时间。

（二）案例选择

本章选择法、德、美、日四个国家作为多案例研究样本，基于两个选取标准：①国家代表性。欧洲是世界上最早进入老龄化社会且最早建立全民养老福利制度的地区，而法国是世界上第一个进入老龄化社会的国家，也是全球范围内公共养老金支出水平最高的国家之一，具有应对老龄化趋势丰富的实践经验；德国不仅是目前欧盟老年人口最多的国家，也是世界上第一个颁布养老保险法并确立公共养老金制度框架的国家，其养老体系发展水平居于世界前列；美国是当前养老产业市场化程度最高的国家；而日本与中国同为亚洲国家，两国国情更为相似，且日本的老龄化程度颇深，养老产业已相对较为成熟。②数据可得性。本章广泛搜集各国宏观、中观及微观层面的统计数据，所选取的对比指标在网上均有丰富的公开资料，能够较为便利地为本章的研究提供数据支撑。本章选择日本作为单案例研究样本，因为日本与中国家庭结构、文化习俗和思想观念等方面更为接近，且养老产业发展的相关数据更为丰富，可作为中国养老产业发展“拐点”预测的重要依据。

---

① Natascha van der Zwan N. Financialisation and the pension system: lessons from the United States and the Netherlands [J]. Journal of Modern European History, 2017, 15 (4): 554-584.

② Yin, R K. Case study research: design and methods [M]. London: Sage, 2009.

（三）数据来源

二手数据来源广泛、内容丰富、获取方便，搜集不同国家多维度的二手数据便于进行横、纵向比较分析，增强了结论的合理性与普遍性，因此本章主要对二手数据进行处理与分析。案例国家的数据主要来源于各个国家官方统计局、世界银行、OECD、Wind 数据库等。

（四）研究框架

本章基于“横向对比—归纳总结—纵向延伸—预测展望”的研究思路，立足于我国养老产业的发展“拐点”研判，提出以下研究框架，如图 10-1 所示。

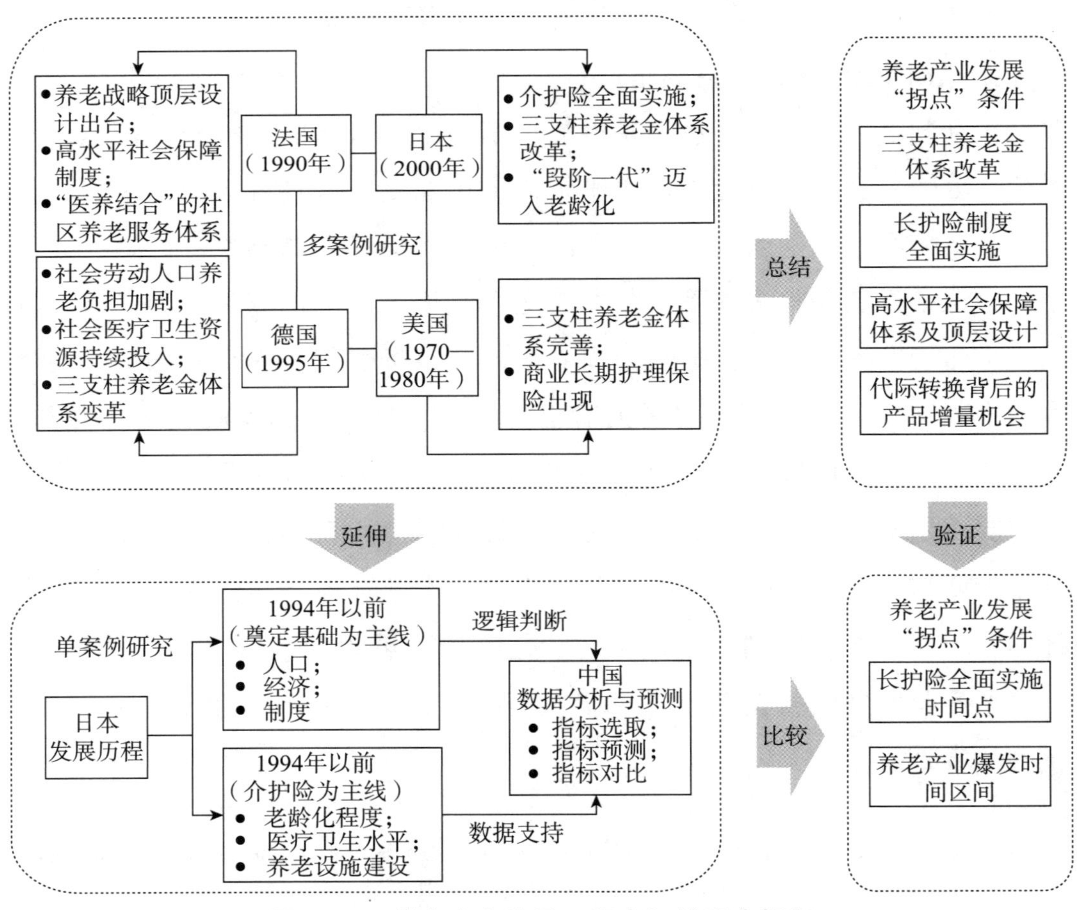

图 10-1　养老产业发展“拐点”的研究框架

四、研究发现

（一）多案例研究

为寻找法、德、日、美四国养老产业发展“拐点”出现的时间及重要影响因素，本章对各国养老产业发展历程进行系统梳理，重点关注养老产业相关制度变迁与相关指标变化。限于篇幅，本章仅展示多案例分析的结果。表 10-1 汇集了案例国家养老产业发展“拐点”出现的时间。

表 10-1　案例国家养老产业发展拐点总结

国家	养老产业拐点时间	典型依据援引
法国	1990 年之后	（1）国家养老战略顶层设计陆续出台；（2）高水平社会保障制度提升老年群体支付能力；（3）医养结合的社区养老服务体系兴起
德国	1995 年左右	（1）人口出现负增长、社会劳动人口养老负担加剧；（2）出台《护理保险法》，采取全民参保的长期护理社会保险制度；（3）三支柱养老金体系改革
日本	2000 年左右	（1）介护险全面实施；（2）养老金体制改革；（3）“团块世代”迈入老龄化
美国	1970—1980 年	（1）三支柱养老金体系完善；（2）商业长护险出现

通过归纳总结案例国家养老产业“拐点”出现的共性特征，本章得出三支柱养老金体系改革、长护险制度全面实施、多元化服务助推医养结合、代际转换背后的养老产业增量机会是影响养老产业发展“拐点”的关键因素，具体分析如下。

1. 关键发展“拐点”因素一：三支柱养老金体系改革

根据福利多元化理论，福利责任需要不同参与主体共同承担，要凸显政府角色和负担的必要性，但更要发挥家庭、市场、社会团体等参与主体的重要性。三支柱养老金体系的建立健全为养老产业的发展注入经济动能，是保障养老产业长足发展的关键举措。德国较早实施了李斯特、吕库普、退休延迟等计划，一方面将企业、私人补充养老金正式纳入养老制度体系，通过税收补贴、税收优惠及税收延期的方式实现由单支柱向多层次养老体系的转型；另一方面推出可享受政府大数额、高比例退税的个人自愿的商业养老保险计划，保证支付终身养老金。日本于2002年4月正式引入缴费确定型养老金（DC计划），设立新的待遇确定型养老金（DB计划），从强制性质的第二支柱“厚生年金保险”向自愿性质的DB和DC企业年金转型，同时引入个人养老金制度，推出个人定额缴费养老金（iDeCo）与个人储蓄账户（NISA）。美国于20世纪70年代通过设立相关法案发展养老金第二、第三支柱；1974年，《雇员退休收入保障法案》推出个人养老退休账户（IRA）；1978年，《国内税收法》新增401（k）条例鼓励DC模式企业年金发展。案例国家的养老金体系改革事实证据见表10-2。

表10-2 案例国家养老金制度改革推动养老产业发展拐点证据

国家	依据来源	典型依据援引
德国	权威媒体、学术文献	未实施养老金制度改革时，1999年退休居民总收入中第一、第二、第三支柱的占比分别为85%、5%、10%，在先后实施李斯特计划、吕库普计划、退休年龄延迟等一系列养老金制度改革后，2019年退休居民收入中第一、第二、第三支柱占比分别为61%、8%、31%
日本	权威媒体、研究报告	日本1985年完成基本养老金建设，2000年后开始重视养老金体系的优化，一方面从强制性质的第二支柱“厚生年金保险”向自愿性质的DB和DC企业年金转型。另一方面，引入个人养老金制度，推出个人定额缴费养老金与个人储蓄账户，三支柱的养老金体系得以完善
美国	权威媒体、产业报告	《雇员退休收入保障法案》与401（k）条例的出台，使得个人养老账户和雇主发起式养老计划在立法与税收改革中不断完善，美国养老金体系重心逐渐向第二、第三支柱转移，财政压力缓解的同时，企业与个人缴纳养老金的积极性大大提升。2021年末，美国养老金三大支柱规模分别为2.85万亿美元、22.8万亿美元、13.9万亿美元，占比分别为7.2%、57.7%、35.1%

2. 关键发展“拐点”因素二：长护险制度全面实施

产融结合理论指出，在产业发展的每一个阶段都需要相应的金融支撑，优化产业政策实现金融和产业两者供需的动态平衡，进而确保金融和产业的共同发展。养老产业与金融资源的融合发展，一直受到学界的广泛关注，其中长护险作为各国养老服务体系的核心更是研究养老产业发展的关注焦点。案例国家的长护险制度事实证据见表 10-3。德国的长护险制度以 1995 年出台的《护理保险法》为核心保障，采取的是全民参保的福利模式，建立了以个人、企业和政府三方合作的筹资渠道，有效减轻了政府财政负担、解决了老龄人口对于长护险的巨大需求。日本《介护保险法》于 2000 年正式实施，成为本国养老产业快速发展的依托。介护险的成功，得益于其构建了较为完善的老年人护理体系，通过市场化的运作，推进了老年护理服务社会化，一定程度上解决了社会性老年护理服务问题。同时，介护险具有一定的弹性，例如针对未来可能出现的财政压力，可延长个人缴纳保费时间、提高个人介护服务费用承担比例等。目前，日本已逐渐完善医养结合、居家为主、社会为辅的多元化养老体系。美国的长护险则与日、德的社会性长护险有着根本差异，其商业属性更加突出，其目标客户瞄准中高收入人群，提供较高质量的长期护理服务。商业长护险增加了个人护理服务的可选择性，有效填充了公共护理保障的需求缺口，成功形成了美国混合型的长护险体系。

表 10-3　案例国家长护险全面实施推动养老产业发展“拐点”证据

国家	依据来源	典型依据援引
德国	权威媒体、学术文献	德国立法实施普遍、强制的长期护理社会保障体系，先后覆盖家庭护理、护理院护理，使长护险成为与医疗保险、工伤保险、养老保险、失业保险并列的德国社会保障体系的第五大支柱。经过 20 多年的发展，德国长护险全民参保率高达 98%。长护险的推出为养老产业持续运行提供物质保障
日本	权威媒体、学术文献	1994 年日本进入深度老龄化社会，失能老人数量快速增加，社会思想与家庭结构发生改变，人口生育率下降，家庭养老和护理需求缺口过大。《介护保险法》实施后，初步构建了全社会共同承担的老龄人口护理责任机制，养老护理服务成为养老产业腾飞的引擎。2000 年，日本家庭月均养老服务支出为 6368 日元，而 2007 年已达到 8170 日元，增速远超其他消费支出活动

续表

国家	依据来源	典型依据援引
美国	权威媒体、产业报告	1970年，美国老龄化水平达到9.8%，护理服务需求上升，而美国家庭与护理院护理费用仅为2亿美元与42亿美元。商业长护险的出现有效补充了公共保障的部分空白。1980年，美国家庭与护理院护理费用已分别增至24亿美元与176亿美元，远超同期总医疗支出增长率。同时，美国养老服务机构涌现，养老退休社会（CCRC）日益成熟，社会资本不断涌入，逐渐形成如今美国较为成熟的商业化养老产业体系

3. 关键发展“拐点”因素三：多元化服务助推医养结合

多元化服务、多维度保障的医养结合体系是养老服务的充实和提高，为养老产业积蓄发展动能。法国高度重视养老服务的多元化发展，其早期采取的是“政府+社会”的运作模式，在强化立法保障的同时开始布局居家养老服务，建立多个养老院和护理中心，后期随着长期照护政策陆续出台，医养结合的养老服务体系带动了法国社区养老模式的兴起，例如著名的法国Korian养老集团的运作模式就是依托于专业诊所社区服务，协同居家和机构养老的综合性医养结合模式。小型化养老社区集急性医疗、护理康复和普通养老功能为一体，更加注重老年群体的健康管理和医疗服务，与居家养老和专业化机构养老形成互补，能够有效解决城市养老难题。德国在商业养老保险、护理保险和医疗保险均有立法，是全世界社会保险型养老保障制度的典范，且德国的养老产业形成了以“居家养老为主体，依托社会服务，机构养老为支撑”的长期照护原则，极其注重医养结合，在每家养老院都配备智能养老设备，密切跟踪老年群体的健康状况，并且至今为止，每个社会福利组织都拥有自身的老年公寓、老年护理院和老年护理培训学校等一系列配套设施，支撑起庞大的养老医疗需求，成为世界上最早建立公共养老体系的国家。日本政府于2014年开始探索医养结合的社区养老模式，该模式将市町村作为载体，整合家庭、社区、机构等多方资源，满足老年人特别是高龄群体的持续医疗与照护需求。将权力下放至市町村，能够实现因地制宜，合理规划医疗与养老设施，发挥老年人“自立支援”、邻里间互帮互助的社区养老优势。案例国家的多元化医养结合体系的事实证据见表 10-4。

表 10-4 案例国家医养结合模式推动养老产业发展“拐点”证据

国家	依据来源	典型依据援引
法国	权威媒体、学术文献	立法保障方面，法国政府制定了《社会保障法》，通过了两项重要养老规划《安度晚年（2007—2009）》和《高龄互助（2007—2012）》，旨在鼓励养老服务券和养老机构发展。同时，从 2005 年起，法国医疗卫生支出总额占 GDP 比重稳定在 10%以上，较高水平的医疗卫生支出投入为开展医养结合提供了经济条件。在此基础上，以小型化的居家和医养结合的社区养老成为法国主要的养老模式，养老社区设有失能老人护理单元、日间老人接待中心和普通养老公寓，还有一部分社区有专业化养老机构入驻，确保养老服务质量
德国	权威媒体、研究报告	德国居家养老和机构养老的人口分别占老年人口总数的 70%和 30%，以居家照护和机构照护为其主要养老服务模式，其制定了详尽的护理等级标准以判定养老模式选择。德国的养老机构主要有康复医院和护理院两种，实现按需养老，同时，德国政府非常重视老龄护理人才的培养，设立专门的老年护理学科，源源不断培养老年护理的定向人才。在立法与社会保障方面，德国出台《护理保险法》，推出李斯特计划、吕库普计划，颁布《护理保险发展法案》，并于 2014—2016 年陆续出台三部《加强护理法案》，这些共同构成德国进行社会化养老的法律基础。覆盖全国范围的长期照护保险是德国医养结合服务的筹资来源
日本	权威媒体、产业报告	介护险法推行后，一些新难题亟待解决。一方面，2025 年日本将进入超老龄化社会，“团块世代”步入高龄阶段，老年人患重大疾病占比增多、护理需求骤增；另一方面，介护险与医疗保险无法有效衔接，医护费用对财政造成巨大压力。2014 年，《综合确保地域医疗护理法》实行，由市町村主导探索地域医养结合社区养老模式，有效完善了地域医疗服务供给体系，减少了医护费用支出

4. 关键发展“拐点”因素四：代际转换背后的养老产业增量机会

理解代际转换是把握养老产业发展拐点的关键。第二次世界大战后出生的“团块世代”在日本经济崛起中形成一定的财富积累，并于 2007 年前后迈入老龄化。同年，日本家庭养老服务支出达到历史最高值。为满足代际转换带来的大量养老需求，日本养老服务企业需要在供给端提前进行布局，养老设施数量在2000年前后快速上升。1995年以来，德国老年人抚养比的增速急剧提升，一方面反映养老产业的增量空间十分广阔，未来对于医疗护理、家庭护理和社区养老等服务的需求将实现扩张，而这些养老需求将很大程度上需要依靠养老产业的发展来满足；另一方面也凸显当时德国发展养老产业的紧迫性与重要性，尤其是政府与社会资本需要引导并承担一部分养老负担，而不能单纯依靠居民个体。案例国家的代际差异事实证据见表10-5。

表10-5 案例国家代际差异推动养老产业发展“拐点”证据

国家	依据来源	典型依据援引
日本	权威媒体、产业报告	第二次世界大战后，军人解甲归乡、经济重建带来良好预期等因素叠加，日本在1947—1949年新出生人口达到700万，为日本历史上最高峰。而在20世纪末与21世纪初，这些“婴儿潮”出生人口即将步入退休行列，是日后养老产业消费需求的主要来源，促进政策与产业供给的提前布局
德国	权威媒体、学术文献	2004年，德国政府在养老金计算公式中加入“可持续发展因子”，使得养老金发展水平与抚养比变化联系起来，即人口结构的变化能够反映到养老金支付率中，促进代际公平

（二）单案例研究

单案例研究既要整体把握案例发展脉络，又要重点分析标志性事件前后特征。因此，本章选择以1994年为分界点①，将日本养老产业发展过程分为两个阶段。

1. 第一阶段（1947—1993年）

第二次世界大战后至1993年，日本养老产业从无到有到逐渐形成体系，主要涉及人口、经济与制度三个方面因素，为日后日本养老产业的爆发奠

① 1994年，日本全国65岁及以上人口占比达到14.44%，正式进入深度老龄社会。同年，日本厚生劳动省成立老年人护理对策本部，开始研究制定护理保险制度。

定了基础。日本 1994 年以前养老产业发展主要因素与特征见表 10-6。

表 10-6　日本 1994 年以前养老产业发展主要因素与特征

因素	特征	具体表现
人口	老龄人口不断增加且增速加快	(1) 1970 年，日本 65 岁及以上人口占比达到 7.09%，正式进入老龄化社会； (2) 仅用 24 年，日本老龄化水平便超过 14%，进入深度老龄社会
	出生人口先升后降	(1) 出现两次“婴儿潮”：一是 1947—1949 年的“团块世代”，新出生人口 700 万，达到历史最高峰，二是 1973 年新出生人口 210 万； (2) 20 世纪 70 年代后，人口自然增长率开始下滑； (3) 家庭结构发生转变，三口之家数量增加
经济	经济发展由盛转衰	(1) 二战后，在社会改革与美国帮扶下，日本 GDP 同比增速长期保持在 10%以上； (2) 国民收入不断增加。1960 年人均 GDP475.32 美元，1994 年达到 39933.51 美元； (3) 20 世纪 80 年代末经济泡沫破裂，日本进入“失去的二十年”
制度	涉及领域不断增加	相继出台《生活保护法》《国民健康保险法》《国民年金法》等，从社会保障、保险、养老金等多个角度探索老年人福利机制
	覆盖范围持续扩大	1963 年《老年人福利法》颁布，养老成为社会性问题，社会化养老开始发展
	养老服务受到重视	20 世纪 70—80 年代，日本政府提出养老付费服务概念，鼓励社会团体参与养老事业，支持养老机构设立与运行
	家庭养老成为主流	1983 年《老年人保健法》出台，奠定以居家养老看护为主的政策基调

第一阶段中，一方面，老龄人口增多产生大量养老需求，而“团块世代”将是 21 世纪初养老需求的主要增量来源；另一方面，经济快速增长带来居民财富收入增加，为养老产业提供支付保障，而经济泡沫破裂后社会矛盾加剧，养老作为重要社会问题得到更多关注。人口与经济已然为养老产业爆发创造必要条件。然而，制度安排却始终无法实现养老供给与需求的有效匹配，市场亟需一部新法以彻底激活。

2. 第二阶段（1994 年至今）

1994 年，介护险制度受到日本政府重视，相关研究与制度设计正式启动，日本养老产业发展进入新阶段。1997年末,《介护保险法》正式颁布，并于2000年4月正式实施。针对介护险实施原因，国内外学者已有较为全面且深入的分析。本章重点关注介护险从出现到落地整个过程中的具体指标变化，包括老龄化程度、医疗卫生水平与养老设施建设3个维度，详见表10-7。

表10-7　日本介护险实施前后相关指标变化

维度	指标	1994年	1997年	1999年	2000年	2005年	2010年
老龄化程度	65岁及以上人口占比（%）	14.44	16.08	17.22	17.80	20.60	23.60
	老龄人口中非活力老人占比（%）①	27.57	28.36	29.49	30.26	33.89	35.84
	老年人口抚养比（%）	20.74	23.35	25.26	26.25	31.34	37.34
	预期寿命（年）	79.70	80.42	80.46	81.08	81.96	82.84
医疗卫生水平	医疗卫生支出占GDP比重（%）	—	6.73	7.34	7.03	7.66	9.06
	人均医疗卫生支出（美元）	—	2361.92	2603.80	2756.24	2895.21	4074.34
	老人保健福利占国民医疗费比重（%）	30.40	33.50	35.90	34.00	32.10	31.20
养老设施建设	养老床位数量（张）	10735	56522	183558	263946	383911	348064
	设有长期护理床位的普通诊所数量（个）	0	0	1795	2508	2544	1485
	养老病床利用率（%）	—	91.0	91.0	91.9	93.4	91.7
	护理人员人口占比（%）	0.77	0.85	0.90	0.92	1.02	1.15

（1）老龄化程度。日本老龄化水平始终处于稳步上升状态，其中非活力老人占比快速增加，养老服务潜在需求逐步兑现。老年抚养比增速显著高于老龄化水平，反映出劳动力新增人口与老龄新增人口间的差距逐渐扩大，产生更大的家庭养老压力。

（2）医疗卫生水平。一方面，日本医疗卫生支出占国民经济比重不断增加，而加大医疗卫生投入将刺激老年人养老服务需求，对养老产业发展

① 活力老人一般指60~75岁老年人，而75岁以上人口出于健康状况等因素，具有更多养老服务需求。

具有协同效应；另一方面，国民卫生或医疗费用中老年人生活部分显著上升，政府更加重视老龄人口医疗保障体系建设。

（3）养老设施建设。日本政府加快养老产业供给侧布局，增加养老床位与护理人员数量，特别是对普通诊所养老功能的开发与利用，大大提高了养老便捷性与服务设施覆盖率，加之对养老病床的高效利用，为后续探索医养结合的社区养老模式打下坚实基础。

总体而言，人口、经济与制度是日本养老产业发展的先决条件，医疗卫生与养老服务资源的合理布局，是介护险能够顺利实施的重要前提。其中，普通诊所开始设立养老床位，迈出探索社区医养结合模式的第一步，对中国发展医养结合具有较强借鉴意义。

（三）实证研究

基于上述分析，本章选取中国相关指标进行趋势预测，并与单案例研究中日本2000年的指标情况进行比较，以判断中国养老产业"拐点"出现的可能时间点，同时结合多案例研究结论验证该时间点的合理性。预测指标选取的规则有：第一，与养老产业发展直接相关；第二，具有相同或相似的统计方法与统计口径，可比性较强；第三，具有相对明显的趋势。因此，本章从上述分析的三个维度分别挑选老龄化水平（65岁及以上人口占比）、老年抚养比、非活力老人占比（75岁以上人口占老龄人口比例）、预期寿命、医疗卫生支出占GDP比重、人均医疗卫生支出、每10万65岁及以上人口养老服务床位数①、护士数量占人口比重、养老金占GDP比重共九个指标进行预测，详见表10-8。

① 中、日两国人口基数差异大，因而直接比较养老床位数量不具有参考价值。因此，本章利用"每10万65岁及以上人口养老床位数"作为预测指标，计算公式=养老床位数量/（65岁及以上人口数量×100000）。其中，中国养老服务床位数量采用民政部公布的养老服务床位数而非国家统计局公布的养老机构床位数，这是因为2013年前二者数据完全相同，而2013年后国家统计局将养老机构床位作为养老服务床位的一部分单独进行数据公布，因而该指标出现骤降。相较而言，养老服务床位数的数据更为连贯，便于预测。

表 10-8　中国指标描述性统计

指标	选取区间	样本数	均值	方差	最小值	最大值
老龄化水平（%）	1990—2022 年	33	8.70	6.45	5.60	14.90
老年抚养比（%）	1990—2022 年	33	11.97	10.53	8.05	19.88
非活力老人占比（%）	2003—2021 年	19	23.93	1.07	21.66	26.40
预期寿命（年）	1960—2021 年	62	66.57	9.61	33.28	78.21
医疗卫生支出占 GDP 比重（%）	1995—2020 年	26	4.45	0.51	3.53	5.59
人均医疗卫生支出（美元）	1995—2020 年	26	201.30	183.50	21.14	583.40
每 10 万 65 岁及以上人口养老服务床位数（张）	1990—2022 年	33	2449.74	1378.95	1128.60	4855.36
护士数量占比（%）	1995—2021 年	27	0.17	0.09	0.09	0.36
养老金占 GDP 比重（%）	2007—2021 年	15	6.44	1.88	3.48	9.36

表 10-8 汇报了九个指标的描述性统计结果。可以看到，各个指标的样本量普遍偏小，且不同指标间的样本数量差异较大，难以运用系统的模型进行复杂的学习和预测。因此，本章根据各个指标的含义与实际情况，采取不同的预测方式，旨在为养老产业发展提供可参考的趋势判断，并对潜在的不足提出相应的政策建议。

其中，由于老龄化水平、老年抚养比、预期寿命、人均医疗卫生支出、护士数量占比五个指标的变动趋势明显、波动较小且原始数据较多，因此可用指数平滑法对其进行预测。养老金占 GDP 比重指标趋势显著但数据量小，可采用灰色预测 GM（1，1）模型。该模型是将原始数据进行累加，得到规律性较强的曲线，进而运用指数曲线进行拟合。假设原始数据序列为 $x^{(0)}(1)$，$x^{(0)}(2)$，…，$x^{(0)}(n)$，对其进行一次累加后得到序列 $x^{(1)}(1)$，$x^{(1)}(2)$，…，$x^{(1)}(n)$，其中 $x^{(1)}(k)=\sum_{i=1}^{k}x^{(0)}(i)$，$k=1$，2，…，$n$，建立微分方程：

$$\frac{\mathrm{d}x^{(1)}}{\mathrm{d}t}+ax^{(1)}=b \tag{10-1}$$

式中，a，b 均为常数，可通过最小二乘法拟合，并对微分方程（10-1）求解，得到：

$$\hat{x}^{(1)}(k+1)=\left(x^{(0)}(1)-\frac{b}{a}\right)e^{-ak}+\frac{b}{a},\ k=1,\ 2,\ \cdots,\ n \quad (10-2)$$

式（10-2）便是数列的一次累加预测公式，通过相邻项作差便可求得原始数列的预测值。对模型预测效果的检验可采用均方差比值与小误差概率。均方差比值 $C=\frac{S_2}{S_1}$，小误差概率 $p=P(|\varepsilon(k)-\bar{\varepsilon}|<0.6745S_1)$，如果满足 $|\varepsilon(k)-\bar{\varepsilon}|<0.6745S_1$ 的 $\varepsilon(k)$ 的个数是 r，则 $p=\frac{r}{n}$。检验模型时，C 越小越好，p 越大越好。当 $C<0.35$，$p>0.95$ 时，模型预测精度为一级（好），当 $0.35<C<0.50$，$0.80<p<0.95$ 时，模型预测精度为二级（合格），若不满足以上要求则需要对其进行残差序列修正。经计算，养老金占 GDP 比重指标建模后模型 C 值为 0.17，p 值为 1.00，精度等级为一级（好）。

其余 3 个指标，由于样本量小且趋势有起伏，一般方法难以取得令人信服的结果。本章将各个指标进行拆解，对各部分按照一定的假设或方法进行预测，得到相对合理的预测结果。具体预测方法见表 10-9。

表 10-9　中国指标预测方法

指标	预测方法
老龄化水平	指数平滑法
老年抚养比	指数平滑法
非活力老人占比	该指标变化趋势难以确定。一方面，随着预期寿命的提高，高龄老人数量逐渐增多；另一方面，20 世纪 60 年代出生的大量人口将逐渐成为低龄老人，二者对该指标的影响相反。本章按照该指标过往变动的年均增长率（+0.26 个百分点）对未来变动进行简单估计
预期寿命	指数平滑法
医疗卫生支出占 GDP 比重	按照计算公式对各部分分别进行预测。其中医疗卫生支出的增长趋势稳定，可采用指数平滑法进行预测；指标的波动主要源自 GDP 增速的变化，而当前学界与市场普遍预计未来十年我国 GDP 增速中枢将在 5%以上，本章按照 5%的年增速对 GDP 进行保守估计
人均医疗卫生支出	指数平滑法

续表

指标	预测方法
每10万65岁及以上人口养老服务床位数	按照计算公式对各部分分别进行预测。其中养老服务床位数量参考“十四五”期间全国养老服务床位数量规划的年均复合增长率①进行估计；65岁及以上人口数量采用指数平滑法
护士数量占比	指数平滑法
养老金占GDP比重	GM（1，1）模型

9个指标的预测结果如图10-2所示。

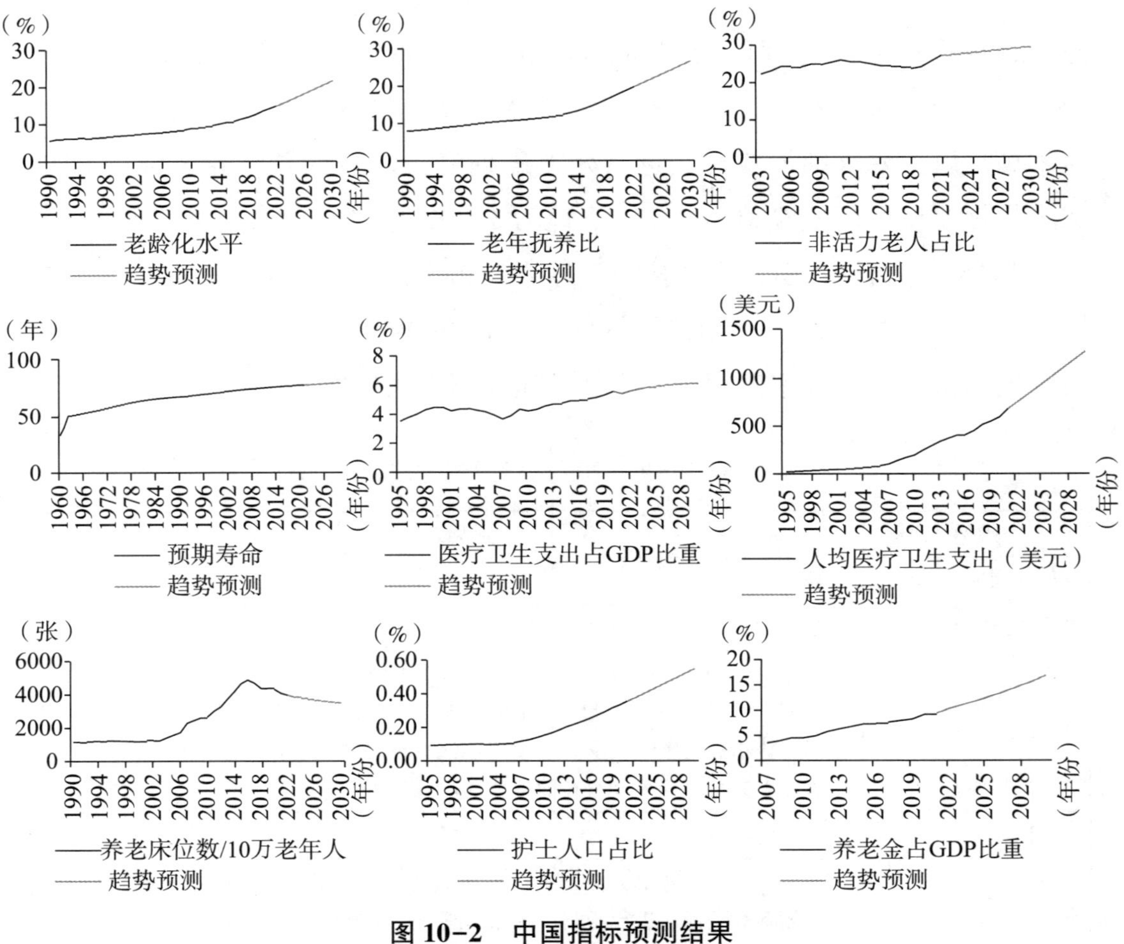

图10-2　中国指标预测结果

① 国务院印发的《“十四五”国家老龄事业发展和养老服务体系规划》中提到2025年我国养老服务床位数量达到900万张的硬要求，2022年末该指标为829.4万张，年均复合增长率为2.76%。

图 10-2 共有九张小图，分别汇报了九个中国指标的预测结果。表 10-10 展示了中国指标预测结果与日本 2000 年相关指标的对比情况。可以看到，除标灰的三个指标外，2026 年后，我国人口老龄化水平将超过 2000 年的日本，而至 2030 年，其余五个指标将与日本 2000 年的情况最为相近，即我国养老产业发展的需求与迫切性、医疗卫生基础设施的支持程度与养老金提供的支付能力都将满足日本养老产业“拐点”出现的条件。因此，本章初步认为 2026—2030 年将是我国养老产业“拐点”出现的可能窗口期。

表 10-10　中国与日本相关指标对比

指标	中国（2021）	中国（2026E）	中国（2030E）	日本（2000）
老龄化水平（%）	14.20	18.26	21.75	17.80
老年抚养比（%）	19.01	23.33	26.79	26.25
非活力老人占比（%）	26.40	27.72	28.77	30.26
预期寿命（年）	78.21	79.24	80.05	81.08
医疗卫生支出占 GDP 比重（%）	5.43	6.02	6.12	7.03
人均医疗卫生支出（美元）	670.5	994.12	1253.07	2756.24
每 10 万 65 岁及以上人口养老服务床位数（张）	4068.11	3638.35	3470.36	1197.50
护士数量占比（%）	0.36	0.46	0.55	0.92
养老金占 GDP 比重（%）	9.36	13.10	16.75	13.27

数据来源：中国养老服务床位数据来源于国家民政部官网，日本养老设施相关数据来源于日本厚生劳动省官网，其他数据来源于 Wind.

然而，需要关注的是，我国人均医疗卫生支出与护士数量占人口比重短期内难以达到日本当时水平，这说明医疗卫生设施的普及性不足与人均支付能力较低仍是阻碍我国养老产业发展的绊脚石，而大力培养专业的护工人员将是促进产业供给端转型与发展的重要一步。

同时，虽然我国老龄人口人均拥有的养老服务床位数量已远远超过日本，然而，根据乔晓春①测算结果，2020 年我国养老机构床位利用率仅为

① 乔晓春. 全国有多少人和哪些人住在养老机构？[J]. 社会政策研究，2022，(4)：40-57.

39.3%，远低于日本2000年的91.9%，且两国对养老床位的认定与统计方法可能也存在差异。此外，可以看到未来这一指标将会逐渐下降，说明仅按照《“十四五”国家老龄事业发展和养老服务体系规划》中规定的硬要求，我国养老服务床位数量将逐渐无法匹配快速增长的老龄人口。因此，政府应制定更高标准的养老床位数量增长要求，着力提高养老床位的利用率与服务能力，充分利用我国养老产业现有资源，快速激发养老市场的增长潜能。

此外，本章利用多案例研究结论对该时间出现的逻辑合理性进行如下验证。

养老金方面，我国已于2022年11月正式实施个人养老金制度，确立三支柱的养老金体系。2022年末，我国个人养老金规模仅为142亿元，而根据刘方涛等①测算，2025年、2030年我国养老金第三支柱潜在规模分别为6.9万亿元、9.9万亿元，养老金增长潜力巨大。而本章对养老金占GDP比重的预测也印证了这一点，预计老龄人口的支付能力将在未来几年内快速上升。

长护险方面，我国长护险已试点实行7年，覆盖49个城市，取得丰硕成果。截至2022年底，长护险总参保人数达1.69亿，累计195万人享受待遇，累计支出基金624亿元，年人均支出1.4万元。党的二十大报告明确提出“建立长期护理保险制度”，长护险全面落地指日可待。

医养结合方面，我国政府于2013年首次提出将医养结合作为养老服务业发展的路径之一；“十四五”规划将“9073”养老居住格局作为当前阶段养老服务体系建设的重要目标。2022年，国家卫健委等11个部门联合发布《关于进一步推进医养结合发展的指导意见》，大力发展居家、社区、机构医养结合服务。政策推动下，我国医养结合发展将提速。

代际转换方面，1962—1972年，我国出现新中国成立以来最大规模

① 刘方涛，郭小楠，张蕊，等. 基于需求角度的个人养老金潜在规模测算 [J]. 保险研究，2022，(1)：64-78.

“婴儿潮”，出生人口共3亿。其中仅1963年便有3000万新生儿。这批人口已于2022年开始陆续退休，2027年将超过65岁，或将出现集中性养老需求爆发，市场潜力空前。而在代际转换出现前一年全面实施长护险，无疑将成为养老产业发展的一颗“定心丸”。

五、研究结论及政策建议

本章聚焦于养老产业发展“拐点”问题展开研究，首先基于法、德、日、美4个国家的多案例研究，系统梳理四国养老产业的发展历程，并基于产业共性规律归纳提炼影响养老产业发展“拐点”的重要因素；其次，本章进一步对日本进行单案例分析，并通过将中、日两国养老产业部分指标进行比较，测算了中国养老产业发展“拐点”出现的可能窗口期，得到结论：养老产业发展“拐点”的出现具有四个共性特征，分别是三支柱养老金体系改革、长护险制度全面实施、多元化服务助推医养结合、代际转换背后的产业增量机会，而中国养老产业发展“拐点”可能出现的窗口期将在2026—2030年。

本章的研究结论为人口老龄化背景下积极构建中国特色养老服务体系、完善多元化养老产业服务市场提供了如下政策启示。

第一，以居家、社区、机构养老协调发展为方向，以供给侧结构性改革为主线，大力发展社区养老下的医养结合新模式，以解决城市养老难题为重点，坚持有为政府和有效市场。我国现阶段“9073”的养老模式下，医养联动性较低，其直接体现为养老设施利用率很低，且经常用作医疗等其他用途。借鉴法国、德国和日本经验，他们均把医养结合置于养老产业发展进程中更加重要的位置，其中，法国以医养结合的养老服务体系带动了社区养老模式的兴起；德国将居家养老和具有专业化护理人才的养老机构紧密结合，建立了多个养老院和护理中心；日本在实施介护险前，非常重视普通诊所的养老功能，设有长期护理床位的普通诊所大量出现。结合中国国情，社区化的医养结合养老模式兼顾便捷性、集中性、专业性与费用可控性等优势，无论是在医疗急救、健康管理还是康复医疗，依托社区开展医养结合都更具有统筹能力，能够更好衔接居家养老和社区养老的协同发展。为此，政府应主导搭建集床位预约、诊疗服务、护理服务等功能为一体的社区化医养结合公共信息管理服务平台，整合家庭、社区和机构养老床位资源，实现信息共享与资源按需转化，着力提高养老床位利用率，助力医养结合发展；同时，鼓励城乡普通诊所参与养老服务，探索其养老属性，提高养老便捷性、降低养老高成本、促进养老多元化。

第二，把握代际转换前的窗口期，尽早布局养老产业供给。随着大量人口在同一时间退休，养老金支付压力骤增，而刚退休的活力老人养老需求较低。这意味着可能会有 5~10 年的时间，支付的养老金无法回流至养老产业供给端，从而降低社会资本进入养老产业的积极性。当这批低龄老人逐步进入失能或半失能状态后，将产生集中性的养老服务需求，届时供给端或将有较大缺口。目前我国最大规模的“婴儿潮”人口已于 2022 年开始退休，政府应加快养老产业供给端布局，兜底基本养老服务，提高社会资本参与度，拓宽养老产业的融资渠道，降低相关企业融资约束，探索集“公益性”和“收益性”为一体的养老产业发展模式。

第三，建立并完善可持续、多层次的养老金体系，引导个人储蓄养老。当前，我国与海外国家在养老金第二、第三支柱发展上仍有差距，尤其是第三支柱个人养老金的发展亟待加强。借鉴德国、美国经验，虽然二者养老金体系在主导力量与结构比例中存在一定差异，但其第三支柱个人养老金的规模不断攀升，并在整体养老金体系中占据重要地位。我国个人养老金制度起步较晚，亟须政策支持鼓励个人储蓄养老。各地区政府应以提高个人养老储蓄意愿为政策目标，加大税收优惠力度，实现第二、第三支柱个人养老金账户相互转移，探索特殊情况下养老金提前支取方案，同时加强第三支柱与资本市场的有效联动。此外，随着人口预期寿命的上升，现行退休年龄已无法与养老金支付需求相匹配，应试点提高退休年龄、延长参保年限、调整养老金发放标准等措施，以增强养老金体系的可持续性。

第四，加快推动长护险制度全面落地，加强专业化人才队伍建设。目前长护险试点工作虽取得显著成效，但仍暴露出筹资机制不健全、覆盖人员不明确、护理服务品种单一等问题。借鉴日本经验，首先，应开展分层次的介护服务需求评估机制，制定详细的服务标准与费用分担规则，为不同老龄人群提供个性化养老服务；其次，要扩大长护险覆盖面，制定差异化缴费标准，提高居民参保积极性；最后，当前我国护理人员数量较少，专业型养老护理人才更是难以评定，要加强专业化护理人才队伍建设，从立法、政策和财政等方面推动养老产业服务人才全面发展，有效缓解社会养老压力。

（李妮娜　龚书豪　李成林）

第十一章　我国长期护理保险筹资政策有效性研究——基于49个试点城市的实证分析

随着人口老龄化的加深与家庭结构的变迁，失能、失智老年人群的照护需求增加，而长护险是解决我国老年人照护难题的关键。在建立长护险体系过程中，资金筹措是迫切需要解决的核心问题。本章以长护险49个试点城市政府公开发布的57份政策文本为研究对象，利用文本挖掘手段分析政策内容，并参考PMC模型相关研究的评价指标，构建了长护险筹资政策的量化评价指标体系，分别从人口老龄化程度与空间视角对各试点城市政策文本进行量化评价与对比研究。为更全面地了解长护险筹资政策的演进过程，选择了典型试点城市更新前后的政策文本进行实证研究。研究表明，长护险筹资政策的整体评级合格，但存在一定程度的政策供需错配问题，一是政策有效性与人口老龄化水平之间存在错配；二是在“参保范围”和“支付范围”等方面存在较大的改进空间。从空间区域的角度看，我国长护险试点政策的有效性与一致性呈现出“北高南低”的特征。从政策延续性方面则发现同一试点城市更新前后的长护险政策在筹资方面改善不大。本章通过对长护险筹资政策的细致研究，为我国建设更为完善和适应性强的长护险体系提供了有益的政策建议。深入了解政策的强项和薄弱点，有助于更有针对性地改善政策，以应对不断变化的老龄化社会的挑战。

一、引言

随着我国人口老龄化的加深与家庭结构的变迁，失能失智老年人群的照护需求增加。对比第六次、第七次人口普查数据，2010—2020年，随着经济社会的进步，我国老年人口失能率从2.95%下降至2.34%，但对应的失能老人规模从523万人增加至618万人，这一数据既表明我国老年人生活自理能力有所提升，但同时也折射出老年人长期护理需求的快速增长。在此背景下，被称为“社保第六险”的长护险有望发挥重要作用，而资金筹集正是维持长护险制度得以长期、健康、平稳运行的重要前提。在我国，长护险是一项新型社会保险制度。从制度实践来看，在学习国外普适性的经验之外，我国给予试点城市一定的政策自主性，各地可根据当地经济发展水平、基金承受能力、护理需求范围及成本等因素，建立与当地经济社会发展和保障水平相适应的长护险筹资政策。与此同时，试点中的诸多局限也阻碍了筹资制度的统一性，如资金来源渠道尚待拓宽、筹资主体责任定位不明、参保范围局限等，至今尚未形成统一的筹资机制。

从现有研究来看，有关长护险筹资机制的研究主要从定性和定量两个角度出发，一是比较各试点城市筹资方案，归纳长护险的筹资机制特点，分析其局限并提出政策建议，这样横向的对比总结存在描述为主、分析层次较浅的问题（吴海波等，2018；杜天天、王宗凡，2022；王啸宇、张欢，2021）。二是通过精算模型或某项具体技术从微观视角对长护险筹资机制进行定量研究，计算筹资费率、筹资负担、筹资效率等（马广博等，2022；张良文等，2022；谭英平、牛津，2022），研究问题十分聚焦。但是长护险的筹资机制涉及范围广、主体多，鲜有文献结合政策文本挖掘、设计多维度评价体系对长护险筹资政策的有效性与一致性做出评价。

本章以我国49个长护险试点城市政府公开发布的58份政策文本为研究对象，利用文本挖掘手段分析政策内容，并参考PMC模型相关研究的评价指标，构建了长护险筹资政策的量化评价指标体系，并按照人口老龄化程度和区域分布对政策样本进行对比分析。研究发现，整体上我国长护险筹资政策的评级为合格，筹资与支付机制的设计具有较好的有效性和一致性。并且，各试点城市长护险筹资政策的评价结果差异明显，评级为不良的政策样本占比超半数，反映出我国长护险筹资政策存在“碎片化”现象，具有较大的改进空间。本章还发现：PMC指数高低与城市人口老龄化水平并无明显的相关关系，这在一定程度上也体现出筹资政策存在供需错配的问题；同时从空间区域特征看，我国长护险试点政策的有效性呈现出较为明显的“北高南低”特征，这与第七次人口普查中老年人口失能率的区域分布特征基本吻合；进一步地，本章对同一试点城市更新前后的两份政策文件进行比较，发现筹资机制整体改善不大，但是部分试点城市已在参保范围和支付范围方面提升了制度设计。

因此，本章研究贡献主要体现在以下4个方面：第一，本章基于我国49个长护险试点城市中涉及筹资的政策文本，构建政策建模一致性指数模型（Policy Modeling Consistency，PMC）来进行量化评价，结合定性与定量分析优势，力求对现有长护险筹资框架做出有效评价。第二，当前学者们对长护险筹资机制的探索多涉及参保对象、筹资渠道、筹资标准、待遇支付4个方面。在此基础上，本章利用文本挖掘、词频统计等技术，结合内容分析法将筹资机制分解为参保范围、筹资渠道、筹资方式、基金管理、业务管理、支付条件、支付范围、支付标准和支付方式9个维度，并基于此构建了长护险筹资政策评价体系。第三，本章从城市人口老龄化和空间区域特征两个维度，通过PMC模型与评价体系对各个样本的长护险筹资现状进行分析，拓展了长护险试点政策有效性的研究边界。第四，我国长护险自2016年试点以来，已有多个试点城市更新、优化了相关政策，因此本章对同一试点城市已失效和现行有效的长护险筹资政策进行对比，分析其改进方向并提出存在的不足，以期为长护险筹资政策制度的完善提供一定的参考。

二、文献综述

（一）长护险筹资政策评价研究

随着长护险政策的不断出台和完善，越来越多的研究关注长护险政策评价。其中，围绕长护险筹资政策的评价研究，大致形成了以下几种思路与方法。

一是对长护险筹资机制进行研究，主要目的是将各试点地区相关机制进行对比，挖掘可供参考学习的优势与特色，同时明晰不足，为后期统一和完善长护险筹资机制提供实践指导。现有文献多数是运用文献调研和文本分析的方法，以具体的政策文本内容为基础，从参保对象、筹资渠道、筹资标准等方面对试点城市的长护险筹资机制进行分析。比如，李月娥和明庭兴（2020）对第一批开展长护险试点城市（共15个）的筹资政策进行分析，发现试点城市均存在着不同程度的参保人群覆盖面偏窄、过度依赖医保基金、筹资水平地区差异大、财务可持续性差等问题。戴卫东等（2022）通过对2016年和2020年两批长护险试点地区政策全面深入地比较分析，研究发现29个试点城市政策的保障对象、筹资支付、服务供给以及监督管理四大体系都呈现出各自的特征和问题。这样的横向总结优点是可以详细阐述长护险筹资政策设计机理和运作形式，以期为现有政策的完善以及未来新政策的制定提供参考。但是此类政策内容评价研究仅为浅层次的定性描述分析，关注的核心点在于长护险筹资政策内容、政策主体以及其他一些外部因素，而不是政策文本本身。

二是通过内容分析法对长护险筹资政策文本进行量化研究，主要目的是对长护险筹资政策属性特征进行评价。比如，袁妙彧和王宁（2023）以长护险政策的文本内容为分析对象，对15个试点城市长护险政策文本进行编码，对政策内容进行解构与提炼，以期对长护险筹资及保障制度进行评价。总体观之，目前长护险筹资政策文本的分析框架，较多地采用政策工具视角下的二维分析框架进行研究，缺乏将政策过程、政策主体与政策工具结合，进行深度、多维的内容分析。

三是通过某一项具体评价技术对长护险筹资政策进行评价，具体做法为将政策量化为数字结果进行直观评价。如刘文等（2020）综合运用DEA及耦合协调度模型定量评估长护险筹资效率及协调性，以期对长护险筹资政策程序和内容做出评价。这样的量化评价主要通过搜集统计数据、设计指标体系来衡量政策实施效果，一方面关注焦点在于政策实现程度，为事后评价；另一方面存在评价指标体系主观性强、精度低的缺陷，容易导致政策评价结果的片面化。

（二）基于PMC指数模型的政策评价研究

PMC指数模型是在Omnia Mobilis假设基础上，由Ruiz（2011）提出并建立的一套针对单个政策的量化评估模型。该假说认为世界上的一切事物都是运动的，并且是相互联系的，任何一个相关变量都是重要的，所以在设定评价模型变量时，应该综合考虑。PMC指数模型的特点是将各个指标进行量化处理，因此在计算时需要通过公式计算。对于PMC指数模型的使用，不同的学者有不同的理解。对于PMC指数模型在政策评估中的应用，有学者认为其可以用于政策效应的预测，并且可以在政策制定和实施过程中进行预警；也有学者认为PMC指数模型是一种定性与定量相结合的方法，即通过量化研究来评估政策执行结果对政策目标的影响。

对于PMC指数模型在中国的应用，有学者认为其可以用于对单一政策进行效果评估；也有学者认为其可以对政策实施过程中产生的问题进行预警。从评价结果来看，PMC指数模型在中国的应用主要是定性评价，并且在政策效果评估中也多采用PMC指数模型。目前国内应用PMC指数模型进行的政策评价研究涉及多个领域：卜令通和张嘉伟（2023）基于PMC指数模型对数字经济政策进行了量化评价，着重基于现有的实际问题辨析现行政策的优势与不足，为相关政策的改进和新政策的制定提供决策依据，同时验证了该模型对政策评价的有效性与灵活性。赵庆年和宋潇（2023）从需求—供给视角入手，应用PMC指数模型对大学科研人员学术创业政策进行量化研究，厘清现行学术创业政策的供需匹配情况。此外还有翟运开等（2022）将PMC指数模型应用到远程医疗政策文本评价中，对我国制定、实施及优化远程医疗政策提供了理论支撑和决策依据。

因PMC指数模型在政策评价领域的广泛应用，也有许多学者将其用于评价养老相关政策。比如，张丽和姚俊（2020）以国内4项重要养老服务政策为研究对象，应用PMC指数模型进行评价，结果显示虽然我国养老服务政策合理性还有待提升，但回应性较强。无独有偶，方永恒和刘佳敏（2020）基于PMC指数模型分析我国养老服务政策的核心要点，提取政策文本特点，为完善养老服务政策框架给出参考意见。

在养老服务问题日益严峻的当下，长护险政策为其提供了有益有效的解决方案。肖馨怡等（2023）基于PMC指数对长护险政策进行评估，研究发现长护险政策整体上具有较好的完整性与合理性。长护险涉及政府各个部门、民众和社会第三方团体等多个参与主体，在制定和实施长护险政策时需要考虑到方方面面的利益平衡。筹资机制作为长护险实施的基础，需要构建一个全面考虑各方面指标的定量模型，针对长护险筹资政策进行实证性研究，对文本内容进行深入挖掘与分析，做出详细评价，以期为今后的政策调整、优化和制定提供一定的参考，使开展失能、失智老人的医疗照护工作有章可循，为提高我国居民健康水平提供重要参考依据。

三、基于PMC指数模型的长护险筹资政策评价设计

（一）数据来源

长护险是妥善解决我国失能老人护理问题、积极应对人口老龄化的重要制度安排。为保证政策文本数据收集的完整性和研究的一致性，本章搜索浏览了我国各级政府部门网站，共收集到全国49个试点城市出台的长护险相关政策文本。自2016年试点以来，各试点城市因地制宜地发布试点方案，但因政策时效多为2~5年，部分试点城市已对长护险试点方案进行了更新和优化，加之2020年试点地区的进一步扩大，最后本章总共确认57篇长护险政策作为模型设计的政策文本，表11-1为本次长护险筹资政策评价研究的部分政策。需要说明的是，由于吉林省通化市和梅河口市没有以地

级市政府机构发布政策，本章使用吉林省发布的《吉林省深入推进长期护理保险制度试点工作实施方案》予以替代。在收集一定数量相关政策文本后，应用统计分析和文本挖掘方法从中提取相关指标并设置参数，建立关于长护险筹资的 PMC 指数模型。

表 11-1　长护险筹资政策评价研究部分政策

地区	文件名	发文字号	发布时间
青岛市	《青岛市长期护理保险办法的通知》	青政发〔2021〕6 号	2021. 3. 25
重庆市	《重庆市医疗保障局　重庆市财政局关于扩大长期护理保险制度试点的实施意见》	渝医保发〔2021〕63 号	2021. 11. 22
承德市	《承德市城镇职工长期护理保险管理办法》	承医保字〔2021〕50 号	2021. 6. 30
吉林省	《吉林省深入推进长期护理保险制度试点工作实施方案》	吉医保联〔2021〕7 号	2021. 4. 13
齐齐哈尔市	《齐齐哈尔市深化长期护理保险制度试点实施方案（试行）的通知》	齐政办规〔2021〕1 号	2021. 2. 19
上海市	《上海市长期护理保险试点办法的通知》	沪府办规〔2021〕15 号	2021. 12. 20
南通市	《关于明确南通市 2023 年度城乡居民基本医疗保险筹资标准和长期照护保险基金筹集有关事项的通知》	通政办发〔2022〕106 号	2022. 11. 3
苏州市	《市政府印发关于开展长期护理保险试点第二阶段工作的实施意见的通知》	苏府〔2020〕10 号	2020. 1. 17

（二）变量选取

以上述长护险政策文本作为研究对象并导入文本库，运用 Python 的 “jieba” 分词包处理文本，经过调节参数匹配度、建立自身词库、提取高频词、剔除无意义内容等步骤后，建立长护险政策的关键词词频表并形成词云图，为后期准确识别参数变量做准备。词云图可以直观描述关键词元数据，每个词的重要性以字体大小显示。如图 11-1 所示，由于样本内容为长护险政策，因此词频统计结果显示，除“长期”“护理”“保险”词条外，“服务”“机构”“人员”“基金”等词条也具有核心重要性。因此本章依据词频统计分析结果，将核心词条纳入政策量化评价标准中。

图 11-1　长护险政策关键词词云图

变量识别和选取是后续政策量化评价的基础，PMC 指数模型需要全面考虑政策制定和实施过程中的各种变量，不能孤立或忽视某些变量发挥的作用，因此本章结合上述对长护险筹资方面政策文本的分析，建立长护险筹资政策的 PMC 指数模型评价指标体系，主要包含 9 个一级变量和 37 个二级变量。其中，一级变量为：参保范围（X1）；筹资渠道（X2）；筹资方式（X3）；基金管理（X4）；业务管理（X5）；支付条件（X6）；支付范围（X7）；支付标准（X8）；支付方式（X9）。通过对收集到的政策文本进行文献内容分析，根据各项主变量指标的含义，在一级变量下分别设置若干个二级子变量，完整的长护险筹资政策评价指标体系见表 11-2。

表 11–2　长护险筹资政策评价指标体系

主变量	子变量
X1：参保范围	X1：1 城镇职工、X1：2 城乡居民、X1：3 退休人员、X1：4 灵活就业人员
X2：筹资渠道	X2：1 个人缴费、X2：2 单位缴费、X2：3 医保划拨、X2：4 财政补贴、X2：5 福彩公益补贴、X2：6 社会捐赠、X2：7 启动资金
X3：筹资方式	X3：1 定额筹资、X3：2 比例筹资
X4：基金管理	X4：1 设立基金专户、X4：2 市级/州级统筹、X4：3 风险监管
X5：业务管理	X5：1 服务机构管理、X5：2 从业人员管理、X5：3 信息管理、X5：4 第三方监管、X5：5 定点管理、X5：6 协议管理
X6：支付条件	X6：1 经失能评估、X6：2 连续参保 2 年（含）以上、X6：3 不与其他保险待遇交叉
X7：支付范围	X7：1 医疗护理服务费、X7：2 床位费、X7：3 耗材费、X7：4 设备使用费、X7：5 照料服务费、X7：6 委托经办管理费、X7：7 失能评估费、X7：8 产品（辅具）租赁费
X8：支付标准	X8：1 定额支付、X8：2 按比例支付
X9：支付方式	X9：1 护理保险基金、X9：2 委托经办机构

参保范围（X1）用于判断长护险覆盖的参保人员基本情况，政策文本中包括城镇职工、城乡居民、退休人员和灵活就业人员的二级子变量赋值为 1，否则为 0。本章意在研究长护险筹资政策的相关性质，因此主要探究筹集资金的流向和管理方式。由于各试点城市存在经济、人口情况的差异，不同长护险筹资涉及不同主体，因此设置筹资渠道（X2）和筹资方式（X3）指标，用于考查长护险筹资政策的资金来源。筹资渠道的多样化有助于提升长护险基金的可持续性，因此本章将参保个人缴费、单位缴费、地方财政补贴、社会捐赠、医疗保险划拨、政府划拨启动资金和福彩公益补贴等纳入评价体系，将政策文本中提到的筹资来源赋值为 1，否则为 0。已有学者对试点城市的长护险筹资方式进行划分，即定额筹资、按比例筹资和二者结合的方式。因此本章将定额筹资、比例筹资两个指标纳入评价体系中，若筹资方式为两者结合，则两指标均赋值为 1。基金管理（X4）和

业务管理（X5）则属于描述该政策对筹集资金如何进行管理的指标，是重要的保障措施。长护险基金管理应参照现行社保基金财务管理制度进行，单独建账、单独核算，本章按照词频统计结果，将设立基金专户、市级/州级统筹和风险监管纳入评价体系，用以判断政策的规范性。业务管理是长护险加强组织保障的重要环节，本章将责任主体划分为机构、人员、信息系统和第三方，以考量权责是否清晰。同时，将管理方式分为定点管理和协议管理两种，以评价业务管理的组织协调是否合理。长护险的支付条件（X6）、支付范围（X7）、支付标准（X8）和支付方式（X9）4个指标为与筹资密切相关的待遇给付参数。失能评估和参加保险是待遇给付的首要环节，不与其他保险待遇交叉体现了长护险的独立性与待遇给付的适当性。规定支付范围则有助于明确长护险的服务范围和支付依据，比如失能评估费用、长期护理服务费和设备使用费等，以及贯穿始终的委托经办费用。支付标准和支付方式则反映了各试点城市长护险的给付水平，考查了长护险的发展水平和实际规模。

（三）多投入产出矩阵的构建

构建PMC指数模型时需要建立多投入产出矩阵，用以实现各个子变量的量化和存储。在将所有子变量都设置好之后，PMC指数模型还必须保证所有子变量的权重相同，所以需要对每个子变量进行二进制赋值。当某项长护险筹资政策的内容与相关的子变量吻合时，就将该子变量设置为1，反之为0。根据长护险筹资政策评价指标体系，本章设定计算9个主变量的多投入产出矩阵，每个主变量包括数个子变量，且每个子变量的权重相等。本章建立的多投入产出矩阵见表11-3。

表 11-3　多投入产出表

主变量	二级子变量	主变量	二级子变量	主变量	二级子变量
X1	X1：1	X4	X4：1	X7	X7：1
	X1：2		X4：2		X7：2
	X1：3		X4：3		X7：3
	X1：4	X5	X5：1		X7：4
X2	X2：1		X5：2		X7：5
	X2：2		X5：3		X7：6
	X2：3		X5：4		X7：7
	X2：4		X5：5		X7：8
	X2：5		X5：6	X8	X8：1
	X2：6	X6	X6：1		X8：2
	X2：7		X6：2	X9	X9：1
X3	X3：1		X6：3		X9：2
	X3：2				

（四）PMC 指数模型指数计算

本章使用 PMC 指数的大小来判定长护险筹资政策制定的效果。PMC 指数的计算分为 4 个步骤：①将长护险筹资政策的主变量和二级子变量放入多投入产出矩阵中；②根据式（11-1）和式（11-2）计算各子变量的参数，即各二级子变量赋值为 0 或 1；③通过式（11-3）计算主变量的各个参数，即一级变量的数值为二级变量得分之和与此二级变量个数之比，即算术平均数，该值严格限定在［0，1］；④根据计算出的主变量，通过式（11-4）计算最终的 PMC 结果。

$$X \sim N[0,\ 1] \tag{11-1}$$

$$X = \{XR:\ [0,\ 1]\} \tag{11-2}$$

$$X_t = \sum_{j=1}^{n} \frac{X_{tj}}{n},\ t = 1,\ 2,\ 3,\ 4,\ 5,\ 6,\ 7,\ 8,\ 9,\ 10,\ \cdots,\ \infty \tag{11-3}$$

$$PMC = X_1\left(\sum_{i=1}^{4}\frac{X_{1i}}{4}\right) + X_2\left(\sum_{i=1}^{7}\frac{X_{2i}}{7}\right) + X_3\left(\sum_{i=1}^{2}\frac{X_{3i}}{2}\right) + X_4\left(\sum_{i=1}^{3}\frac{X_{4i}}{3}\right) + X_5\left(\sum_{i=1}^{6}\frac{X_{5i}}{6}\right) + X_6\left(\sum_{i=1}^{3}\frac{X_{6i}}{3}\right) + X_7\left(\sum_{i=1}^{8}\frac{X_{7i}}{8}\right) + X_8\left(\sum_{i=1}^{2}\frac{X_{8i}}{2}\right) + X_9\left(\sum_{i=1}^{2}\frac{X_{9i}}{2}\right) \quad (11-4)$$

计算出每项政策的 PMC 指数后，根据 Ruiz（2011）提出的 PMC 指数模型评价标准，可将 PMC 指数分为 4 个等级，PMC 指数越大则评分越优秀。以本章设置的评价标准来说，PMC 指数越高，说明该政策的参保范围覆盖较广、筹资渠道多样、筹资方式合理、管理措施约束或激励适当、给付水平良好等，且政策的二级指标一致性好。见表 11-4，若 PMC 指数在 0.00~4.99，则为不良政策，说明该政策的一致性较低；PMC 指数为 5.00~6.99 的政策被评为合格政策；同理，若 PMC 指数值在 7.00~8.99，则该政策为良好政策；若 PMC 指数达到 9.00~10.00，则为优秀政策。

表 11-4　政策评级划分

PMC 指数	0.00~4.99	5.00~6.99	7.00~8.99	9.00~10.00
等级	不良	合格	良好	优秀

（五）PMC 曲面绘制

为了更方便展示 PMC 指数的结果，可以对各项政策的 PMC 矩阵进行可视化处理，构建 PMC 曲面。PMC 曲面是一个由政策的 9 个主变量构成的 3×3 矩阵所建立的对称立体曲面，根据式（11-5）可以为各项政策的评价结果绘制 PMC 曲面，从而更加直观地以图表形式评判一项长护险筹资政策的优劣。在此基础上，提出 PMC 指数较低的政策优化路径，为各试点城市进一步完善长护险筹资政策提供有益参考。

$$PMC\text{ 曲面} = \begin{bmatrix} X_1 & X_2 & X_3 \\ X_4 & X_5 & X_6 \\ X_7 & X_8 & X_9 \end{bmatrix} \tag{11-5}$$

四、长护险筹资政策评价的实证分析

（一）评价对象选取

基于上述设计的 PMC 指数模型，需要进一步对长护险试点城市筹资政策进行量化评价。本章选取 49 个试点城市现行有效且具有代表性的长护险筹资政策作为评价对象，同时以第七次全国人口普查中老龄化水平对 49 个试点城市进行类别划分，得到老龄化城市 16 个（65 岁以上人口占比位于 7%～14%）、深度老龄化城市 32 个（65 岁以上人口占比位于 14%～20%）、超老龄化城市 1 个（65 岁以上人口占比超过了 21%）。

（二）筹资政策有效性评估——基于 PMC 指数模型

整体上看，结合 PMC 指数结果，我国长护险试点政策有效性为合格，PMC 指数均值为 5.02。其中，23 个城市的 PMC 指数高于均值（占比 46.94%），最高值为 7.07；26 个城市的 PMC 指数低于均值（占比 53.06%），最低值为 2.76。

1. 从老龄化视角看不同城市的政策有效性评估

从客观现实看，随着我国人口老龄化进程加快，如何解决高龄、失能、失智老人的护理难题，已成为我国经济社会发展中的突出问题；从政策导向看，探索建立长护险制度，有助于解决失能人员长期护理保障需求，是应对我国人口老龄化的重大决策部署。然而，从 PMC 模型测度结论来看，我国长护险试点政策的有效性并未与对应城市的人口老龄化水平进行有效结合，如图 11-2 所示。经测算，试点城市人口老龄化与长护险筹资政策有效性之间的相关系数仅为-0.15。

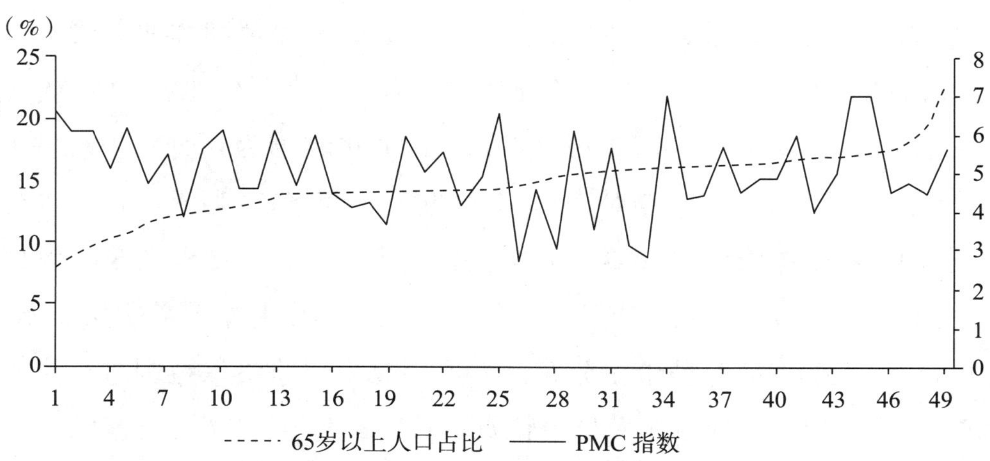

图 11-2　试点城市人口老龄化与政策有效性关系的典型事实

注：试点城市按照人口老龄化水平排序。

（1）16 个老龄化城市的政策有效性评估

根据上文设定的长护险筹资政策评价指标体系，本章建立 16 项步入老龄化社会的试点城市长护险筹资政策的多投入产出矩阵，并设定了相关多投入产出表和 PMC 指数评分表①。整体来看，16 个老龄化试点城市长护险筹资政策的 PMC 指数均值为 5. 38，总体为合格等级。

具体到各变量而言，9 个主变量 PMC 均值从高到低分别是 X4（基金管理）>X6（支付条件）>X2（筹资渠道）>X8（支付标准）>X9（支付方式）= X3（筹资方式）= X1（参保范围）>X5（业务管理）>X7（支付范围）。一方面，老龄化城市在基金管理、支付条件、筹资渠道等方面政策制定具有较强的一致性和有效性，PMC 指数远高于均值水平，其中 X4（基金管理）均值为 0. 73，说明各试点城市对筹资基金严格管理，大多做到了单独建账、市级统筹；X6（支付条件）均值为 0. 71，政策样本大多设置了经失能评估的支付条件门槛和不与其他保险待遇交叉的政策“独立性”要求；X2（筹资渠道）均值为 0. 65，说明了步入老龄化社会的各试点城市政策制定时考虑了多元化的筹资渠道，此举有助于支持长护险基金稳定运行。另一方面，

① 受篇幅所限，本章的多投入产出表和 PMC 指数评分表均未作展示，留存备索。

老龄化城市在支付标准、支付方式、筹资方式、参保范围和业务管理五个方面呈现的政策差异性逐渐扩大，导致政策有效性有所弱化，比如 X9（支付方式）、X3（筹资方式）和 X1（参保范围）的均值为 0.56，发现各个试点城市结合了城市自身特点对 X9（支付方式）和 X3（筹资方式）进行了规定，因此在长护险筹资和给付方面存在一定差异性，导致政策一致性不高；并且，所选取的试点城市长护险筹资政策样本中基本覆盖了城镇职工、退休人员等人群，部分城市得分较低的原因是尚未将参保范围进一步扩大至城乡居民，以及灵活就业人员等特殊群体。此外，X7（支付范围）均值为 0.25，为得分最低的一级变量指标，其现实逻辑在于大部分样本仅提到护理服务费用、照料服务费、失能评估费用等，尚未明确到每一项可能产生的费用，由此导致政策的落地性不足。

（2）32 个深度老龄化城市的政策有效性评估

根据上文设定的长护险筹资政策评价指标体系，建立 32 项步入深度老龄化社会的试点城市长护险筹资政策的多投入产出矩阵，相关多投入产出表和 PMC 指数评分表。整体来看，32 个老龄化试点城市长护险筹资政策的 PMC 指数均值为 4.82，总体为不良等级。

具体到各变量而言，9 个主变量 PMC 均值从高到低分别是 X4（基金管理）>X9（支付方式）>X6（支付条件）>X5（业务管理）= X3（筹资方式）> X2（筹资渠道）>X1（参保范围）>X8（支付标准）>X7（支付范围）。一方面，深度老龄化城市在基金管理、支付方式和支付条件 3 个方面具有较好的一致性，三者均值分别为 0.69、0.66 和 0.61，均远高于均值水平。另一方面，业务管理、筹资方式、筹资渠道、参保范围和支付标准的 PMC 指数逐渐降低，表明政策差异性逐渐加大。以筹资模式为例，筹资水平、缴费模式、征收模式和筹资原则如何设定，现有试点政策并未形成相对统一的标准，而这正是下阶段长护险制度顺利实施中亟须解决的问题。此外，针对 X7（支付范围）均值为 0.29，在主变量指标中得分最低，与老龄化试点城市政策样本评价结果相似，这也再次印证了我国长护险制度的护理项目内容差距较大，使得保障范围界定不一致。

（3）1个超老龄化试点城市的政策有效性评估

根据上文设定的长护险筹资政策评价指标体系，建立超老龄化社会的试点城市长护险筹资政策的多投入产出矩阵，相关多投入产出表和PMC指数评分表。

综合来看，超老龄化试点城市的长护险筹资政策PMC指数为5.63，评价为合格等级。从PMC指数评价结果看，其在X2（筹资渠道）、X3（筹资方式）、X6（支付条件）、X8（支付标准）和X9（支付方式）方面表现较好，PMC指数均值都高于0.6。但是在业务管理和参保范围方面仍存在较大改进空间，X5（业务管理）均值仅为0.17，表明南通市在服务机构、从业人员、第三方监管等方面还需要进一步细化政策，不断争取政策的指引性和成效性，同时X1（参保范围）的均值为0.25，表明南通市长护险试点需要在提质的同时，也要加快运营模式的管理，比如参保范围的进一步明确。

（4）相关总结

总体来说，我国长护险试点政策呈现出供需错配的现象，具体表现在以下两个方面。

一是长护险政策有效性与人口老龄化水平之间存在错配。处于7%～14%的老龄化城市的长护险政策有效性评定为合格，而人口老龄化水平高于14%的深度老龄化城市，其长护险政策有效性评定为不良，尽管南通市（试点城市中的唯一超老龄化城市）的PMC指数为5.68，但是其业务管理和参保范围的政策制定有效性相较于其他城市仍有较大差距。

二是筹资政策的具体类别与长护险发展中的痛点和难点之间存在错配。当前，我国长护险试点政策在基金管理、支付条件两个方面具有较好的一致性，在一定程度上为长护险制度可持续发展创造了基础性条件，但是仍存在参保对象不一致、保障范围界定有待清晰、资金统筹和待遇支付标准方面亟待规范等现实困境，而这正是当下长护险发展亟须谨慎对待的方面。

2. 从空间视角看，不同区域的政策有效性评估

长护险的发展需要从功能定位、运营模式、保障模式、筹资模式和服务模式5个方面来统筹推进和实施，而从空间视角来评估全国不同区域的长护险试点政策有效性，有助于为下阶段实现更高层次、更高标准、更为精细和更加科学的制度设计创造条件。因此，根据中国的七大地理区域（华东、东北、华北、西北、西南、华中和华南），本章对49个试点城市长护险筹资政策有效性的评价结果进行区域划分，探析长护险筹资政策实施中的区域特征，见表11-5。

表11-5　不同区域的长护险试点政策的有效性分布

七大区域	试点城市数量（个）	PMC指数
华东	23	4.64
东北	8	6.09
华北	5	5.00
西北	4	5.31
西南	4	5.20
华中	3	5.55
华南	2	6.40

从试点范围看，我国长护险试点的主要区域位于华东地区（山东、江苏、安徽、浙江、福建和上海）和北方地区（东北、华北和西北），共计40个试点城市，累计占比81.63%，而华南、华中和西南地区的试点城市较少，累计占比不足20%。因此，考虑到样本代表性问题，本章以华东和北方地区为例进行分析。

从空间区域看，我国长护险试点政策的有效性呈现出“北高南低”的特征。数据显示，华东地区共计23个试点城市，整体层面长护险试点政策

的有效性水平为4.64，位于七大区域的末位，而东北地区共计8个试点城市，长护险试点政策的有效性水平为6.09，远高于华东地区，与此同时，西北地区和华北地区的政策有效性水平也高于华东地区。根据第七次全国人口普查数据显示，我国老年人口失能率存在较大的区域特征：失能率相对较高的前10个省（区、市）中，8个分布在北方（新疆3.32%、吉林3.24%、青海3.19%、内蒙古3.15%、河北2.96%、山西2.91%、北京2.85%、宁夏2.63%）；失能率相对较低的10个省（区、市）中，4个位于华东地区（江西1.65%、福建1.72%、江苏1.98%、浙江2.04%）。结合前文，本章初步判断当下我国长护险试点政策有效性的空间分布，总体上仍呈现“北高南低”的特征，这与老年人面临的失能风险分布相关。

从政策内容看，不同区域在试点政策制定的有效性也呈现明显的分化特征。在长护险筹资政策评价的9项指标中，华东地区的优势仅体现在支付方式层面，PMC指数为0.72，远高于东北地区（指数为0.44）、华北地区（指数为0.5）和西北地区（指数为0.5）。长护险筹资政策的支付方式，本章模型设定中是关注护理保险基金和委托经办机构两个维度，这与不同区域的市场活力和金融发展水平相关，相较而言，华东地区整体上更具优势。除了支付方式这一评价指标外，华东地区在其他8项评价指标中均落后于北方地区。比如在参保范围界定上，华东地区界定的参保对象范围较窄，多处于包括职工基本医疗保险参保人群的起步阶段；在筹资方式上，华东和华北地区采用了更为灵活、适应性强的定额筹资与按比例筹资相结合的混合筹资模式，因此体现出筹资方式多样化的特征；而华东地区均值最低，仅为0.39，主要原因是除青岛市外，华东地区各试点城市多采用一种筹资方式，并且部分试点城市未在政策文本中规定筹资方式。

（三）PMC曲面图绘制——以不同老龄化水平的试点城市为例

为了更直观显示长护险筹资政策的得分情况，利用式（11-5）对各试点城市长护险筹资政策的主变量进行排列，得到3×3的PMC矩阵，然后进行PMC曲面的绘制。由于样本政策较多，本章选取不同老龄化城市中较具有代表性的政策文本进行分析。代表性政策如下：首先选取老龄化城市政策样本中PMC指数得分最高和最低的城市广州市和苏州市；其次选取深度老龄化城市政策中PMC政策评价等级为良好的样本梅河口市，合格等级中PMC指数排名为中间的盘锦市和不良等级政策济宁市；最后，选取超老龄化城市样本南通市。上述曲面图如图11-3至图11-8所示，不同色块（计算机显示颜色，下同）代表指标得分的高低，白色部分代表该坐标的数值更高，说明该政策的这一变量指标的PMC指数更好，灰色次之，黑色较差。同时可以通过曲面的起伏情况直观地看出该政策的各项得分情况，凸起部分代表得分较高，凹陷部分反之。因此通过各个政策的PMC曲面图的比较，可以看出各项政策在不同的政策指标方面孰优孰劣。

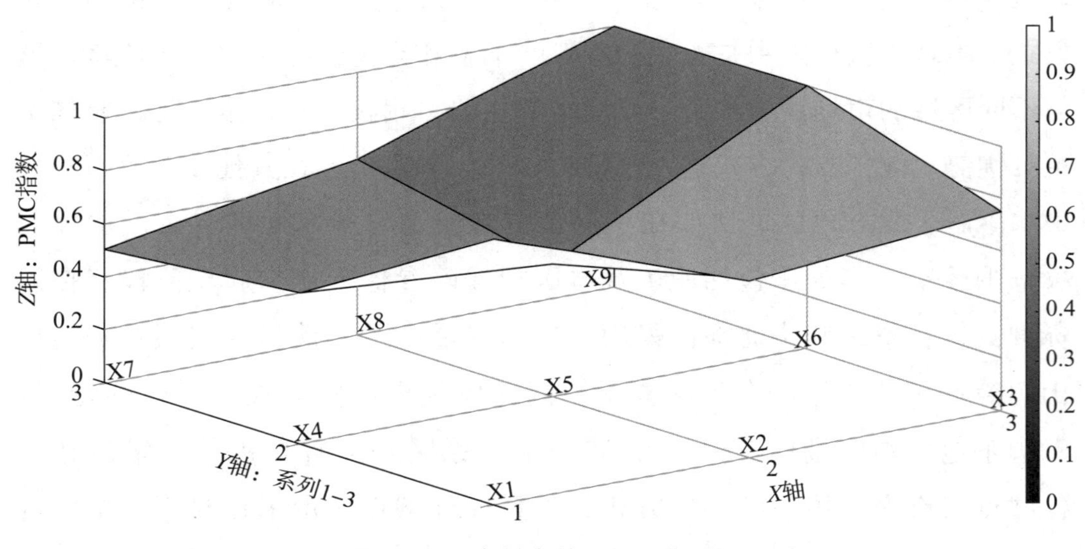

图11-3　广州市的PMC曲面图

1. 老龄化城市代表政策PMC曲面图

图11-3和图11-4分别反映了老龄化程度的长护险试点城市中筹资政

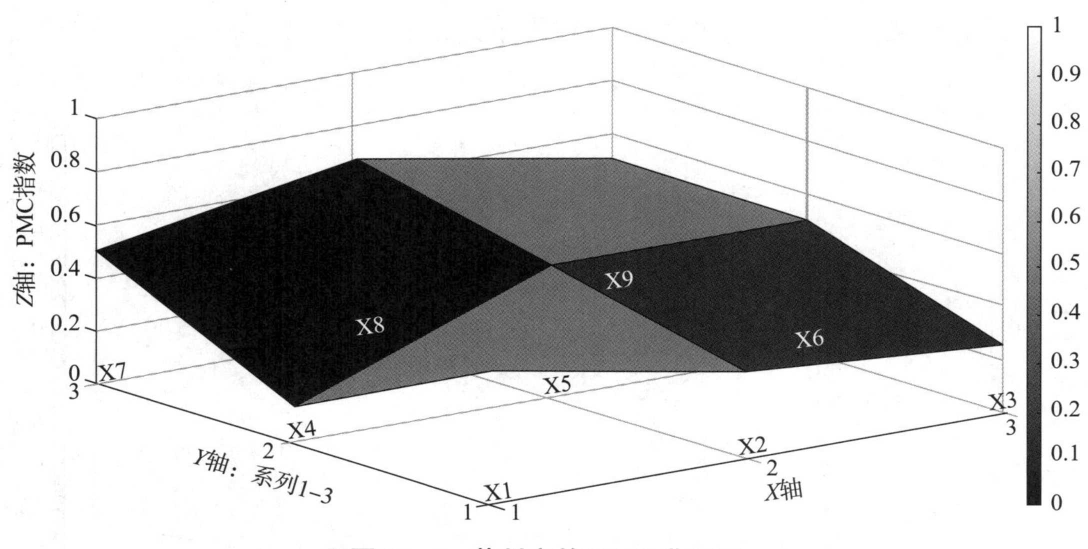

图 11-4　苏州市的 PMC 曲面图

策评价 PMC 指数得分最高和最低政策的 PMC 曲面图情况。可以看出广州市和苏州市在 X3（筹资方式）、X6（支付条件）和 X7（支付范围）的 PMC 指数相同，但是广州市其余指标的 PMC 指数均高于苏州市，曲面图在 *Z* 轴的位置也更靠上，说明广州市相较于苏州市的 X1（参保范围）更广、X2（筹资渠道）更多元、X4（基金管理）和 X5（业务管理）涉及的内容更多、X8（支付标准）和 X9（支付方式）规定更为明确。

2. 深度老龄化城市代表政策 PMC 曲面图

图 11-5 至图 11-7 分别反映了深度老龄化的长护险试点城市中筹资政策评价 PMC 指数评级为良好、合格、不良政策的 PMC 曲面图情况。梅河口市为 PMC 指数均值最高的政策文本，可以看出其 PMC 曲面图整体处于灰色至白色的分段，但是在 X7（支付范围）处有明显凹陷，即在支付范围指标上得分偏低。盘锦市为深度老龄化试点城市样本中评分处于合格等级中段的政策文本，曲面图中 X4（基金管理）、X5（业务管理）和 X6（支付条件）部分凸起，说明该政策在 X4（基金管理）、X5（业务管理）和 X6（支付条件）三个指标上表现较好。济宁市作为深度老龄化试点城市中 PMC 指数均值最低的样本，由于各主变量的 PMC 指数都评分较低，在 PMC 曲面图

上体现为深灰至黑色的色块，且整体凹陷程度较深。

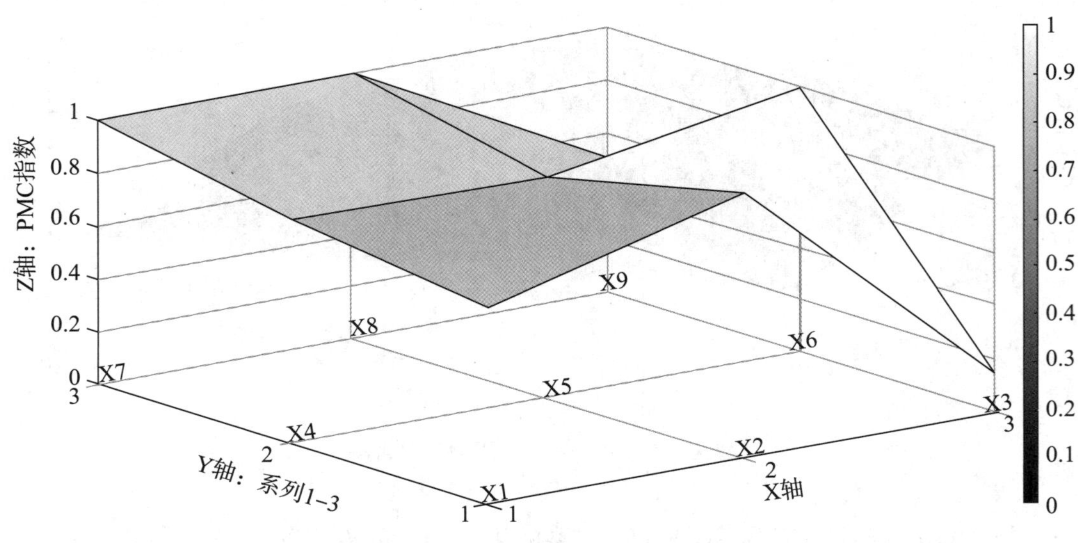

图 11-5　梅河口市的 PMC 曲面图

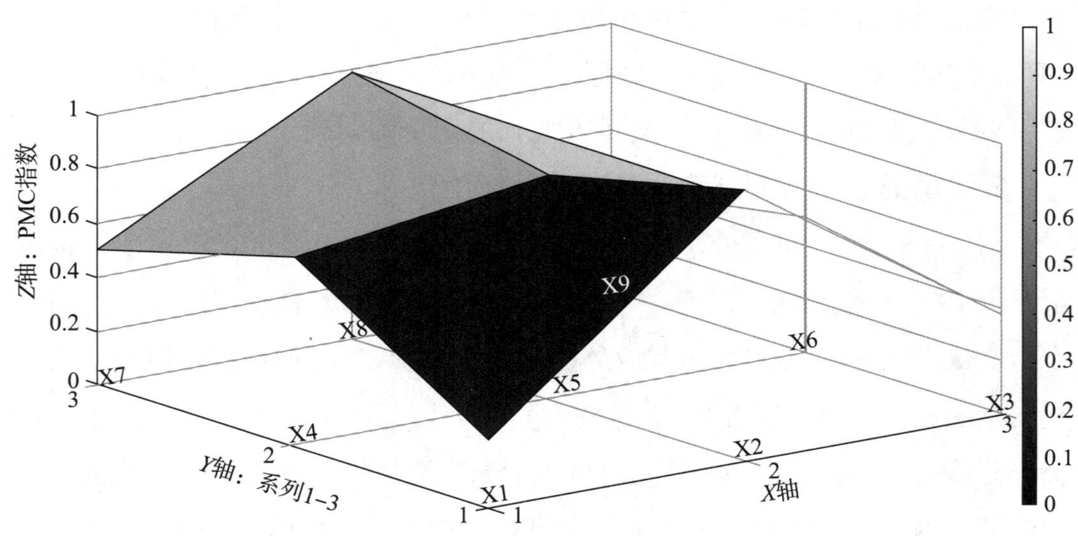

图 11-6　盘锦市的 PMC 曲面图

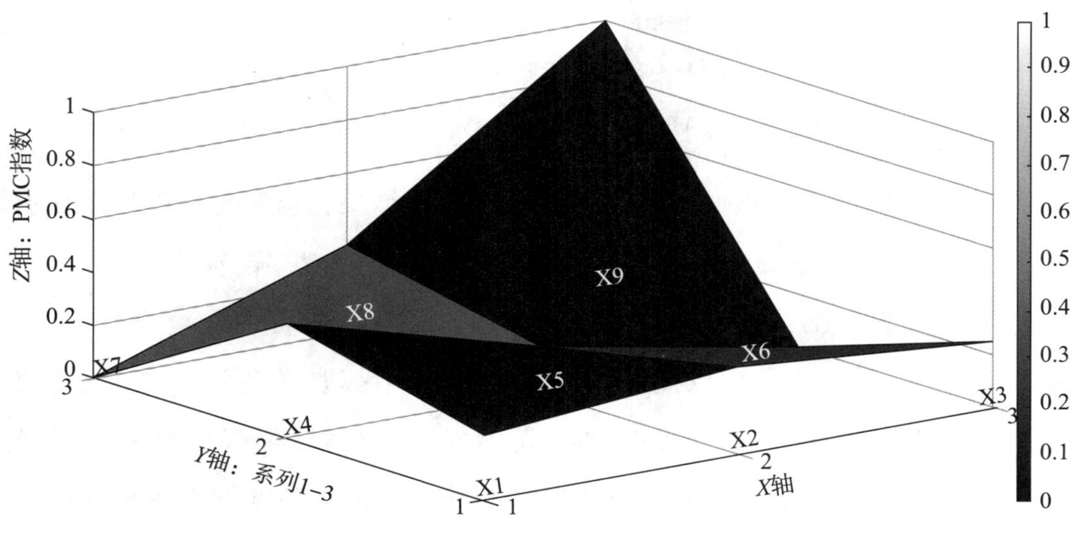

图 11-7　济宁市的 PMC 曲面图

3. 超老龄化城市代表政策 PMC 曲面图

图 11-8 反映了超老龄化程度的南通市长护险筹资政策的 PMC 曲面图情况。可以看出南通市各项主变量的 PMC 指数大多分布于深灰色区间，但是在给付水平方面表现较好，X8（支付标准）与 X9（支付方式）赋值均达到了 1。

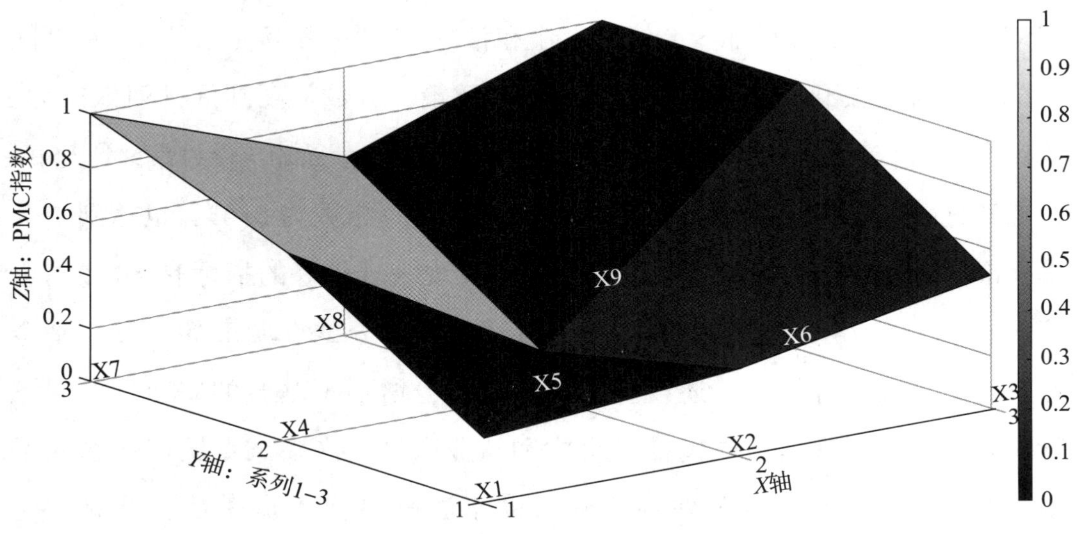

图 11-8　南通市的 PMC 曲面图

（四）不同等级维度的政策量化评价

1. 良好等级政策

在长护险49个试点城市中，PMC指数评价结果为良好等级的城市仅有3个，均处于深度老龄化程度，分别为吉林省松原市、吉林市和通化市，PMC指数均为7.07。在具体的指标评分中，在X3（筹资方式）、X4（基金管理）、X6（支付条件）以及X8（支付标准）中都取得满分，政策文本囊括了所有的二级子变量。在X1（参保范围）、X2（筹资渠道）和X5（业务管理）方面取得高分，说明《吉林省深入推进长护险制度试点工作实施方案》筹资政策方面基本达成了“扩大制度覆盖面、完善多渠道筹资机制、提高管理服务水平”的目标，但X7（支付范围）依然具有很大的改进空间。

2. 合格等级政策

通过对上述48项公共数据开放政策的PMC指数计算，评价等级为合格的政策样本共有20个。根据老龄化程度区分，老龄化城市中有10个合格等级政策，分数从高到低排列依次为：广州市>南宁市>成都市>甘南州>宁波市>乌鲁木齐市>晋城市>上饶市>呼和浩特市>昆明市（“>”表示“优于”）。深度老龄化城市中有9个合格等级政策，分数从高到低排列依次为：珲春市>东营市>长春市>湘潭市>盘锦市>荆门市>青岛市>开封市>重庆市。超老龄化城市江苏省南通市长护险筹资政策PMC指数为5.63，也达到了合格标准。考查合格等级试点城市评价结果发现表现较好的指标有X4（基金管理）、X5（业务管理）和X6（支付条件）。部分试点城市除了设立基金专户、由市级统筹管理，还设置了风险监管，增强了基金的安全性。业务管理更为规范，管理主体包括了机构和从业人员，许多试点城市还融入了第三方监管机制。支付条件的明确有助于激励参保人员缴费，设立支付“门槛”也有助于维持制度公平性及可持续性。

3. 不良等级政策

通过对上述48项公共数据开放政策的PMC指数计算，评价等级为不良的政策样本共有26个。根据老龄化程度区分，老龄化城市中有6个不良等级政策，分数从低到高排列依次为：苏州市<聊城市<石河子市<黔西南州<枣庄市<福州市（“<”表示“差于”）。深度老龄化城市中有20个合格等级政策，分数从低到高排列依次为：滨州市=济宁市<德州市<潍坊市<泰安市<临沂市<安庆市<济南市<菏泽市<承德市<日照市<威海市<哈尔滨市<汉中市<上海市<天津市<烟台市<北京市石景山区<松原市<淄博市。由于各城市编号顺序按照65岁以上人口占比从低到高进行，从以上排序可以看出老龄化程度试点城市政策评价情况优于深度老龄化城市，人口老龄化程度越深的城市，长护险筹资政策的一致性并非更高。究其原因：在X1（参保范围）方面，仅有部分城市覆盖了城乡其他居民，多数城市仅覆盖了城镇职工，不利于资源分配与协调，也在一定程度上降低了政策的一致性；在X3（筹资方式）方面，近半数试点城市延续定额筹资，虽便于操作，但在收入上缺乏弹性；在X7（支付范围）方面，各地规则存在较大差异，支付范围有限。

五、长护险筹资政策延续性分析

由于长护险制度试点时间和各级政府发布政策时效存在差异，部分试点城市已多次更新长护险筹资政策，因此下文将对比分析同一试点城市更新前后的政策文本，以探究长护险筹资政策延续性和优化路径。本章将部分具有代表性的长护险筹资政策文本按照政策名称、发文字号以及发布时间进行梳理和编号，并建立多投入产出矩阵，计算PMC指数。受篇幅限制，上述政策梳理表格、多投入产出表和PMC指数表备索。

根据多投入产出表，PMC指数均值得分和政策等级划分情况，比较上述试点城市的两份筹资政策发现：第一，有6个城市更新后的政策文本PMC指数高于初次发行的政策文件，但只有浙江省宁波市从不良政策等级跃升至合格等级，在各方面都有较大的改善，比如扩大参保范围、增加筹资渠道、规定筹资方式、加强基金管理、明确支付范围、增加支付方式等。第二，广东省广州市、新疆维吾尔自治区乌鲁木齐市、浙江省宁波市、贵州省黔西南布依族苗族自治州和山东省济南市五个试点城市在X1（参保范围）指标上有较大改善，从赋值情况来看，以上五个试点城市实现了从城镇职工到城乡居民的全覆盖，提升了制度公平性。X4（基金管理）和X7（支付范围）两项指标的PMC指数得分也得到了较大提高。从二级子变量来看，浙江省宁波市、安徽省安庆市和陕西省汉中市在基金管理方面新增了风险监管的内容，提升了基金的抗风险能力。X7（支付范围）指标评分的提升说明试点城市进一步提高了长护险的支付待遇，不仅能更好解决失能人员基本照护和生活照料需求，还促进了养老和健康产业的发展。第三，新疆维吾尔自治区乌鲁木齐市、江苏省苏州市、贵州省黔西南布依族苗族自治州和天津市长护险筹资政策文本更新后PMC指数得分不升反降。究其原因，主要是X2（筹资渠道）、X7（支付范围）和X9（支付方式）三个指标出现较大变动。部分城市取消了医保划拨和启动资金两种筹资渠道，缺少了一定的资金保障。安徽省安庆市和陕西省汉中市的政策文本中暂未明确长护险待遇支付范围。在支付方式上，部分试点城市将结算管理完全交由经办机构，这将增加基金的委托代理风险，需要进一步加强结算支付环节的监督管理。

六、结论与建议

（一）研究结论

本章聚焦于长护险两批49个试点城市相关筹资政策量化评价，基于57份政策文本比较，通过文本挖掘法和PMC指数模型，构建了长护险筹资政策评价体系，测算了各个试点城市的长期护理保筹资政策的PMC指数，绘制了PMC曲面图。在此基础上按照人口老龄化程度和区域划分通过评估结果分析长护险筹资政策文本的整体质量与不同等级的差异，同时，还对同一试点城市更新前后长护险筹资政策的质量进行了比较。本章的研究结论主要有4个方面。

（1）长护险筹资政策基本合格，但是各试点城市筹资机制特点不尽一致。

从整体上看，长护险筹资政策的评级为合格，可以认为，各试点城市的长护险筹资政策具有较好的政策一致性，筹资与支付机制的设计能够较好地指导长护险基金的收支与管理。长护险多为市级/州级统筹，设立基金专户，能够较好地防范基金管理风险，并且各个试点城市的政策文本在支付条件变量上具有较好的一致性，享受待遇的资格条件较为统一。同时，长护险筹资政策的PMC指数最高值为7.07而最低值为2.76，长护险筹资政策的评价结果差异明显。这显示出了我国长护险筹资政策的实际施行偏差与各试点城市长护险筹资政策的关系“碎片化”。产生这一现象的主要原因在于各试点城市经济与人口特征的差异较大，导致了长期护理服务主体、公共财政收入、基本医疗保险缴费基数的不同，而这些因素又与长护险的筹资、支付标准和方式等指标关系较为紧密，因此各试点城市筹资机制与服务形式的发展特点各不相同。

（2）不良等级政策占比较高，筹资机制仍需完善。

从PMC指数的评级结构看，在所有政策样本中，没有评级为优秀的长护险筹资政策，评级为良好的长护险筹资政策占4.16%，评级为合格的长护险筹资政策占41.67%，评级为不良的长护险筹资政策占54.17%，显示出我国的长护险制度还处于起步阶段，需要建立一套完善的筹资机制来保障制度的可持续发展。总体来说，长护险基金在筹集、利用和给付环节都存在一定的不足之处。随着老龄化程度的逐渐加深，长护险制度的覆盖面并未逐渐扩大，多数试点城市参保人群仍局限于城镇职工，不利于健全待遇保障机制，并且会增大未来的制度整合成本。从资金来源方面看，参保范围的差异导致享受长期护理主体责任的不明确，进一步造成了筹资渠道与筹资方式指标的一致性降低。从资金利用环节看，长期护理服务项目主要分为居家护理、社区上门护理和机构护理，在长护险基金使用过程中应当对服务项目进行细分，构建待遇分级支付机制，但目前多数护理服务界限模糊，待遇支付范围主要集中在评估、服务费用上，这有可能对长护险基金造成浪费，并且损害基金的可持续性。从资金给付环节看，各试点城市划分的支付标准和设置的支付形式较为零散，这将直接对长护险的待遇给付水平产生影响，降低二级指标的一致性。

（3）深度老龄化试点城市的PMC指数低于老龄化试点城市，长护险筹资政策存在供需错配的问题。

具体而言，老龄化城市长护险筹资政策的PMC指数均值为5.38，政策文本质量表现为合格，而深度老龄化城市的PMC指数均值仅为4.82（纳入超老龄化城市数据后，均值为4.84），政策等级为不良。从具体指标来看，老龄化城市的基金管理更为严格，筹资渠道更为多元，支付标准更为明晰；而深度老龄化城市则存在缴费主体权责模糊、筹资比例失衡、支付标准不一致、激励机制缺乏等问题。

（4）同一试点城市更新前后的长护险政策在筹资方面改善不大。

在9个更新了长护险政策的试点城市中，有6个城市的PMC指数有所提高，但只有浙江省宁波市从不良政策等级跃升至合格等级。政策文本优化的路径主要包括参保范围扩大至包括灵活就业人员的城乡全体居民、在基金管理规则中加入运行评估和风险预警机制、扩大了待遇支付范围等。可以看出，尽管各个试点城市的长护险筹资政策存在个性问题，但部分试点城市已在共性问题上做出改进，参照差距逐步提升制度设计效果。

（二）政策建议

长护险制度起源于各个试点城市的实践探索，聚焦于失能、失智老年人长期医疗照护需求，是一项综合性更强、精细度更高的社会保险制度。筹资机制作为长护险基金运行的基石，实施至今，离不开试点城市长护险政策的引导与扶持。因此，本章基于以上研究成果对长护险筹资政策提出以下建议。

一是加强试点城市之间的交流，提升长护险筹资政策整体质量。各试点城市可以借鉴吉林省松原市等政策评价水平高的试点城市的经验，优化筹资、经办和待遇支付等各个环节的制度设计。同时，各试点城市现行有效的长护险筹资政策除了要维持本身的优势，还要借鉴部分试点城市更新前后筹资政策文本优化中的经验，以期提高政策质量，实现更好的制度运行效果。

二是以需求为导向，提升政策供给质量。人口老龄化程度更深的试点城市对长护险的需求更盛，因此在资金筹集方面，需要合理调整筹资结构，在保持长护险基金独立性的基础上开拓多样化的筹资渠道。在政策支持的基础上，鼓励和引导商业保险机构和社会组织参与长护险经办服务，提供更加丰富、更高质量的长护险服务。待遇支付方面，在确保基金安全、可持续的前提下，积极探索长护险待遇给付方式的改革，明确支付标准与范围，丰富待遇给付模式。

三是进一步扩大长护险制度覆盖面，构建多元待遇支付体系。在长护险实施过程中应当逐步扩大制度覆盖面，一方面可以增加筹集资金来源，减轻筹资压力，促进资源流动；另一方面坚持普惠原则，可以提升政策公平性，满足更多样化、多层次的长护险需求。实施过程中还应当致力于构建多元参与格局，明确长护险各主体权责，推动长护险服务精细化管理，扩大待遇支付范围，提升待遇给付水平。

（曾好　孙维嘉　李成林）

第十二章　区块链金融助力我国智慧养老产业发展的路径分析

随着我国老龄化程度不断加深，智慧养老成为重要热点话题。如何让养老资源发挥最大效用，加强老年人权益保障，弥合老年数字鸿沟，区块链金融为智慧养老的升级提供了新路径。本章主要分析“区块链金融+智慧养老”发展路径并设计平台架构图，发现区块链可从需求端和供给端为智慧养老提供支持，最后以时间银行和商业银行提供个性化养老服务为具体例子，分析区块链金融在其中的作用路径。

一、智慧养老行业与区块链发展背景

（一）智慧养老产业发展环境与背景

随着我国老龄化加深，养老问题受到广泛关注。截至 2022 年末，我国 65 岁及以上人口 2.1 亿，占全国总人口的 14.9%。根据国家老龄办预测，未来老年人口会持续上涨，2053 年达到峰值 4.87 亿人口，占全国总人口的比例超过 1/3。我国社会的养老负担将持续加重，急需养老资源的高效配置与优化。

为保障老年人权益，国家陆续出台政策，支持智慧养老产业发展。2021 年 10 月，《智慧健康养老产业发展行动计划（2021—2025 年）》提及智慧养老是以智能产品和信息系统为载体，面向人民的健康及养老服务需求，深度融合应用大数据、区块链、人工智能等新一代信息技术的新兴产业形态。2022 年 4 月，《“十四五”国民健康规划》提到创新发展紧急救护、慢性病管理等智慧养老服务。近年智慧养老行业相关政策见表 12-1。

表 12-1　近年智慧养老行业相关政策

发布时间	发布单位	政策名称	主要内容
2022.4.25	国务院办公厅	《关于进一步释放消费潜力促进消费持续恢复的意见》	培育壮大智慧养老、“互联网+医疗健康”等消费新业态
2022.7.12	民政部、市场监管总局	《关于全面推进新时代民政标准化工作的意见》	在智慧养老等领域，推进基本养老服务体系建设，助力养老服务优质规范发展
2022.8.29	国家发展改革委等十三个部门	《养老托育服务业纾困扶持若干政策措施》	支持养老领域企业发展智慧养老模式
2022.9.26	民政部办公厅	《民政部贯彻落实〈国务院关于加强数字政府建设的指导意见〉的实施方案》	加快汇聚形成全口径、全量的老年人和养老服务机构信息资源，为智慧养老等提供有力支撑
2023.2.16	国家标准化管理委员会	《2023 年国家标准立项指南》	提出机构养老、居家养老、智慧养老等生活性服务标准

（二）区块链发展背景

区块链是由多方共同维护，使用密码学保证传输安全，实现数据一致存储的分布式账本技术。特征是去中心化、不可篡改、可追溯，将传统单方维护的多个单独数据库整合，分布式地存储在多方共同维护的多个节点上，每一方均需要按照严格的规则共识进行更新，实现可信的信息共享和监督。通过区块链无须借助第三方机构，互不了解的多方可实现可信、对等的价值传输。

目前，我国区块链产业快速发展，政策资金支持力度加大。2022 年我国区块链产业规模约 67 亿元，三年累计产业规模超百亿元；区块链相关企业 1700 余家，应用已超 1500 个①。目前“区块链+智慧养老”应用也逐步落地。如面对养老金业务流程复杂、效率低等问题，2018 年农业银行与太平养老保险共同打造国内首个基于联盟链的养老金业务应用系统。2019 年，

① 数据来源：赛迪区块链研究院统计。

南京市建邺区携手支付宝打造了我国首个建立在区块链上的“时间银行”。

但“区块链+智慧养老”应用还处于初步阶段，成果较少。一方面，当前养老产品服务差异明显、时间跨度大，数据难以快速实现整合；另一方面，智慧养老和区块链均属于新兴领域，人才和资源整合尚需要时间。2015—2022 年中国区块链企业数量如图 12-1 所示。图 12-2 为中国区块链应用分布占比情况。

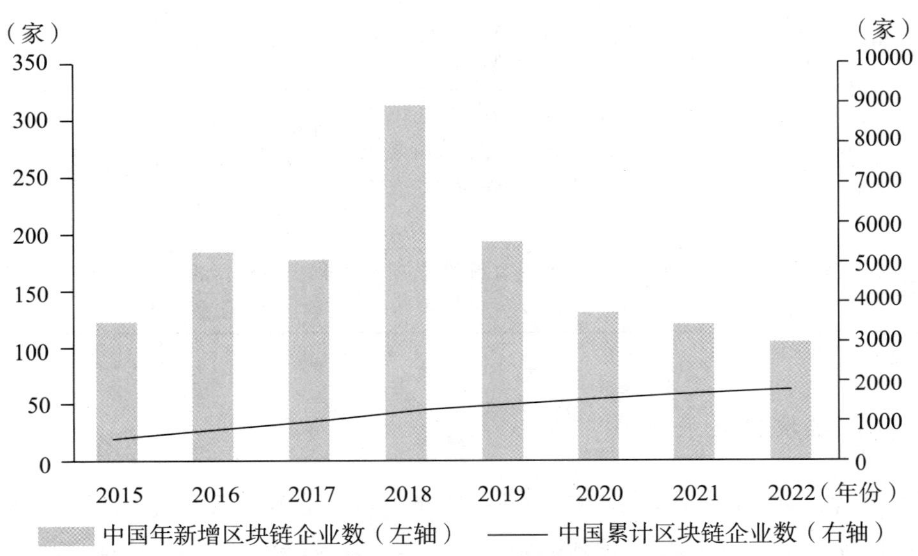

图 12-1　2015—2022 年中国区块链企业数量

数据来源：中国信通院数据研究中心。

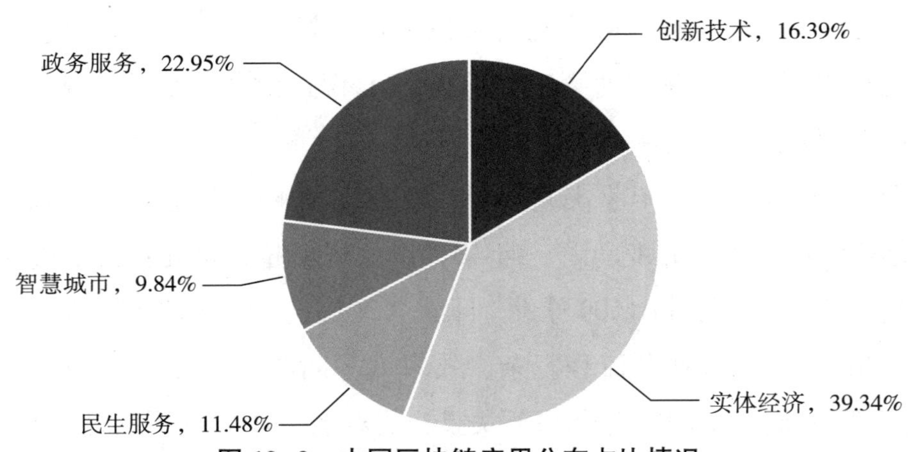

图 12-2　中国区块链应用分布占比情况

数据来源：中国电子信息产业发展研究院。

二、智慧养老发展现状

（一）智慧养老产业发展现状

国家高度重视智慧养老发展，给予政策倾斜和资金扶持，2022 年，智慧养老产业规模达 8.2 万亿元，占养老产业规模的 78%，且该比例近年来不断上升。详见图 12-3。

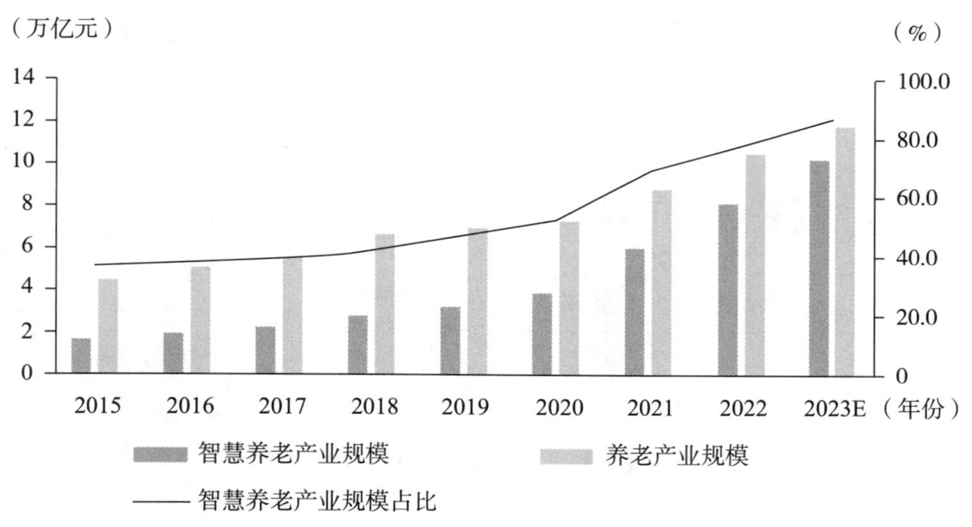

图 12-3　中国智慧养老产业规模

数据来源：中商情报网。

智慧养老产业分为上游、中游、下游 3 个方面。上游为区块链、人工智能等技术，为养老产品服务提供基础。中游为智能养老产品，为有老人的家庭、社区和养老机构提供综合化高效服务。下游为养老需求市场，包括居家养老、社区养老和机构养老。

（二）智慧养老产业发展面临的问题

虽然智慧养老产业发展迅速，但仍遇到一些问题和瓶颈。

从供给侧来看，目前智慧养老数据未实现互联互通，产品服务低端化严重，普及率不高。虽然各地大批量建设养老数据平台，但缺乏统筹机制，数据未开放共享，导致商业银行和医院难以通过数据挖掘开展大规模、高质量的个性化产品和服务，产品还集中于入门级消费品。智慧养老产业链如图12-4所示。

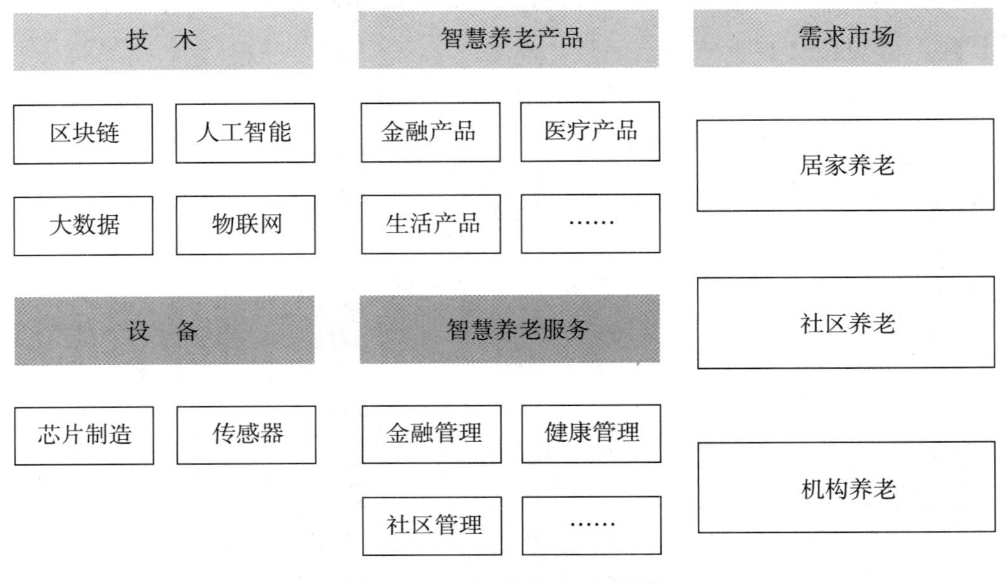

图12-4　智慧养老产业链

从需求侧来看，目前公众对于智慧养老的接受度不够高，其中担心资金安全是主要原因。根据数据显示①，77%公众在选择新型养老产品和服务时，会优先考虑隐私与资金安全性；担心资金安全（47.14%）和缺乏金融知识与投资技巧（41.78%）也是老年人在金融消费中的主要困难，如图12-5所示。影响老年人选择养老金融产品的因素如图12-6所示。

① 数据来源：中国老龄科学研究中心发布的《老年金融消费者权益保护调查报告》。

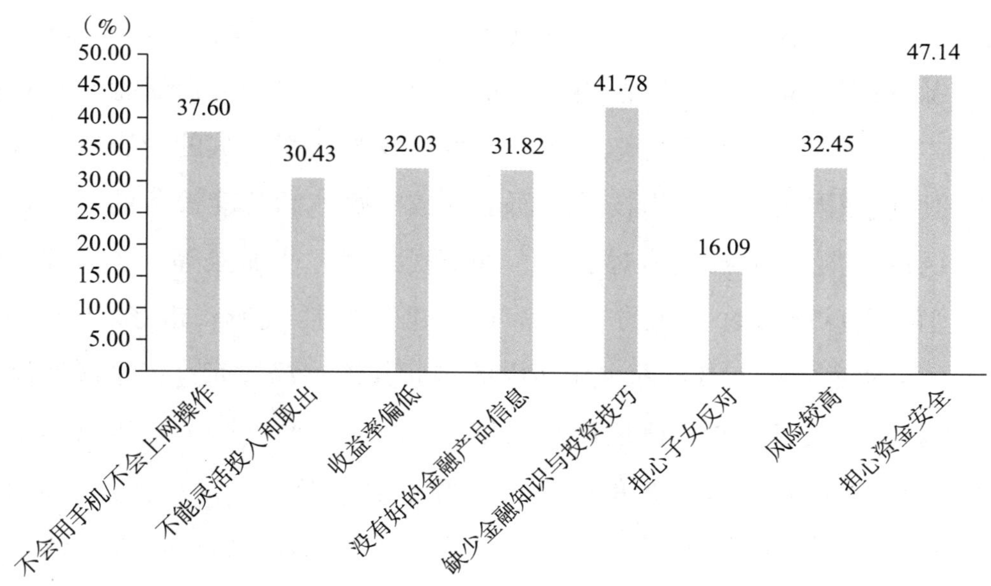

图 12-5　老年人金融消费主要困难

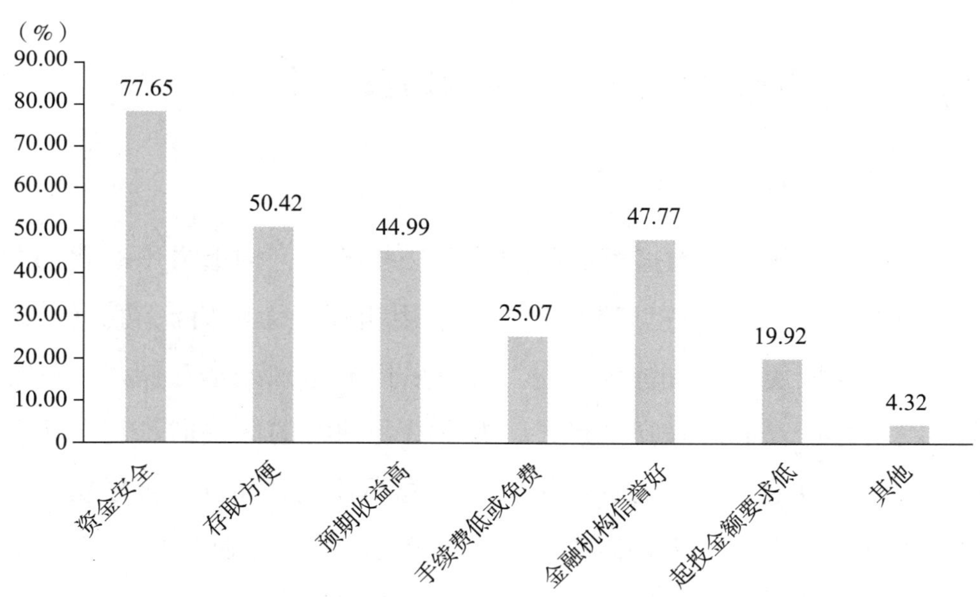

图 12-6　影响老年人选择养老金融产品的因素

最后，智慧养老的发展也面临着重要社会治理难题——老年数字鸿沟。我国人口老龄化和数字化新时代相伴发展的进程中，老龄人群受到文化、制度等因素限制，在数字化应用程度上存在一定困难，容易被排斥在“数字社会”之外。在接入沟方面，可供老年人有效利用的智能服务设施很缺乏；在使用沟方面，会使用智能社交软件的老年人比例远低于青壮年；在知识沟方面，老年人数字化知识薄弱，容易成为数字诈骗的受害者。数字鸿沟的形成原因较多，比如技术层面上的数字媒体和智能设备的不友好设计，社会结构层面上各主体对老年人群重视程度有待加强等。老年数字鸿沟治理的核心理念之一为参与式治理，建立包括政府、市场/企业、社会/社区、家庭、个人等不同主体在内的多元共治格局。而这正是区块链可以发挥效用的关键所在。区块链将老年人、家庭、政府、金融机构等主体联系并纳入平等对话和交易的平台，在普遍消除老年人信息壁垒的同时，也让多方主体从老年群体实际需求出发，围绕老年人日常生活涉及的服务事项，全方位分领域制定治理方案，不留治理死角，有助于老年数字鸿沟弥合、老年权益保障公平发展的目标追求。

三、区块链助力智慧养老升级的路径分析

（一）“区块链+智慧养老”路径分析

区块链采用分布式数据存储与加密算法相结合，构造去中心化的共享分布式数据库，可以为数据追溯确权、信用担保、无障碍流动提供支持。在智慧养老领域使用区块链，首先，可以采用分布式账本存储每人的养老数据、消费记录、个人偏好，其数字加密性和独特的区块同步记录机制可防止“双花”现象出现，也提供了安全的隐私环境。其次，金融机构可运用脱敏大数据来分析，以精准提供个性化养老产品，加强老年人权益保障，提高智慧养老产业的接受度。最后，区块链的去中介化特征也可提高交易的匹配效率。本章设计的“区块链+智慧养老”基本架构图如图12-7所示。

“区块链+智慧养老”设计平台具备以下特征。

第一，分布式账本技术嵌入养老服务交易平台建构，实现数据互联互通，增强社会各界信用关系。在区块链技术中，每条数据经过加密算法后

被存储至特定的序列中，并被附上特定的时间戳，后续区块须同步前置区块数据，每一条带有时间戳的数据须存储在相邻区块中，独特的记账方式让数据拥有较强的技术担保，在保障数据安全的前提下扩大数据规模，同时极大地增加了参与成员的违约成本，使主体间产生基于可靠技术的数字信任关系，甚至逐渐改变人类传统的信任模式。

第二，“去中心化”加密数据管理可严格保障数据安全。多点分布式存储数据体系使每一条数据都可溯源，避免数据在单一中心汇聚从而增加被篡改和销毁的风险，保障了数据的安全和可精确追责。数据加密主要通过非对称加密算法实现。首先将脱敏后的数据用系统识别的机制进行归属编码，其次采用公钥公开、私钥保密的原则，公钥和私钥匹配后才能查询对应完整区块上的信息，创造性地实现了数据内容与数据所有者之间关系的隐匿，对用户隐私安全和平台数据安全起到关键性技术支持，避免隐私泄露。

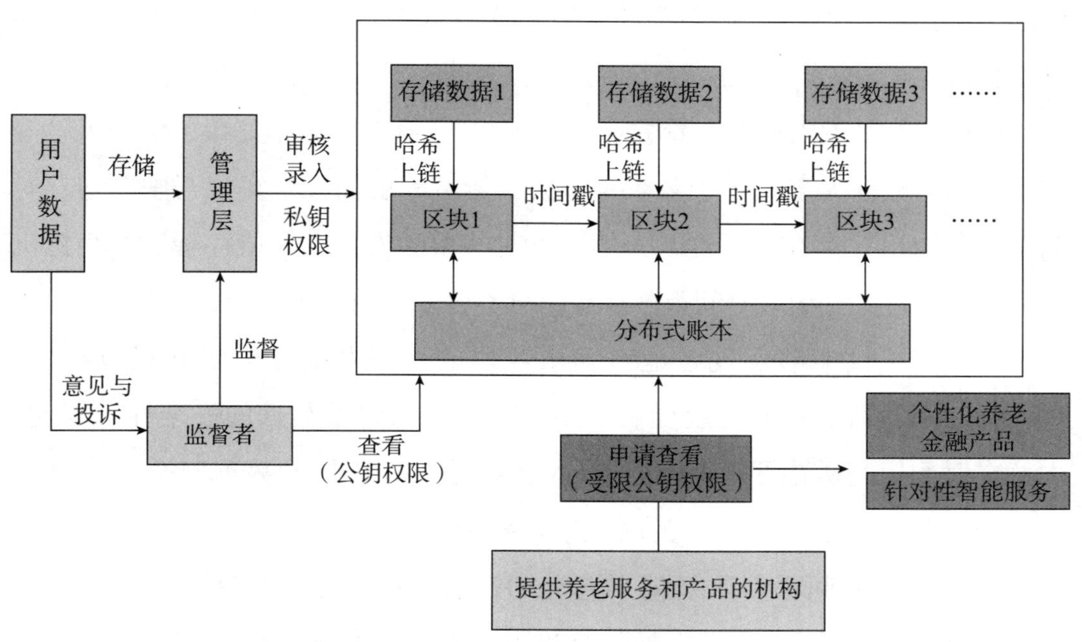

图 12-7　“区块链+智慧养老”基本架构

第三，基于 TCP/IP 模式的点对点传输协议为智慧养老平台交易提供保障。基于 TCP/IP 模式的点对点传输可以使得交易双方获得像面对面一样的交易流程，且每一个网络节点都会获得某次交易的记录信息。所有获得本次交易信息的节点均成为本次交易的“公证人”，确保了本次交易的唯一性与公平性。

基于以上特征，区块链可在需求端和供给端为智慧养老提供支持，有效弥合老年数字鸿沟。在需求端方面，本章以时间银行为例，分析区块链保障老年人服务需求、加强隐私安全的路径；在供给端方面，本章以商业银行提供个性化养老金融产品与服务为例，分析区块链的作用路径。

（二）“区块链+时间银行”智能平台设计

时间银行是用时间货币作为纽带的跨时间服务交换，是目前新颖的互助养老模式。志愿者为老年人提供服务可积攒时间币“存入”时间银行中，后期自身所需要养老服务时，便可取出时间币兑换养老服务。时间银行以时间币为纽带、以“低龄服务高龄”的逻辑不断延续，可实现社会养老的良性持续供给。

时间银行的发展还存在着数据“碎片化”、存兑机制不完善、信任风险等问题。当前数据大多集中于各乡镇、县、街道等层面，未实现互联互通。时间币的“取出”存在滞后性，人们对于时间币的安全、保值存疑。在存兑机制上主要通过人工记录时间币，存在信息不公开透明、不易流通等问题。

区块链不仅能够实现各地时间币存取的互联互通，构建共享数据库；也能为时间银行的长期发展提供信用背书，确保隐私数据的安全性。因此，本章在时间银行养老平台基础上引入区块链，打造提升数据安全、信息追溯、未来跨区“通存通兑”的时间银行养老服务平台。

“区块链+时间银行”智能平台分为三层：用户层、管理层和分布式账本“去中心化”自治平台。志愿者和服务对象注册后，可进行需求发布、时间币存取，数据通过政府管理层审核后录入分布式账本“去中心化”自治平台。同时，监督者用于监督管理层数据正确录入、志愿者和服务对象顺利匹配与服务。公众可通过申请查看当前时间银行的宏观信息。

"时间银行+区块链"将多方纳入平等对话和交易的平台，改善数据"碎片化"管理和解决原本时间银行的信用问题，完善存兑机制数据互联互通，提高了公众对时间银行的接受度。

（三）区块链"数字赋能"商业银行智能养老金融平台

目前我国各商业银行均打造了养老特色理念，但仍存在着服务个性化水平不足、养老产品同质化等问题，部分源于银行针对老龄人群的数据研究有待加深，尚未进行充分画像，金融需求分析不够细化。为提升商业银行养老服务的智能性，本章构建基于区块链的智能养老金融平台，实现老龄客群体验与银行综合竞争力的双提升，架构图如图 12-8 所示。

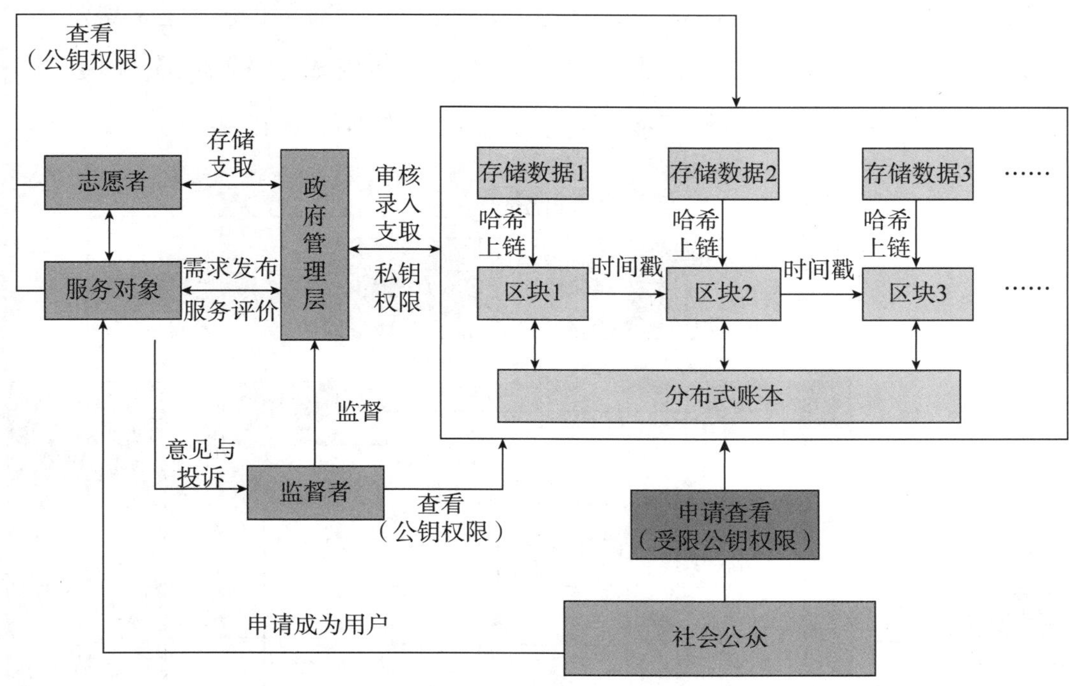

图 12-8　"区块链+时间银行"智能平台设计

区块链将用户、家庭、政府和银行数据整合，实现互联互通，通过记录老年人风险偏好、家庭状况等细节数据，将养老需求细化存至区块链平台中，银行通过提取加密数据构建养老需求画像，从而精准提供金融产品服务。同时，通过数据挖掘，银行可分析青壮年潜在的养老需求，对其预备性养老服务金融产品的配置给出智能化建议。

四、结论及展望

目前，智慧养老和区块链金融属于新兴领域，两者的结合值得探索和挖掘。随着我国人口老龄化问题的加剧，基于区块链的智慧养老应用普及是大势所趋。需求端上，区块链可为时间银行等应用提供技术支持和安全保障，保障老年人需求，提高智慧养老产品接受度。供给端上，区块链的加持能够让银行、保险等机构设计出个性化的养老金融产品服务。综合来看，区块链式智慧养老所呈现的“去中心化”、大数据精准匹配、货币安全交易等特征将显著优化社会养老体系，弥合老年数字鸿沟，激活智慧养老金融动力，促进我国的智慧养老产业高效、绿色、持续、和谐相统一的高质量发展。区块链“数字赋能”商业银行智能养老金融平台率构图如图 12-9 所示。

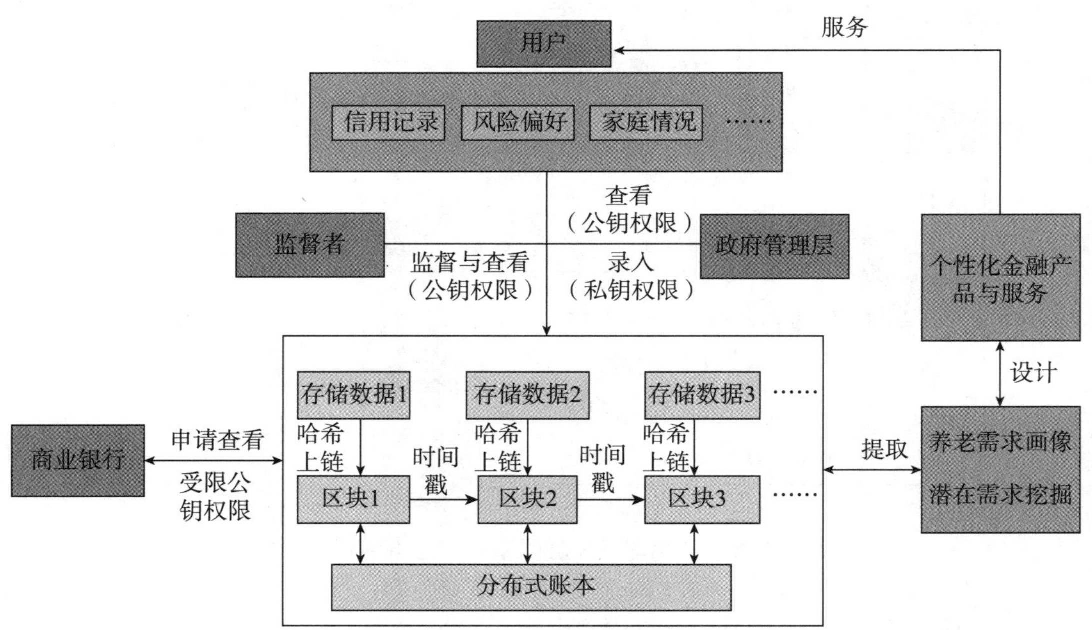

图 12-9　区块链“数字赋能”商业银行智能养老金融平台架构

（唐芷萱　李成林　岳淑媛）

第十三章　金融视角助力医养结合发展的路径选择

当前我国人口老龄化程度日益加深，医养结合产业存在供需结构性错配的问题，因此还需要更多金融工具的助力，在一些发达国家中，老龄化趋势出现相对更早，因此对于医养结合的模式和发展都有着相对完善的经验，本章主要对美国、日本和英国的医养结合模式的发展经验进行分析，以期从金融视角为我国医养结合模式的发展提出政策建议。

一、医养结合的背景和养老缺口

（一）当前我国医养结合的模式和背景

在我国，郭东等（2005）① 最早提出养老机构与医疗机构合作的思路，发挥医疗资源优势，建立医养结合的养老模式。此后一众学者和有关部门相继展开研究探索。王顶贤等（2011）②、马占山（2012）③ 建议利用部分医疗资源面向社会老龄民众提供医疗服务；俞卫和刘柏惠（2012）④ 探索建立家庭病房机制，为推进居家养老模式下的医养结合提供支撑。刘小龙

① 郭东，李惠优，李绪贤．医养结合服务老年人的可行性探讨［J］．国际医药卫生导报，2005（21）：43-44.

② 王顶贤，夏琴荣，高燕勤，等．探索医养结合模式，促进老人身心健康［J］．中国民康医学，2011（19）：2463-2464.

③ 马占山．医院式养老的现状及发展对策［J］．科技致富向导，2012（26）：27.

④ 俞卫，刘柏惠．我国老年照料服务体系构建及需求量预测——以上海为例［J］．人口学刊，2012（4）：3-13.

（2015）[①]、廖芮等（2017）[②]、戴利明（2018）[③]、李玉莲和李长远（2018）[④]等一众学者结合健康老龄化的背景，探索建立居家养老、社区养老、机构养老等不同模式下的医养结合实践形式。政策意见方面，2013年印发的《国务院关于加快发展养老服务业的若干意见》中首先提出积极推动养老与医疗融合发展的重要意见。2022年7月国家卫健委、国家发改委等11个部门联合发布《关于进一步推进医养结合发展的指导意见》，进一步推动完善了有关医养结合的标准和政策。

根据当前社会普遍理解，医养结合结合了医疗和养老两方面的资源，"医"方面的资源主要包括就医咨询、体检服务、急诊急救、诊断治疗等；"养"主要覆盖日间照护、心理咨询、文娱活动等方面的服务，而医养结合就是将医院和养老机构的功能进行整合，促进健康养老产业的发展，为老年人提供更高质量的健康养老服务。当前医养结合主要模式包括居家养老、社区养老以及机构养老。

居家养老模式下医养结合包括智慧养老与实体服务机构联动型、居家医生签约服务型以及长护险中的"家护"服务型等。智慧养老与实体服务机构联动型通过智能设备对老年人的身体健康状况进行远程动态监测，并及时高效地将数据信息传递给子女及养老机构，便于为老年人设计定制方案，及时提供各类服务。居家医生签约服务型通过组织家庭与医生签约开展契约型服务，签约医生提供上门诊疗、健康监测、疾病救治等服务，有效解决居家老人的医疗问题。长护险中的"家护"服务型主要服务对象为失能老人，大多数时间老人居家由家人照料，长护险的定点医疗机构辅助

---

① 刘小龙．健康老龄化背景下"医养结合"养老服务模式研究［J］．东方企业文化，2015（21）：352-353.

② 廖芮，张开宁，王华平，等．我国健康老龄化背景下的医养结合：基本理念、服务模式与实践难题［J］．中国全科医学，2017，20（3）：270-277.

③ 戴利明．医养结合：健康老龄化的中国方案［J］．中国医药导报，2018，15（35）：10-13.

④ 李玉莲，李长远．健康老龄化背景下医养结合养老服务模式的优化策略［J］．社会福利（理论版），2018，507（5）：22-27.

提供以康复为重点的“家护”服务，由医保资金支付有关费用。

社区养老模式下医养结合主要分为“专业服务+日间照料”型和“社区服务+日间照料”型，主要区别在于前者由专业化养老机构为老年人提供托管服务，后者主要由社区卫生服务机构负责承担老年人日间照料服务，前者专业化程度高，但通常难以发挥规模效应；后者专业化程度有限，但可以在养老、卫生、医疗等多方面实现资源共享，资源配置效率较高。

机构养老模式下医养结合主要根据养老或是医疗资源方面的不同侧重分为“大养老+小医疗”型、“医疗、养老并重”型、“大医疗+小养老”型、“两院一体”型（此模式大多在乡镇，由当地乡镇卫生院托管运营公立养老院）和“养老机构+医疗服务整体外包”型，以实现不同家庭环境、不同健康状况老年人的养老需求。

（二）医养结合的供给缺口

1. 需求增加趋势明显

一是存在健康问题的老龄人比重较大。2001 年，世界卫生组织提出健康调整预期寿命（Healthy-Adjusted Life Expectancy，HALE）的概念，主要使用特定年龄人群的患病率、死亡率等多个指标对特定群体的预期寿命进行计算（陆旸等，2016）[①]。

从表 13-1 第六次人口普查数据来看，我国当前 60 岁以上人群中身体不健康群体和生活已经不能自理群体总共占 16.8%，且该比例随着年龄的增长不断增加。2022 年，我国 60 岁以上老年人达到 2.8 亿，其中 1.8 亿人患慢性疾病，占比 64%；失能或半失能老人超过 4000 万，占比 14.2%，此类人群的增长为医养结合服务带来广阔需求。

---

① 陆旸，蔡昉. 从人口红利到改革红利：基于中国潜在增长率的模拟［J］. 世界经济，2016（1）：3-23.

表 13-1　各年龄段老年人不同健康情况

年龄	健康			基本健康			不健康，但生活能自理			生活不能自理		
	小计(%)	男(%)	女(%)	小计(%)	男(%)	女(%)	小计(%)	男(%)	女(%)	小计(%)	男(%)	女(%)
≥60岁总计	43.8	48.2	39.6	39.3	39.6	41.6	13.9	12.4	14.5	2.9	2.5	3.4
60~64岁	60.8	64.7	56.8	32.4	29.0	35.7	6.0	5.4	6.6	0.9	0.9	0.9
65~69岁	48.4	52.8	43.9	39.8	36.4	43.1	10.4	9.3	11.5	1.5	1.5	1.6
70~74岁	35.2	38.7	31.8	45.2	43.2	47.2	16.8	15.5	18.2	2.7	2.6	2.8
75~79岁	27.8	30.7	25.3	45.8	44.9	46.6	22.0	20.4	23.4	4.3	4.0	4.6
80~84岁	20.5	22.7	18.7	43.1	43.8	42.6	28.5	26.5	30.0	8.0	7.0	8.7
85~89岁	16.9	18.8	15.8	39.5	41.0	38.6	30.9	29.5	31.8	12.7	10.7	13.9
90~94岁	13.9	15.6	13.0	34.2	36.5	33.1	31.0	30.6	31.2	21.0	17.4	22.7
95~99岁	14.1	17.5	12.8	31.4	34.5	30.1	28.4	27.7	28.7	26.9	20.4	28.4
≥100岁	12.7	17.7	11.1	30.8	29.8	31.1	27.3	30.2	26.4	29.2	22.3	31.4

二是老年抚养比迅速增加。如图 13-1 所示，我国生育率呈现逐渐下降的趋势，家庭人口小型化，劳动力人口减少，老年抚养比逐渐增加。

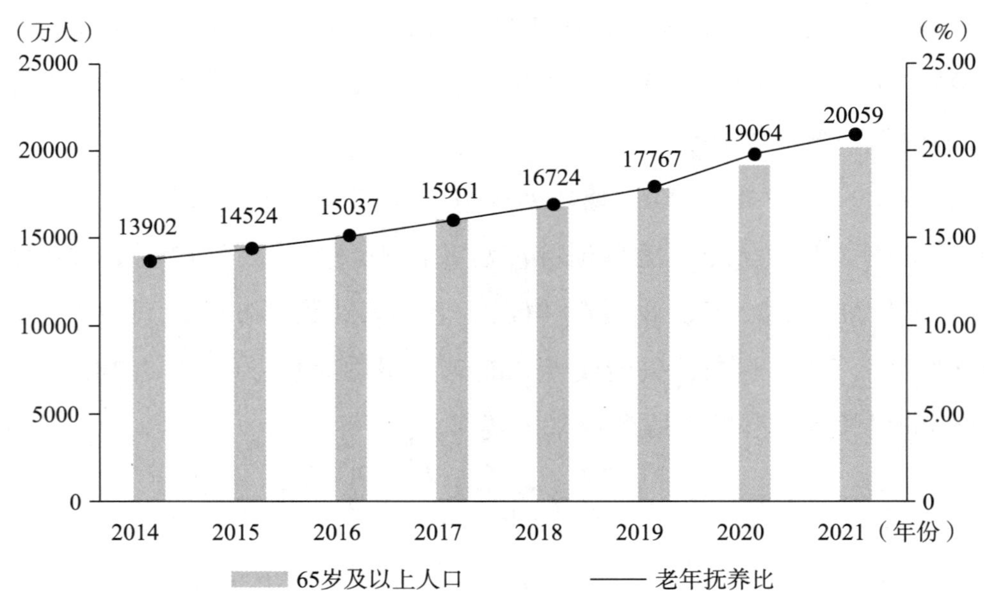

图 13-1　2014—2021 年中国老年人口数量及老年抚养比

2. 总体供给不足

以每千名 65 岁以上老年人拥有养老床位数来度量医养资源，据图 13-2 显示，2014—2021 年该指标在 40 张左右，与发达国家 50~70 张的数量还存在一定距离。

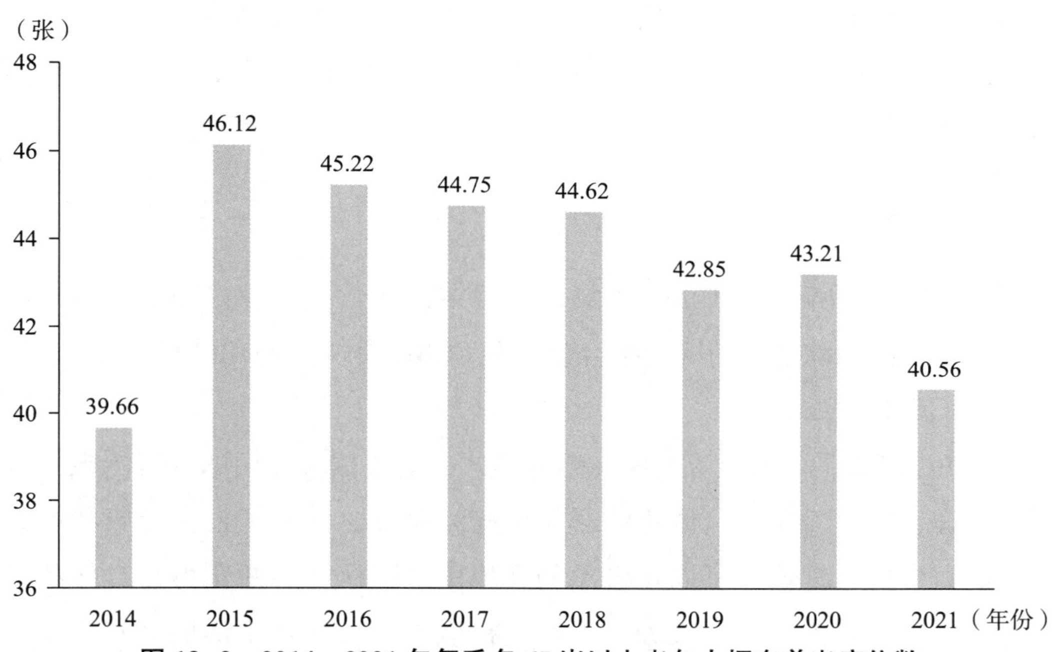

图 13-2　2014—2021 年每千名 65 岁以上老年人拥有养老床位数

3. 供需结构性错配

当前医养结合产业存在供需结构性错配的问题。以北京市为例，截至 2023 年 7 月，北京共有 571 家养老机构，11.2 万张养老床位。但床位入住率仅为 38%，“一床难求”与大量闲置并存。究其原因：一是部分医养结合养老机构定位不当。二是医养结合养老机构普遍存在运营成本较高、盈利能力受限、生存环境不容乐观的情况。基于此，当前我国医养结合产业发展处于起步阶段，需要从供给端发力，加大对医养结合养老机构的投资力度，满足需求缺口（贺强、王汀汀，2016）①。

① 贺强，王汀汀. 供给侧结构性改革的内涵与政策建议［J］. 价格理论与实践，2016（12）：13-16.

二、金融助力医养结合的国际经验

当前我国面临的人口老龄化问题十分突出，医养结合还需要更多金融工具的助力，在一些发达国家中，老龄化趋势出现相对更早，因此对于医养结合的模式和发展都有着相对完善的经验，本章主要对美国、日本和英国的医养结合模式的发展经验进行分析，以期为我国医养结合的相关机制设计提出政策建议。

（一）美国社区养老及融资体系

美国的社区养老主要依靠市场的资源维持运营，政府仅提供基本的养老服务。美国当前主要的医养结合模式有 CCRC 模式和 NORC 模式两种。

1. CCRC 模式

CCRC 模式是当前主流的医养结合模式，通过建设专门的社区为老年人提供自理、介助、介护一体化的居住设施和服务，使老年人在健康状况和自理能力变化时，依然可以在熟悉的环境中继续居住，并获得与身体状况相对应的照料服务。自理服务主要面向社区内能够独立生活的老年人，主要为这类老年人提供便民生活服务和组织精神娱乐活动。介助服务主要是面向日常生活中需要部分帮助的老年人，在满足日常生活服务外，提供日常生活照护和改善身体状况的活动，促进身体恢复。介护服务面向的是生活完全不能自理的老年人，社区对这类老年人提供健康状况监控和照护服务。

2. NORC 模式

NORC 模式是通过对社区进行适老化改造，利用现有资源，对老年人提供健康医疗、养老服务。NORC 社区最开始的定义是社区内 60 岁以上老年人口比例超过 50%，由于各地区之间人口年龄有所差异，因此对社区的界定条件也有所不同。

NORC 社区主要为老年人提供四种类型的服务：健康服务、教育娱乐服务、社工服务和老年人志愿服务。健康服务是对老年人的身体健康状况进行持续的监测，建立健康档案，及时进行疾病预防；教育娱乐服务是指为老年人提供包括各类教育娱乐活动，丰富精神生活；社工服务是指专业的社区工作者和志愿者为老年人提供必要的生活照料帮助和心理辅导；老年人志愿服务则是发动社区内相对健康的老年人，利用自己的技能参与社区建设，帮助社区其他老年人。

3. 美国医养结合模式的金融角色

目前 CCRC 模式的盈利来源主要为“入门费+年费+商业出租”的模式，只提供产品租赁权和老年人持续照料服务，不提供房屋的产权。而 NORC 模式不需要考虑医疗基础设施的建设，重点在于整合家庭、社区和社会资源，因此无须缴入门费。

从美国的经验来看，医养结合社区建设主要采用多元融资的方式来筹集资金，主要的投资主体有政府、私募基金、房地产信托投资基金等，其中房地产信托投资基金是目前最主要的融资来源。房地产信托投资基金面向全市场募集资金，再由专业机构开展医养结合社区的运营管理，运营收益按照比例分红给投资者，这样可以大大降低投资门槛，使得各种中小型企业也可以参与该行业，获得收益。

（二）从日本介护保险看商业保险的体系

日本的介护保险制度是日本开展医养结合的特色模式，是一种由政府强制施行的社会保障制度，主要以居家照护为主，辅之专业的养老机构的照护，会根据老年人的具体情况制定专门的养老方案，提供上门的照护服务。

1. 日本介护保险模式

日本政府于 2000 年 4 月开始引入介护保险制度，目的是将介护从传统的专门机构介护转向家庭介护。介护保险只有年龄超过 40 岁时才可以参保，65 岁及以上老年人均有资格享受护理服务，40~65 岁的参保人群，只有在罹患16种指定疾病时才有资格接受介护服务。

介护保险主要提供居家照护和居家护理两类服务，其中居家照护包括沐浴、看护、康复服务等13种服务；居家护理包括特别护理、保健设施和疗养型设施等3种服务。以居家照护为主，机构照护为辅，将老年人福利与医疗服务有机结合，实现有限资源的高效利用。

2. 介护保险服务标准的立法保障

为了保证介护保险的顺利实施，日本专门立法保障，主要包括三方面：一是在被保险人达到规定的年龄时，由政府指定的专门养老机构为其提供养老服务；二是专门制定了明确的介护服务标准和介护服务方案，满足不同人的差异化需求；三是针对希望继续居住在原生活环境的老年人，提供上门养老服务。

为保证介护服务等级评估的科学性和严谨性，介护保险制度制定了严格的认定标准，由专业介护服务调查员对申请人的身体健康状况进行评估，确定照护需求，初次评估结束后再由专业医疗保健团队进行二次判定，之后每半年进行一次介护评估，根据最新的评估结果提供新的方案，日本介护保险服务赔付情况见表13-2。

表13-2　日本介护保险服务赔付情况

服务种类	服务级别	月赔付标准（日元）	定义
支援	支援1级	5003	生活基本能自理，但需要家务援助
	支援2级	10473	即将进入护理1级，需要个别援助
护理	护理1级	16692	需要部分护理
	护理2级	19616	需要轻度护理
	护理3级	26931	需要中度护理
	护理4级	30806	需要重度护理
	护理5级	35065	需要最重度护理

数据来源：日本卫生、劳工与福利部。

（三）英国医养结合的经验

英国因人口老龄化问题在财政上面临“医养结合”投资缺口，因此于1990年颁布《全国健康服务与社区照顾法案》，逐渐由“机构照护”向“社区照护”模式转型，由此建立的“增强养老院健康”（Enhanced Health in Care Homes，EHCH）模式是对现有的医疗资源和养老资源进行整合，通过促成多方合作，整合服务提供者、服务合作、筹资支付机制和组织管理体系等。

1. 英国 EHCH 模式的特点

EHCH 模式首先是整合医养结合涉及的相关服务，组建了由家庭医生、护理人员、社会关怀等领域的专家组成的多学科团队，主要负责对社区内的老年人进行身体状况检测、医疗健康需求和个人偏好评估，对老年人制订专项保健计划等。EHCH 模式还对机构间的合作进行了重新梳理，实现老年人在养老院、护理院和医院之间的快速转诊。

在加强组织管理体系整合上，EHCH 模式制订了发展培养计划，提升护理人员的专业技能；还建立了完善的信息共享机制，既要求照护服务提供者对信息进行数据共享，医院等机构还可利用远程医疗技术，对养老院的工作提供技术支持。

2. 英国 EHCH 模式的筹资支付机制

EHCH 模式还有一大特点是建立了医疗服务二级购买的机制。第一级是由英国国民医疗服务体系（National Health Service，NHS）委托委员会向全科医生临床执业联盟（Clinical Commissioning Groups，CCGs）购买服务，同时制定所需的健康服务的标准和要求；第二级是 CCGs 向服务提供者购买具体的服务，包括养老服务和护理服务等。

三、金融视角助力我国医养结合发展的路径选择

（一）多元融资方式助力养老社区建设

医养结合的养老模式离不开财政投资，但仅单独依靠财政解决不了日

益加剧的养老服务缺口，因此可以学习美国的相关经验，开展多元融资方式，更多地利用房地产信托投资基金等金融工具，投资建设养老社区基础设施，既可以丰富养老社区建设的资金来源，还可以通过房地产信托投资基金使更多投资者分享运营收益。结合当前我国发展特点，作为当前医养结合养老社区建设的投资主体，地方债政府还可以利用政府专项债来进行融资建设，地方政府专项债券投资医养结合项目后产生的实际运营收益来覆盖专项债的本息和减轻政府投资项目的压力。

（二）服务需求和服务质量标准化，完善制度建设

医养结合养老模式一方面突出“医疗”，另一方面需要“养老”，因此两方面的服务还需明确制定相应的标准，从而提升服务质量。在这一角度可以学习英国 EHCH 模式和日本介护保险经验，立法规定相关保险条款中的养老服务标准，制定养老机构建设、运营、设备、服务人员标准，确定养老服务内容、经营管理的评价标准。我国可结合当前商业养老保险和医养结合社区产品的实际情况，确定相关行业标准制度，提升商业养老保险的吸引力，从而扩大医养结合养老产品的覆盖度，助力医养结合社区的可持续运营。

（三）完善医养结合投资渠道，助力机构运营

我国医养结合养老模式起步相对较晚，相关的基础设施建设、人才储备和技术储备还不完善，因此行业的进入门槛较高，当前更需政府加大早期医养结合社区建设的投资力度，将固定资产投资领域部分向医养结合领域倾斜，降低行业的发展成本，同时统筹全国资源，平衡地区间年龄结构和经济发展程度的差异。一方面需要充分发挥政府对相关产业的政策支持作用，提高医养结合项目的投资效率和投资回报，积极引入社会资本，包括相关投资的税收优惠政策和补贴政策。另一方面还需要增强多层次资本

市场的融资功能，扩大医养结合行业的直接融资和间接融资规模，培养医养结合养老模式的长期投资者，从而满足从投资者到医养结合服务接受者的全生命周期管理需求。

（裘道　叶静怡）

第四篇
人口老龄化对金融体系的影响

第十四章　人口老龄化对家庭资产配置的影响：一个文献综述

本章首先在介绍家庭资产配置决策的理论基础之上，厘清了老龄化与家庭的金融市场参与的相关研究。其次对约束条件、效用函数、信息效率等研究领域进行了综述，并介绍了投资组合的多样性和有效性。最后，基于以上梳理，总结了当前学术界的研究现状，并对未来可能的研究方向进行了探讨。

一、引言

人口老龄化是指随着新出生人口比率降低、预期寿命延长，老年人口占比不断增加的现象。国际上对人口老龄化的界定，主要有两个通行标准：一是联合国提出的“65 岁标准”——当一国（地区）65 岁及以上人口占比超过 7%，意味着其成为老龄化社会；若超过 14%，则进入深度老龄化社会；若超过 20%，则升级为超老龄化社会。二是维也纳老龄问题世界大会提出的“60 岁标准”——当一国（地区）60 岁及以上老年人口占比超过 10%，代表其进入老龄化社会。截至 2021 年末，我国 60 岁及以上老龄人口达到 2.67 亿，在全国总人口中占比达到 18.9%；65 岁及以上老龄人口也突破 2 亿，占比达到 14.2%，同时人均预期寿命达到 78.2 岁，这标志着我国正式迈入深度老龄化社会，也开启了长寿时代。

当前，我国人口老龄化所伴随的“未富先老”“未备先老”“未康先老”等问题越发突出，很可能对整个社会的养老金体系造成更大压力，在长期甚至改变经济体的宏观格局和市场运行。聚焦到微观家庭层面，随着养老的责任逐渐回归家庭，逐渐延长的预期寿命使得家庭需要积累更多财富，来应对更长期消费和未来的医疗支出。储蓄养老向财富养老转型的趋势进一步凸显了优化家庭金融资产配置的迫切性和必要性。然而调查结果显示，即使是对于大中城市的中产人群，将养老金储备、金融资产和第二套以上的房产全部用于养老的最理想状态，测算出的养老财富缺口仍有 10%左右[①]。由此可见，探究家庭如何合理、有效地配置资产来积极应对老龄化，对银发时代家庭金融风险的防范和化解具有重要意义。

那么，人口老龄化对家庭资产配置的决策及效率有什么影响呢？老龄化如何通过改变家庭的风险约束、效用函数及信息效率来影响家庭资产配置呢？如何让老龄家庭更好地参与金融市场，从而提升资产配置的有效性呢？这些重要的问题需要科学的理论研究和严谨的实证结果来回答。近些年来，许多国家开始建立关注中老年人健康、财务情况等方面的调查数据库，比如中国的健康与养老追踪调查、美国的健康与养老调查（HRS）等，使得越来越多关于老龄化与家庭金融资产配置的研究得以实现。

本章聚焦于人口老龄化对家庭资产配置的影响这一问题进行综述。从家庭的参与决策来看，人口老龄化首先会增加长寿风险和健康风险，改变家庭决策时的约束条件；其次，能够影响家庭的风险偏好，改变效用函数形态，导致家庭的投资风格更加保守；最后，还会从认知能力、金融素养和数字鸿沟这 3 个维度作用于家庭投资决策的信息效率。目前关于老龄化如何影响家庭投资组合的研究较少，已有文献大多支持老龄化对投资组合的多样性和有效性会产生负面影响。

本章的第一部分介绍了家庭资产配置决策的理论基础，第二部分重点分析了老龄化与家庭参与风险金融市场的决策，第三部分梳理了老龄化对家庭的投资组合多样性、有效性的影响，第四部分进行总结并提出了待深入研究的问题。

① 数据来源：2021 年友邦保险联合中国社会科学院世界社保研究中心（社会保障实验室）和腾讯新闻编制的《大中城市中产人群养老风险蓝皮书》。

二、家庭资产配置决策的理论基础

Markowitz① 基于完全市场和理性人的假设，提出传统投资组合理论，认为理性的投资者应根据自身的风险偏好，将一定比例的资产投资于风险金融市场，并通过分散化投资来降低资产组合的风险。具体而言，一个理性投资者应投资于有效前沿和无差异曲线的切点组合，这是最有效的投资组合。

然而，传统投资组合理论中关于完全市场和理性人的假设在现实中很难满足。家庭在决策过程中面临着市场摩擦、行为偏差等，因此家庭的资产配置决策可能呈现出与理论最优情况不相符的“非理性”异象。具体而言，部分家庭完全不配置任何风险金融资产；而参与风险金融市场的家庭，配置在风险金融资产的资金比例也远低于理论最优水平，表现为“有限参与”。此外，许多家庭在金融市场中投资的产品种类较为单一，投资组合的多样性较低，分散风险的程度有限，表现为投资组合“低分散化”。调查数据显示，我国家庭平均持有金融资产 2.066 种，平均持有风险金融资产的种类则更少，仅为 0.168 种②。由此可见，这两种“非理性”异象在我国家庭的资产配置行为中较为突出。

家庭金融主要研究的就是家庭投资错误的来源，以及如何降低投资错误对家庭的负向影响。Campbell③ 提出将家庭金融作为独立的、新的研究方向，讨论家庭如何构建投资组合以实现效用目标。他指出，即使资产的定价是有效的，投资错误也可能给家庭带来巨大的福利成本。根据研究方法和研究重点的不同，家庭金融的研究可以划分为规范主义和实证主义。

规范主义的研究主要是通过理论分析和构建模型，来研究家庭在理论

① Markowitz H. Portfolio selection [J]. The Journal of Finance, 1952, 7 (1): 77.

② 桂文林，陈东亨，董文晋. 人口老龄化与家庭金融资产配置——基于倾向得分匹配法的实证研究 [J]. 西北人口，2022，43 (3)：58-68.

③ Campbell J Y. Household finance [J]. The Journal of Finance, 2006, 61 (4): 1553-1604.

上的最优投资决策。Merton① 在连续时间框架下建立跨期消费和投资组合模型，是研究家庭金融决策的重要理论基础。生命周期假说（Life Cycle Hypothesis）假设每个家庭都是根据一生的预期收入来安排自己的消费和储蓄，以达到效用最大化的目标。在整个生命周期中，年轻时期的收入较低，消费可能大于收入，即举债消费；中年时期的收入增加，除消费以外的收入需要偿还青年时期的负债，并为老年时期积累财富；老年时期的收入因退休而下降，消费可能大于收入，需要靠中年时期的储蓄来满足消费需求（Modigliani et al.，2009）。此外，吴卫星等②基于资产配置视角构建了与传统投资组合理论兼容的通用框架，为研究不完全市场、非理性人条件下家庭金融决策的“非理性”行为提供了新的理论思路。

实证主义的研究聚焦于家庭在现实生活中的实际消费与投资决策，更多地将个体或家庭特征作为切入点进行分析，往往需要基于大规模、高质量的微观调查数据。在投资组合理论基础上，资本资产定价模型（Capital Asset Pricing Model，CAPM）研究了一般均衡框架下理性投资者在无风险资产和风险金融资产上的配置③。随着行为金融的兴起，众多学者对传统的投资组合理论提出挑战，开始放松模型假设，不断加入“非理性”的因素进行修正，如过度自信、从众效应等主观偏差。行为资本资产定价模型（Behavioral Capital Asset Pricing Model，BAPM）认为非理性的投资者由于无法获得充分信息，从而导致认知和行为上的偏差，成为噪声交易者④。而后更多学者提出了修正的理论形式，包括建立心理账户等，将心理学中投资者行为的决定因素加入考虑，深入探究了理论与实际存在差异的原因。

---

① Merton R C. Optimum consumption and portfolio rules in a continuous-time model [J]. Journal of Economic Theory，1971，3 (4)：373-413.

② 吴卫星，王治政，吴锟. 家庭金融研究综述——基于资产配置视角 [J]. 科学决策，2015 (4)：69-94.

③ Sharpe W F. Capital asset prices：a theory of market equilibrium under conditions of risk [J]. The Journal of Finance，1964，19 (3)：425-442.

④ Shefrin H，Statman M. Behavioral capital asset pricing theory [J]. The Journal of Financial and Quantitative Analysis，1994，29 (3)：323.

基于规范主义的理论框架及实证主义的研究方法，现有文献主要聚焦于家庭在风险金融市场的参与决策以及投资组合的多样性和有效性。参与决策指的是家庭是否将资产配置于风险金融市场；投资组合的多样性指的是家庭是否构建多元化的投资组合以分散风险；投资组合的有效性指的是家庭在一定资金投入的情况下，通过构建最优投资组合获得最优资产回报的效果，关注单位风险所带来的超额收益。

三、老龄化与家庭的风险金融市场参与决策

根据生命周期模型，家庭的资产配置行为可以看作在一定约束条件下，以生命周期内效用最大化为目标的最优投资组合选择问题。因此，根据家庭做出财务决策的过程，可以从约束条件、效用函数、信息效率分别梳理老龄化对家庭风险金融市场参与决策的影响。

（一）约束条件

家庭所面对的风险，是家庭进行消费投资决策的一般约束条件。人口的老龄化会导致家庭面临更多风险，即改变家庭的风险约束。预期寿命的增加导致部分家庭面临长寿风险，退休储蓄充足性难以保障。衰老的过程往往伴随着健康风险的增加，意外冲击、医疗保健相关支出增加，劳动收入减少。二者均体现为老龄化所导致的风险增加，长寿风险关注财务资源的变化，而健康风险侧重健康状况的变化。为应对老龄化带来的长寿风险和健康风险，家庭会相应调整投资决策。

1. 长寿风险

长寿风险关注老年人的财富拥有量与不确定性生命周期内财富需求之间的缺口风险。家庭层面的长寿风险，指的是个体的实际寿命长于预期，在生命周期内的财富消耗超过财富积累的现象。根据生命周期假说，大多数个体在退休后的收入来源减少，而随着预期寿命的增长，退休后的生命周期延长，即消耗储蓄的阶段延长。实证结果表明，相比于平均寿命的家

庭而言，寿命排在前 1/3 的家庭所需的退休财富要多出 20%左右[①]。随着预期寿命的增长，当个体高估了自己的储备资产充足性、社会保障作用以及退休后继续工作的可能性，或者低估了退休后的支出和超支行为，就会面临养老储备不足的问题。

家庭可以通过调整投资决策，更多地参与风险金融市场来应对长寿风险。面临长寿风险的家庭，会在退休前显著增加风险金融资产的持有，但子女更多、医疗支出更多的家庭会更保守。2004—2014 年我国省际平衡面板数据表明，人均寿命越长，家庭越积极地参与市场，来为更长的生命周期积累财富[②]。也有学者将长寿风险作为环境变量，提出个体会根据预期生存概率来调整主观生存概率，从而提高风险金融资产持有的倾向及金额[③]。此外，为应对长寿风险，家庭还会调整消费计划，减少消费支出，将资金更多配置于高流动性、低风险的金融资产上。Tian 等[④]构建了一个退休个体的资产选择模型，发现当考虑了长寿风险时，个体资产选择的预防性储蓄动机更强，生活标准降低的风险更小。这可能会对家庭参与风险金融市场有挤出效应，但目前较少有文章基于此渠道提供实证证据。

2. 健康风险

健康风险也被称为健康冲击，取决于个体当前和未来预期的健康状况，且无法通过跨期配置来分散，对老年人而言是一种重要的背景风险。当成员健康状况恶化时，家庭会增加安全、高流动性资产的持有比例，增加预防性储蓄需求，减少风险性金融资产的持有比例，这种现象在中低收入家庭、农村家庭、有负债的家庭中更显著。此外，也有研究提出，家庭成员

---

① Bajtelsmit V L, Wang T. Household financial planning strategies for managing longevity risk [J]. Financial Planning Review, 2018, 1 (1-2): 1007.

② 邹小芃，杨芊芊，叶子涵. 长寿风险对股票市场参与影响的实证分析 [J]. 统计与决策, 2019, 35 (9): 159-163.

③ 朱文佩，林义. 长寿风险、主观生存概率与养老金融资产配置 [J]. 贵州财经大学学报, 2022 (4): 71-80.

④ Tian W, Zhu Z. A portfolio choice problem under risk capacity constraint [J]. Annals of Finance, 2022, 18 (3): 285-326.

的健康状况只会影响家庭资产组合中风险金融资产的占比，但对于家庭是否参与金融市场的决策并没有明显作用，也就是健康风险只会影响参与的深度，而不会影响参与的广度①。

一些学者通过构建模型作出了更加深入的解释。陈琪等②引入健康冲击来修正生命周期模型，发现健康风险随年龄的增长而增加，会提高居民的风险厌恶程度，降低家庭参与风险金融市场的概率。富茜楠等③构建CRRA效用函数模型，对健康冲击影响老年家庭资产配置决策进行仿真研究，发现老年家庭在遭受健康冲击后，预期未来消费不确定性变大，倾向于选择更加保守、安全的资产配置方案。

（二）效用函数

老龄化不仅会改变家庭的风险约束，还会改变居民的主观观念，从而影响家庭的效用函数。偏好反映了个人对取舍的评价，以效用函数来刻画和度量，是经济决策模型的核心基础。风险偏好，即承担风险的意愿，是老龄化影响家庭参与风险金融市场的重要途径。随着老龄化加深，家庭的风险规避程度也随之增加。当家庭成员中的老年人占比较高时，家庭的整体投资风格会更加保守。因此，老龄家庭对于银行储蓄等安全类的金融资产更加偏好，故而减少在风险金融资产上的配置，导致家庭的风险金融市场“有限参与”现象更加严重④。

一些学者尝试对此现象做出解释。Coile等⑤发现，随着年龄的增长，家

① 吴卫星，荣苹果，徐芊. 健康与家庭资产选择［J］. 经济研究，2011，46（S1）：43-54.

② 陈琪，刘卫. 居民资产选择与配置的机制研究——基于健康冲击的生命周期模型［J］. 商业时代，2014（26）：49-50.

③ 富茜楠，曲世友，田波平，等. 基于健康冲击视角的中国老年家庭金融资产决策研究［J］. 预测，2020，39（6）：83-89.

④ 陈丹妮. 人口老龄化对家庭金融资产配置的影响——基于CHFS家庭调查数据的研究［J］. 中央财经大学学报，2018（7）：40-50.

⑤ Coile C，Milligan K. How household portfolios evolve after retirement：the effect of aging and health shocks［J］. Review of Income and Wealth，2009，55（2）：226-248.

庭更加重视流动性或投资组合管理的容易程度，而不是风险金融资产可能获得的更高回报。Bonsang 等[①]进一步指出，这种年龄增加与风险态度的相关变化，可能在很大程度上归因于认知老化。值得注意的是，虽然根据调查问卷数据进行的研究能够识别老年人风险承担意愿的降低，但是个体随着年龄增长会积累投资经验，并提高风险承受能力。因此，老龄化对于家庭资产配置的影响可能呈现出的是风险承担意愿降低和投资经验积累共同作用的结果。此外，还有一些文献从遗赠动机、有形资产偏好等方面进行探索，但主要关注储蓄、房屋资产等影响家庭资产配置决策的间接因素，较少建立与老龄化相关的实证联系。

（三）信息效率

家庭能否做出“理性”的市场参与决策不仅取决于客观的约束条件、主观的风险态度，还在很大程度上取决于家庭能否有效利用所有可获得的信息做出决策。因此，家庭的信息效率对家庭的市场参与决策至关重要。信息效率的提升，会使家庭参与市场的成本下降，从而促进其更好地配置风险金融资产。信息效率可以进一步细分为认知能力、金融素养与数字鸿沟三个方面。

1. 认知能力

老龄化往往伴随着认知状况变差，认知衰退会通过信息处理和风险感知两个渠道对家庭风险金融市场的参与决策产生负向影响。

认知能力越差，处理信息的效率越低，家庭越难基于可获得的信息做出理性的财务决策。认知能力的提升可以降低个体投资于股票市场的信息成本，而认知能力的下降会对家庭金融市场参与产生负向影响。朱涛等[②]基

① Bonsang E, Dohmen T. Risk attitude and cognitive aging [J]. Journal of Economic Behavior & Organization, 2015, 112: 112-126.

② 朱涛，谢婷婷，王宇帆. 认知能力、社会互动与家庭金融资产配置研究 [J]. 财经论丛，2016 (11): 47-55.

于CHARLS提出了不同的观点，认为老年人内在的认知能力不会对家庭风险金融资产的持有产生显著影响，但该研究对认知能力的衡量仅包含计算能力和记忆能力，没有包含时间观念、识图画图等其他精神状态评分。还有学者利用户主、配偶、父母的受教育水平、社区公共活动场所情况两个工具变量来进一步解决认知能力的内生性问题，发现户主的认知能力越强，中老年家庭参与风险金融市场的概率越高，且在高收入、高学历、更健康的家庭中更显著①。

认知能力越差，风险感知能力越弱，家庭更难以通过合理规划储蓄目标来应对健康风险和长寿风险。值得注意的是，认知能力能够很大程度上决定财务责任承担者，而且财务责任人的认知出现衰退后仍会继续承担财务责任。事实上，患有轻度认知障碍的人通常不知道他们的财务技能正在恶化，这对家庭的风险感知能力和财务决策的理性程度非常不利。

2. 金融素养

金融素养包括个体的金融知识、行为、态度以及金融经验。现有研究普遍认为，金融素养对家庭在风险金融市场上的参与决策有积极作用。然而，我国家庭的金融素养整体来看处于较低水平，加上养老服务的金融普惠性较差，因此家庭的资产配置决策过于保守，风险金融资产的持有过少②。

在我国，缺乏金融素养的现象在老年人群中较为普遍，很大程度上对老龄家庭的投资决策效率产生负面影响。单从金融知识的角度来看，调查数据显示③，在我国各年龄段居民中，60岁以上老年人的金融知识水平整体而言最低。金融知识水平越高，家庭越可能主动规划养老。虽然老龄群体的金融知识对股市参与的正向促进作用远不如年轻群体明显，即老年人的

---

① 崔颖，刘宏．认知能力与中老年家庭金融资产配置［J］．南开经济研究，2019（1）：82-99.

② 朱文佩，林义．金融素养、金融普惠性与养老金融资产配置［J］．山西财经大学学报，2022，44（3）：43-57.

③ 数据来源：《2019年中国消费者金融素养调查报告》。

金融知识的边际效应较小，但是金融知识对于家庭能否合理地抵御风险而言仍至关重要。Shimizutani 聚焦 52 岁至 79 岁的中老年人，基于美国和日本两组样本的不同特征，验证了金融知识对中老年家庭持有债券和股票的概率有显著正向影响①。

3. 数字鸿沟

数字鸿沟指的是社会上不同人群在互联网的接入和使用上存在的明显差异。老年群体所面临的数字鸿沟会减少其获取理财信息、积累养老财富的途径，导致老年群体不能很好地利用网络信息和理财工具，产生"金融排斥"问题，显著抑制家庭参与风险金融市场。当家庭成员中的老龄比例较高时，数字金融对于家庭贫困脆弱性的缓解效应更弱，原因是老年人更容易被数字化信息和工具所排斥②。虽然数字普惠金融能够提高中年家庭参与风险金融市场的比例，但是对于老龄家庭的影响并不显著③。由此可见，数字鸿沟的存在使得老年人在互联网理财产品和服务快速发展的时代被推到了边缘的位置，难以通过数字化来优化资产配置决策。

四、老龄化与家庭的投资组合

（一）投资组合的多样性

传统投资组合理论指出，理性的投资者不仅应该主动参与风险金融市场，而且应根据自身风险承担能力和偏好来做出投资决策，并通过增加投资组合的多样性实现风险的充分分散。投资组合多样性较之已经成为我国家庭资产配置的突出问题。许多研究表明，我国居民家庭金融知识水平整

---

① Shimizutani S. Financial literacy of middle-aged and older individuals: comparison of Japan and the United States [J]. The Journal of the Economics of Ageing, 2020, 16: 100214.

② 张海洋，韩晓. 数字金融的减贫效应研究——基于贫困脆弱性视角 [J]. 金融评论，2021，13（6）：57-77.

③ 王露露. 数字普惠金融与居民风险市场参与——基于异质性视角的审视 [J]. 海南金融，2020（10）：15-24.

体偏低，家庭缺乏理财意识，难以理性权衡风险与收益，盲目追求高利润，因而过度偏好于投资股票市场。家庭投资组合缺乏多样性不利于家庭防范风险，导致家庭金融脆弱性增加，进而可能影响宏观金融稳定。

表14-1利用2019年中国家庭金融调查数据库（CHFS）的数据，统计了中国居民家庭持有风险金融资产的类别、数量。风险金融资产包括股票、债券、基金、外汇、金融理财产品、金融衍生品。从数据中可以看出，91.66%的家庭完全不参与风险金融市场；而参与风险金融市场的家庭中，72.58%的家庭仅持有单一种类的风险金融资产，持有三类及以上风险金融资产的家庭占比不足5%。由此可见中国居民家庭在风险金融市场的投资上存在“低分散化”问题。

表14-1　家庭参与的风险金融资产种类数

参与的风险金融资产种类数	0	1	2	3	4
家庭数量（个）	31755	2096	669	116	7
家庭占比（%）	91.66	6.05	1.93	0.33	0.02
参与风险金融市场的家庭占比（%）	—	72.58	23.16	4.02	0.24

数据来源：2019年中国家庭金融调查数据库（CHFS）。

家庭投资组合多样性是家庭金融领域的重点研究话题，然而目前研究老龄化对投资组合多样性影响的文献相对较少。从投资组合多样化的度量指标来看，有少部分学者直接采用金融资产种数来衡量投资组合的多样性，更多学者进一步考虑资产占比来构建多样性指数进行度量，也有学者综合使用两种指标来保证结论的稳健性。

现有文献主要从家庭财富的生命周期特征和金融素养的角度探究老龄化对家庭投资组合多样性的影响。Roche等①基于生命周期假说提出，青年

① Roche H, Tompaidis S, Yang C. Why does junior put all his eggs in one basket? a potential rational explanation for holding concentrated portfolios [J]. Journal of Financial Economics, 2013, 109 (3): 775-796.

时期的金融财富相对较少，投资组合中仅包含少数资产，因此多样性较差；随着年龄增长，金融财富增加，剩余劳动收入减少，越来越多的资产被合理地纳入投资组合，风险的分散程度也随之提升。沈淘淘等①利用2015年CHFS调查数据，发现投资组合多样性与年龄呈现倒U型关系，验证了生命周期的时变特征。金融素养较差也是老龄化降低投资组合多样性的重要影响因素。Fong等②基于新加坡的老龄家庭数据，发现大多数受访者了解复利和通货膨胀，但是了解风险分散的样本不到一半，这使他们的投资组合多样性更差。

（二）投资组合的有效性

早期的一些研究基于参与决策和投资组合中的资产多元化程度，来间接衡量家庭投资组合的有效性。但是，随着研究方法的不断完善，越来越多的学者发现股票市场的参与和资产多元化程度并不能完全评价家庭投资组合的有效性。Sharpe③ 提出夏普比率，综合考虑了投资组合的收益率和风险，后广泛应用于基金的绩效评价。Gourieroux等④验证了夏普比率与期望效用的相关性，说明夏普比率能够反映投资组合的有效性。Grinblatt等⑤在研究芬兰家庭时也使用夏普比率来度量投资组合的有效性，发现高智商投资者对股市的参与倾向更高，资产配置的有效性也更高。近年来，受国外研究方法的启发，国内学者也逐渐开始采用夏普比率作为度量家庭资产配置有效性的指标。

---

① 沈淘淘，史桂芬．人口年龄结构、金融市场参与及家庭资产配置——基于CHFS数据的分析［J］．现代财经（天津财经大学学报），2020，40（5）：59-73.

② Fong J H，Koh B S K，Mitchell O S，et al. Financial literacy and financial decision-making at older ages［J］. Pacific-Basin Finance Journal，2021，65：101481.

③ Sharpe W F. Mutual fund performance［J］. The Journal of Business，1966，39（S1）：119.

④ Gourieroux C，Monfort A. The econometrics of efficient portfolios［J］. Journal of Empirical Finance，2005，12（1）：1-41.

⑤ Grinblatt M，Keloharju M，Linnainmaa J. IQ and stock market participation［J］. The Journal of Finance，2011，66（6）：2121-2164.

随着衡量资产配置有效性的指标更加科学、严谨，越来越多的研究开始关注家庭投资组合的有效性，并与老龄化建立起实证上的联系。但是目前直接研究年龄与家庭投资组合有效性关系的文章仍较少，而且相关研究的结论不一。一些研究认为，根据生命周期假说，随着年龄增长，年龄对家庭投资组合有效性的影响呈现出先正向后负向的倒 U 形，进一步还发现在 55~64 岁的年龄段，家庭资产中股票占比达到峰值①。也有研究指出，虽然家庭投资组合的有效性按户主年龄排序后呈现出先升后降的趋势，但并无显著区别②。

根据现有文献，老龄化主要通过影响家庭的风险偏好、信息效率来影响家庭资产配置的有效性。风险偏好方面，当其他个体面临较大的赡养负担时，会调整自己的风险偏好。对于老龄人口占比较高的家庭而言，由于老年抚养比更高，因此更不愿承担损失风险，更加追求投资组合的稳健性，降低了家庭资产配置的有效性。信息效率方面，智商高、经验丰富的投资者能够通过提升投资组合的多样化水平，从而获得更大的夏普比率。老龄化能够通过经验和认知这两个机制来影响家庭的信息效率——虽然老龄家庭的投资经验更多，信息效率可能更高，但当老龄群体的认知能力开始衰退，其信息效率就会下降，对投资的有效性产生负面影响。因此，人口老龄化通过信息效率影响投资组合有效性的机制尚不明确。

五、总结与展望

随着养老储蓄的责任逐渐回归家庭，居民家庭资产配置的有效性对于保障民生、增加家庭财产性收入、提高家庭福利而言越发重要。在中国社会老龄化程度不断加深的背景下，研究人口的老龄化如何影响家庭资产配

① 沈淘淘，史桂芬. 人口年龄结构、金融市场参与及家庭资产配置——基于 CHFS 数据的分析［J］. 现代财经（天津财经大学学报），2020，40（5）：59-73.

② 吴卫星，丘艳春，张琳琬. 中国居民家庭投资组合有效性：基于夏普率的研究［J］. 世界经济，2015，38（1）：154-172.

置，对积极应对老龄化具有重要的现实意义。本章基于国内外的相关文献，重点梳理了人口老龄化对家庭参与风险金融市场的决策以及投资组合的多样性、有效性的影响。

现有文献更多聚焦于家庭的风险金融市场参与决策。本章根据家庭做出财务决策的过程，从风险约束、效用函数、信息效率这 3 个角度重点分析了老龄化如何影响家庭的风险金融市场参与决策：第一，老龄化对风险约束的影响可以进一步划分为长寿风险和健康风险。长寿风险的增加对家庭参与风险金融市场主要表现为正向作用，而健康风险的增加则主要产生负向影响。第二，老龄化对效用函数的影响主要作用于风险偏好。老年人的风险态度更加保守，因此会降低风险金融市场参与的概率。第三，个体衰老会导致信息效率下降，主要表现为认知能力衰退、金融素养较差、数字鸿沟限制，对参与决策有负面影响。

此外，本章继续梳理了老龄化对家庭投资组合的影响。投资组合多样性方面，已有的文献大多基于生命周期假说发现，年龄与投资组合多样性之间呈现出倒 U 形的时变特征，而金融素养对于投资组合的分散化程度有促进作用。投资组合有效性方面，越来越多的研究采用夏普比率作为直接衡量有效性的指标。由于老龄化对家庭信息效率的影响取决于经验和认知两方面因素，因此对家庭投资组合有效性的作用方向尚不明确。

基于以上的文献梳理与总结概述，本章认为未来的研究可以从以下两个方面进一步深入：第一，目前有大量研究聚焦于老龄化对家庭参与风险金融市场的影响，而关注家庭投资组合多样性、投资组合有效性以及其他资产配置异象的研究较少，未来可以从实证的角度进一步丰富这些问题的研究。第二，许多国家都建立了翔实的老龄家庭调查数据库，更有来自南加州大学多恩西夫经济和社会研究中心的团队建立了网站，定期维护和对比全球各国老龄数据的覆盖范围、变量构建等维度，为比较各国的老龄化提供了参考依据[①]。但是，对于不同国家老龄化对家庭资产配置影响有何异同的研究较少，未来如能够丰富这方面的研究，将为中国如何借鉴他国经验，积极应对人口老龄化提供理论上和经验上的重要支持。

（王森　李成林）

① 美国国家老龄化研究所推出的 The Gateway to Global Aging Data（http：//gateway. usc. edu/）整合了多国的老年健康和养老追踪调查数据资源，并对各国调查数据所涉及的指标进行了横向对比。

第十五章　人口老龄化对货币政策有效性的影响机制研究

本章选取省级面板数据，通过高频方法识别外生货币政策冲击（mps），运用局部投影（LP）方法，从商业银行海外资产配置角度解释人口老龄化对货币政策有效性的影响。结果表明，人口老龄化背景下，国内储蓄上升、投资下降和自然利率下降，促使商业银行将多余储蓄配置到海外，削弱货币政策有效性。进一步，利用面板数据优势，本章将全国分为东部、中部和西部3个区域，进而分析不同区域人口老龄化对货币政策有效性影响的异质性。

一、人口老龄化对货币政策有效性影响的理论分析

人口老龄化影响居民储蓄和投资行为，以及自然利率，进而影响商业银行的海外资产配置策略。当中央银行未充分考虑此因素时，这种资产配置行为可能导致货币政策达不到预期的经济调控效果，从而削弱货币政策有效性。值得指出的是，尽管目前我国存在外汇管制，但党的二十大报告强调要坚持高水平对外开放。数据显示，近年来我国银行业的海外资产占比上升幅度较大，逐渐向发达国家水平靠拢，这一趋势表明，我国银行业正在逐步开放，为商业银行海外资产配置提供了可能。以下是对上述理论链条的具体分析。

（一）人口老龄化对储蓄的影响

老龄化对储蓄的影响。Dao 和 Jones（2018）认为老龄化从两方面影响储蓄，一是出生率下降导致的结构效应；二是预期寿命延长导致的行为效

应。结构效应方面，生命周期理论认为老年人口增加会消耗储蓄从而降低社会储蓄，但该理论有一定的局限性。首先，中国大部分父母希望将财富遗赠给子女，他们的储蓄倾向大于年轻人，因此老年人口的增多可能会使社会总储蓄上升。其次，传统的“养儿防老”观念代表部分父母生育子女是为保障自己的晚年生活，生育率下降后，该部分父母会增加储蓄作为子女的替代物，以此作为自己老年生活的保障。预期寿命方面，预期寿命延长导致每个年龄段的储蓄率更高。由于我国养老金融和社会保障体系发展尚不完善，医疗和养老压力随老龄化的加深不断加大，这种压力不仅体现在老年人口，还有年轻人口：一些年轻人出于赡养老人的责任，会增加储蓄，另一些思虑长远的年轻人会为了保障自己的老年生活而增加储蓄；老年人为了不给子女增加负担同时又能安享晚年，也会选择增加储蓄。综上所述，本章认为人口老龄化会增加我国储蓄。

（二）人口老龄化对投资的影响

人口老龄化对投资的影响从三方面考虑。首先，投资取决于资本回报率，资本回报率又取决于资本相对可获得性。人口老龄化的一个原因是出生率下降，这意味着劳动人口减少、资本劳动比上升，从而降低资本回报率；此外，人口老龄化国家的经济增长表现相对较低，而潜在增长率下降也会导致资本回报率下降，这两种情况共同导致私营部门投资下降。其次，老年人口边际消费倾向低于年轻人口，这导致老龄化社会需求不足，从而导致私营部门对投资变得非常谨慎。最后，老年人口风险厌恶程度大于年轻人口，其对新技术、新项目的接受能力低于年轻人，这也会降低私营部门投资。总体而言，人口老龄化会降低社会投资率。

（三）人口老龄化对自然利率的影响

人口老龄化对自然利率的影响。出生率的降低和预期寿命的延长均会对自然利率产生下降压力，具体分析如下：出生率下降导致资本劳动比率上升，这将使资本回报率下降，同时，预期寿命延长激励了储蓄的增加，从而促进资本积累，以上两方面共同降低了自然利率。

（四）人口老龄化对商业银行海外资产配置的影响

由前文分析可知，在人口老龄化背景下，商业银行面临的一个显著变化是居民储蓄增加与投资需求降低，这意味着银行吸收更多储蓄的同时，面对较低的客户投资需求。Obstfeld 和 Rogoff（1994）指出当一国储蓄大于投资时，该国投资不能全部吸收储蓄，出于主动或被动原因，该国要为多余的储蓄寻找出路，形成资本流出。这一理论同样适用于商业银行：当国内投资需求不足以吸收全部储蓄时，商业银行需寻找其他出路来配置这些多余的储蓄。与此同时，在国内自然利率降低的环境中，商业银行为追求更高的资产收益率，实现更好的资源配置，便会考虑将资产配置至海外，这种策略与熊琛和金昊（2023）提出的银行“走出去”的本质相吻合。

（五）商业银行海外资产配置对货币政策有效性的影响

根据上述讨论，我们可以看到，在人口老龄化的影响下，商业银行倾向于将资产配置到海外，以追求更高的资产收益率和更优的资源配置。若中央银行在制定货币政策时未充分考虑这一因素，则可能会导致实际投入国内经济的货币量低于中央银行的初衷。这种情况下，货币政策达到的实际经济调控效果便会低于预期，从而削弱货币政策有效性。为使上述分析逻辑更清晰、直观，图 15-1 绘制了该逻辑理论框架。

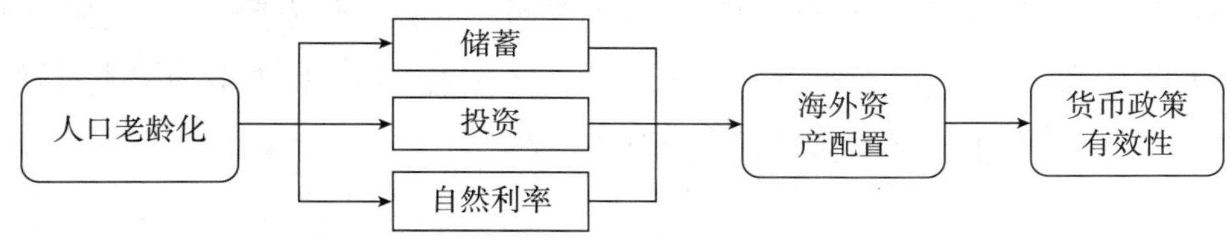

图 15-1　人口老龄化影响货币政策有效性的理论框架

二、人口老龄化对货币政策有效性影响的实证分析

（一）模型设定

老龄化是一个长期并且缓慢的过程，为分析人口老龄化对货币政策不同时期的影响，本章采用局部投影（LP）方法进行实证研究。在模型中我们引入货币政策冲击和人口老龄化的交乘项，通过其系数判断人口老龄化对货币政策效果的影响。参照Casiraghi等（2021）、张成思等（2022）实证模型设计思路，本章模型设计如下：

$$\Delta\lg[y_{s,\ t+i}] = \alpha_i u_t p_{s,\ t-1} + \beta_i p_{s,\ t-1} + \varphi_i Z_{s,\ t} + \gamma_{s,\ i} + \delta_{t,\ i} + v_{s,\ t+i} \tag{15-1}$$

式中，$\Delta\lg[y_{s,\ t+i}] = \lg[y_{s,\ t+i}] - \lg[y_{s,\ t}]$，计算脉冲响应的累积值以避免在回归分析中可能出现的符号不一致问题。易纲（2021）指出我国货币政策目标是币值稳定和经济增长，由于本章货币政策冲击由利率计算而得，利率主要通过影响投资调节经济增长，因此本章主要考虑对经济增长的影响。模型中s和t分别代表省（区、市）和时间，本章数据皆为季度数据。i为脉冲响应的预测期数，局部投影方法下，不同预测期$i=1$，2，…，8对应的因变量对自变量的回归系数为我们关注的脉冲响应值。u_t为外生货币政策冲击，$p_{s,\ t-1}$代表人口老龄化，$Z_{s,\ t}$为控制变量，$\gamma_{s,\ i}$为个体固定效应，$\delta_{t,\ i}$为时间固定效应，$v_{s,\ t+i}$为残差项。模型未包括货币政策冲击一项，因各省（区、市）面临的货币政策冲击一致，其已包含在时间固定效应一项中。

上述模型中我们感兴趣的系数为α_i，该系数反应一单位货币政策冲击发生时，因变量对其响应如何随人口老龄化的变化而变化。在本章货币政策冲击识别方法下，正向冲击代表紧缩货币政策，不考虑人口老龄化时，会减缓经济增长。因此，若α_i为正，代表老龄化对货币政策有效性是削弱的效果，反之，则表示增强货币政策有效性。

（二）数据选取和数据来源

新冠疫情等重大突发事件会影响国际资本流动，且该影响的短期效果

大于长期，为排除新冠疫情对商业银行海外资产配置的影响，并结合数据可得性，本章时间跨度为 2008 年第四季度到 2019 年第四季度。同时，受限于商业银行海外资产占比的可得性，为保证基础回归和机制检验回归样本的一致性，本章个体数据包括我国 22 个省、自治区和直辖市①。

1. 外生货币政策冲击测算

Miranda-Agrippino 和 Ricco（2021）指出目前对货币政策冲击的度量建立在完全信息假设下，这与现实不符。他们将货币政策冲击定义为政策工具的外生变化，是不可预测的，且不是由中央银行根据宏观经济预测做出的系统性反应。根据该思想，借鉴以往研究，本章采用高频识别方法测算我国货币政策外生冲击。具体分两步：第一步，通过货币政策公告得到原始冲击序列；第二步，将原始序列中自相关、私人信息和预期成分剔除，得到外生货币政策冲击，即本章所用货币政策代理指标。

首先，原始货币政策冲击（ε_t）计算公式如下。

$$\varepsilon_t = i_{t+1} - i_t \tag{15-2}$$

式中，i_{t+1} 为中央银行货币政策公告后一日的 1 年期利率互换，合约标的为 7 天银行间回购定盘利率（FR007-IRS），i_t 为货币政策公告当日的 FR007-IRS，数据来源为同花顺。由于 ε_t 为后日减当日，因此当 ε_t 为正时，代表紧缩货币政策，反之代表宽松货币政策。其中货币政策公告包括法定准备金率、贷款基准利率、贷款市场报价利率和货币政策执行报告。上述得到的是日度原始冲击序列，将之加总得到季度序列。

其次，外生货币政策冲击（mps）由原始货币冲击（ε_t）计算而得，计算公式如下。

$$\varepsilon_t = c_1 + \alpha_1 \varepsilon_{t-1} + \sum_{i=1}^{4} \beta_i F_{i,\ t-1} + \sum_{j=1}^{4} \gamma_j EIA_{t+j} + \sum_{j=1}^{4} \delta_j EI_{t+j} + u_t \tag{15-3}$$

① 22 个省、自治区和直辖市为：北京、天津、河北、辽宁、吉林、黑龙江、上海、江苏、浙江、安徽、福建、江西、山东、湖南、广东、广西、重庆、四川、贵州、云南、陕西、甘肃。

式中，ε_{t-1} 剔除原始冲击中的自相关部分，通过回归发现原始货币政策冲击序列仅和其滞后一阶相关。$F_{i,\ t-1}$ 剔除私人信息部分，用经济基本面指标的主成分代表。经济基本面指标选取同张成思等（2022），其中 CPI 非食品同比增速受限于数据可得性，外商直接投资同比增速和社会消费品零售总额同比增速由于 uniqueness 值大于 0.6，均未包括其中。最终，本章经济基本面指标包括 14 个①，数据来源于国家统计局、外汇管理局和东方财富网。EIA_{t+j} 和 EI_{t+j} 分别为工业增加值增长率预期和通货膨胀率预期，该两项剔除经济预期部分，数据来源于 Wind 数据库。最终得到的残差序列（u_t）为考虑不完全信息后的外生货币政策冲击。

2. 其他数据选取及来源

如前所述，因变量 $y_{s,\ t+i}$ 为 GDP。自变量中老龄化代理变量为老年人口抚养比（ord）。参照已有研究，本章选取因变量和财政支出同比增长率（ge）的二阶滞后作为控制变量。以上数据来源于国家统计局和中国人民银行，其中老年抚养比为年度数据，按照 linear-Match Last 方法转换成季度数据，需要季节处理的均经过季节处理，所有增长率变量均以百分比表示。为避免内生性，自变量和控制变量均滞后至少一期。

3. 描述性统计

表 15-1 为本章变量的描述性统计结果，除 lgGDP 单位为元外，其余变量单位均为百分比。由表可知，lgGDP 均值和中位数基本相同，标准差为 0.70，说明其波动较小。外生货币政策冲击均值为-0.02%，标准差为 0.15%，这表明平均而言，样本区间内我国实施宽松货币政策，且货币政策波动幅度不大。老年人口抚养比均值为 14.30%，可见从平均水平来看我国人口老龄化问题已非常严重，其对宏观经济的影响不容忽视。支出同比增

① 14 个经济基本面指标为：居民消费价格指数同比增速、工业增加值同比增速、进出口总额同比增速、进出口差额同比增速、进口总额同比增速、出口总额同比增速、M2 同比增速、金融机构各项贷款余额同比增速、国家财政收入同比增速、国家财政支出同比增速、社会融资规模同比增速、国债指数同比增速、上证指数同比增速、固定资产投资额同比增速。

长率均值为15.07%，说明各省（区、市）政府支出在不断增长，其标准差为28.44%，相对其他变量波动较大。总体来看各变量均值和中位数较接近，说明样本数据不受异常值影响。

表15-1　各变量统计特征

变量名称	样本容量	平均值	中位数	标准差	最小值	最大值
lgGDP/元	990	26.93	26.91	0.70	24.93	28.66
mps/%	990	-0.02	0.01	0.15	-0.44	0.43
ord/%	990	14.30	14.03	2.96	8.54	23.86
ge/%	990	15.07	14.29	28.44	-480.90	242.28

三、实证结果与稳健性检验

（一）实证结果分析

图15-2中，我们绘制了系数 α_i 在不同预测期 $i=1$，…，8的估计结果，之所以只分析到第8期，是因为货币政策调控通常只关注1~2年内的短期效果。为解决异方差、组内自相关和组间同期相关，我们采用可行广义最小二乘法进行回归。α_i 值在图中以实线表示，单位为百分比，阴影部分是95%的置信区间。

图15-2结果显示，在货币政策冲击发生后的第1~8期，所有货币政策和老年抚养比交互项系数均显著为正，由前文论述可知，这说明短期内老龄化将削弱货币政策有效性，这与前文理论分析结果一致。具体来看，t 期货币政策冲击发生后，α_i 在第 $t+1$ 期迅速上升到0.46%，在第 $t+2$ 期达到最大，为0.64%，随后有所回落，但均显著为正，可见老龄化对货币政策有效性的削弱效果在冲击发生后的第二个季度达到最大。值得注意的是，这里分析的并不是货币政策对GDP增长率的总影响，而是仅受老龄化影响的

部分。由于本章主要考查老龄化在货币政策调控效果中的作用，因此我们并不分析总影响。

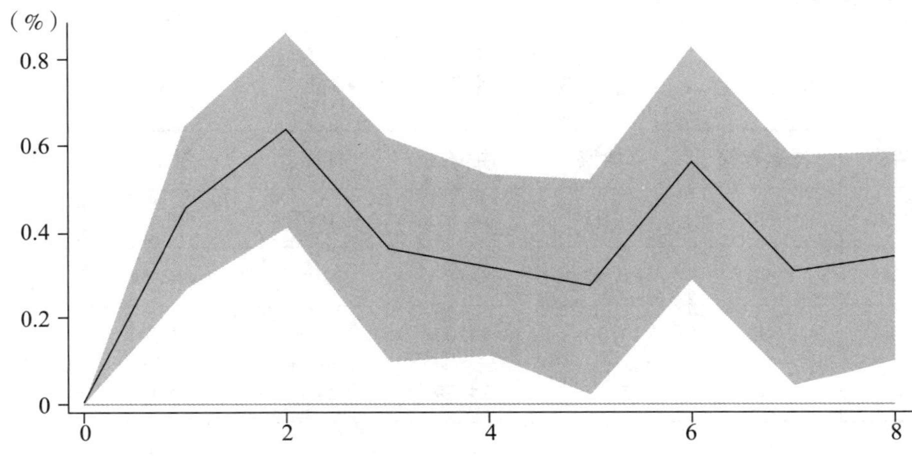

图 15-2　GDP 对货币政策和老年抚养比交互项的脉冲响应

注：实线代表货币政策冲击和老年抚养比交互项的系数，以百分比表示。阴影部分表示 95%的置信区间。因变量是对数水平。

（二）稳健性检验

本章模型稳健性可能受货币政策冲击识别方法及其他影响货币政策有效性指标的影响，因此，本章针对这两方面进行稳健性检验。

1. 改变货币政策冲击识别方法

我们采用 SVAR 模型识别货币政策冲击的外生部分。参照现有研究，本模型变量包括实际 GDP 同比增长率、GDP 平减指数和贷款利率，其中 GDP 相关数据来自国家统计局，贷款利率来自 IMF 的 International Financial Statistics 数据库。货币政策冲击通过施加乔利斯基约束（Cholesky Restrictions）识别，大部分学者认为货币政策对同期宏观变量没有影响，但宏观变量会影响同期货币政策，同时实际 GDP 增长率不受 GDP 平减指数影响，GDP 平减指数受实际 GDP 影响。因此，SVSR 模型中变量排序为：实际 GDP 同比增长率、GDP 平减指数和贷款利率。

图 15-3 为回归结果。由图可知，老龄化确实削弱了货币政策有效性。

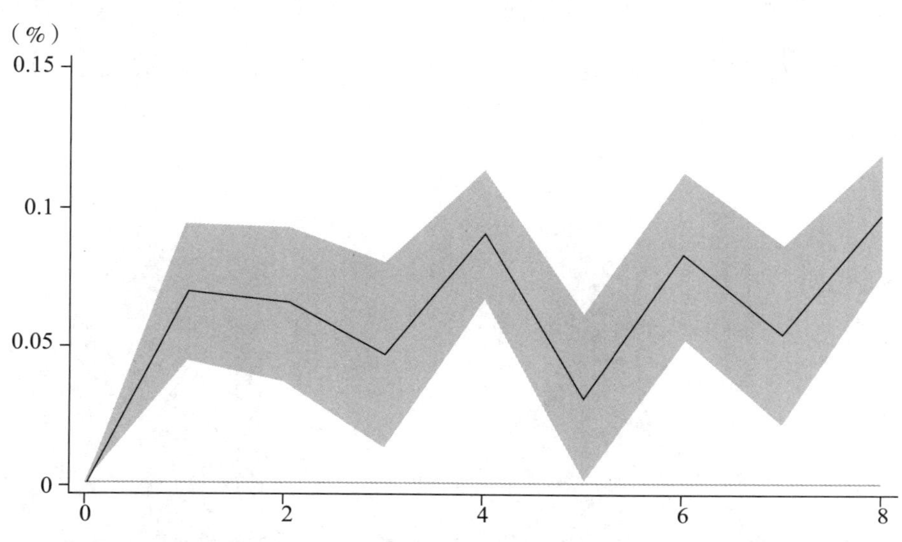

图 15-3　SVAR 识别方法下老龄化对货币政策有效性的影响

注：实线代表 SVAR 识别货币政策冲击和老年抚养比交互项的系数，以百分比表示。阴影部分表示 95%的置信区间。因变量是对数水平。

2. 改变控制变量

基准模型控制变量只考虑了因变量滞后项和财政政策对货币政策有效性的影响，还有其他因素未考虑其中。众多学者认为外部冲击会影响货币政策有效性，从而难以保证经济增长是单纯对货币政策冲击的响应，为解决外部冲击的影响，陈小亮等（2021）、刘哲希等（2022）选取剔除净出口的 GDP 作为被解释变量，邹瑾（2017）将对外贸易总额占 GDP 的比重纳入控制变量；方显仓和张卫峰（2019）通过控制私人信贷增长率以控制信贷市场对货币政策有效性的影响；此外，资本回报率通过影响实体经济投资意愿影响产出。综上所述，本章稳健性检验纳入私营部门信贷同比增长率（gc）、对外贸易总额同比增长率（gt）和资本回报率（re）作为控制变量。其中，私营部门信贷选取个人消费贷款（c）作为代理指标，资本回报率用规模以上工业企业利润总额（r）和固定资产净值（a）之比衡量。c 和 gt 来源于中国人民银行区域金融运行报告，r 和 a 来源于国家统计局。

回归结果如图 15-4 所示。由图可知，改变控制变量后，各期系数仍显著为正，且脉冲响应走势和基准回归一致，检验了前文老龄化削弱货币政策有效性的结论。

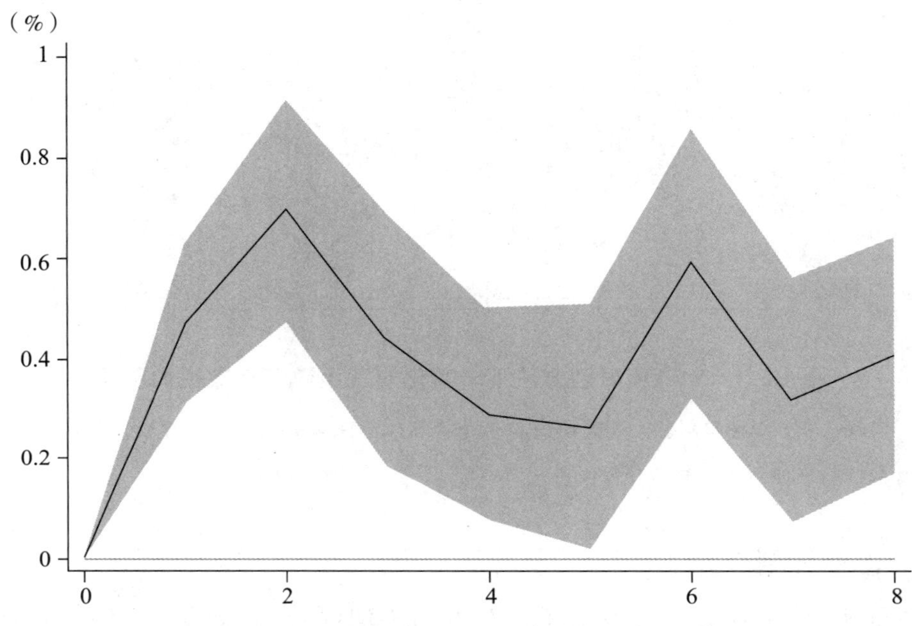

图 15-4　改变控制变量后老龄化对货币政策有效性的影响

注：实线代表货币政策冲击和老年抚养比交互项的系数，以百分比表示。阴影部分表示 95%的置信区间。因变量是对数水平。

四、机制检验与异质性分析

（一）老龄化削弱货币政策有效性的机制检验

1. 数据选取

鉴于基准回归结果的稳健性，现在我们分析老龄化削弱货币政策有效性的渠道，根据前文理论分析，我们从城市商业银行（以下简称城商行）海外资产配置角度切入。之所以选择城商行有三方面原因：第一，城商行在我国银行业中具有良好的发展前景。城商行作为中国现代银行体系的三大支柱之一，虽然其市场份额低于国有商业银行和股份制商业银行，但从图 15-5 可看出，2008 年以来，城商行的总资产、存款和贷款额占银行业金融机构的比例逐年上升，尤其贷款额比例在 2017 年后上升速度明显提高。第二，城商行对我国经济增长具有重要作用。中小企业是中国经济快速增长的主要引擎，是我国国民经济发展的重要组成部分。国家统计局在第四次全国经济普查系列报告中指出，2018 年末，我国中小微私营企业法人单位占全部规模企业法人单位的 99.8%，吸纳就业人员占全部企业就业人员的 79.4%。而城商行的政策定位是服务本地小企业，加之城商行由于地域优势，能更加便利地甄别中小企业的“软信息”。相反，国有银行的贷款仍集中在效率低下的国有企业。因此，在目前的发展阶段，我国银行业应该由小型区域性银行主导。第三，城商行作为研究样本利于省级数据的获得。本章采用省级面板数据，虽然城商行存在异地设立情况，但其实际经营的区域性非常明显。相对于国有银行和股份制商业银行，城商行的区域性利于我们获得省级数据。

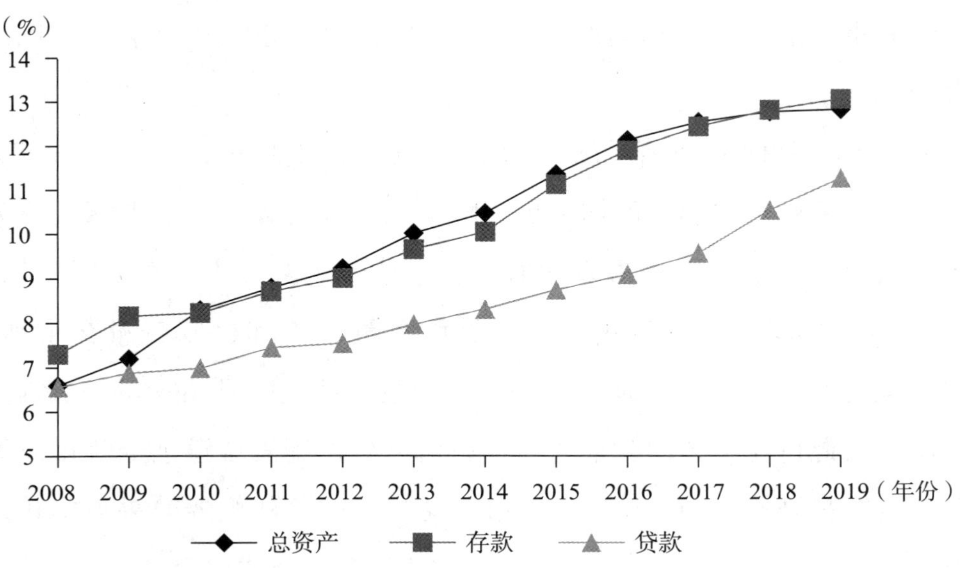

图 15-5　城商行总资产、存款和贷款占银行业金融机构比例

注：总资产数据来源于国家金融监督管理总局，存款和贷款数据来源于《中国金融年鉴》。

城商行海外资产占比的代理变量为海外资产和总资产的比值，数据来源于各城商行官网和中国货币网披露的年报和审计报告。国家金融监督管理总局显示，2019 年底我国共有 134 家城商行，由于部分未披露海外资产情况或披露时间较短，最终本章样本包括 39 家城商行，涵盖 22 个省（区、市），时间跨度从 2008 年第四季度到 2019 年第四季度。对于只披露年度报告的数据，我们通过 linear-Match Last 方法转换成季度数据。本章将各省（区、市）海外资产占比取均值得到国家层面的时间序列，又将各省（区、市）老年抚养比取均值得到全国老年抚养比的时间序列，经计算，二者相关系数为 0.72，表明老年抚养比和海外资产占比正相关，这印证了理论分析中老龄化导致城商行将资产配置到海外的观点。

2. 实证设计与实证结果

基于以上事实，本部分通过实证模型检验城商行海外资产配置是否为老龄化削弱货币政策有效性的机制。Alfaro 等（2021）在其模型中加入机制变量，通过比较加入机制变量后待估系数的变化，分析信贷供应冲击对宏观经济变量影响的传导机制。本章参照此方法，在基准模型自变量中加入货币政策冲击和海外资产占比（oa）交乘项，然后分析 α_i 变化，回归结果见表 15-2。

由表 15-2 可知，城商行海外资产占比增加 1 单位，GDP 增长率对 1 单位货币政策冲击的响应值均为正，除第二期外均显著，说明城商行海外资产占比的增加削弱了货币政策有效性。表 15-3 为基准模型回归结果，对比表 15-2 和表 15-3 发现，加入货币政策冲击和机制变量交乘项后，每期 α_i 均变小，第二年出现不显著或为负数的情况，且 mps×oa 系数越大，α_i 越小。由此可见，老龄化通过城商行海外资产配置渠道削弱货币政策有效性：当控制海外资产占比后，老龄化对货币政策的削弱效果被弱化甚至消失。

表 15-2 机制检验模型回归结果

	$i=1$	$i=2$	$i=3$	$i=4$	$i=5$	$i=6$	$i=7$	$i=8$
mps×ord	0.415*** (4.41)	0.567*** (5.12)	0.273** (2.14)	0.226** (2.14)	0.115 (0.94)	0.242* (1.83)	−0.100 (−0.86)	−0.181* (−1.65)
mps×oa	2.04** (2.56)	0.921 (0.76)	2.66** (2.44)	5.04*** (4.48)	5.89*** (4.55)	11.4*** (4.84)	24.2*** (12.06)	29.2*** (9.97)
控制变量	是	是	是	是	是	是	是	是
个体固定效应	是	是	是	是	是	是	是	是
时间固定效应	是	是	是	是	是	是	是	是
观测值个数	924	902	880	858	836	814	792	770
Prob>chi2	0.000	0.000	0.000	0.000	0.000	0.000	0.000	0.000

注：待估系数以百分比表示，括号中参数为 z 值。控制变量包括因变量和政府财政支出二阶滞后项。*、**、*** 分别表示在 10%、5%和 1%的显著性水平上显著。下同。

表 15-3 基准模型回归结果

	$i=1$	$i=2$	$i=3$	$i=4$	$i=5$	$i=6$	$i=7$	$i=8$
mps×ord	0.456*** (4.77)	0.635*** (5.52)	0.359*** (2.70)	0.321*** (3.00)	0.271** (2.14)	0.560*** (4.06)	0.308** (2.28)	0.341*** (2.80)
控制变量	是	是	是	是	是	是	是	是
个体固定效应	是	是	是	是	是	是	是	是
时间固定效应	是	是	是	是	是	是	是	是
观测数	924	902	880	858	836	814	792	770
Prob>chi2	0.000	0.000	0.000	0.000	0.000	0.000	0.000	0.000

为使回归结果更直观，图 15-6 绘制了基准模型和加入机制变量模型的回归结果。通过脉冲响应图可以清晰地看出，加入货币政策冲击和城商行海外资产占比交乘项后，α_i 变小，且从第二年开始变得不显著甚至为

负值。

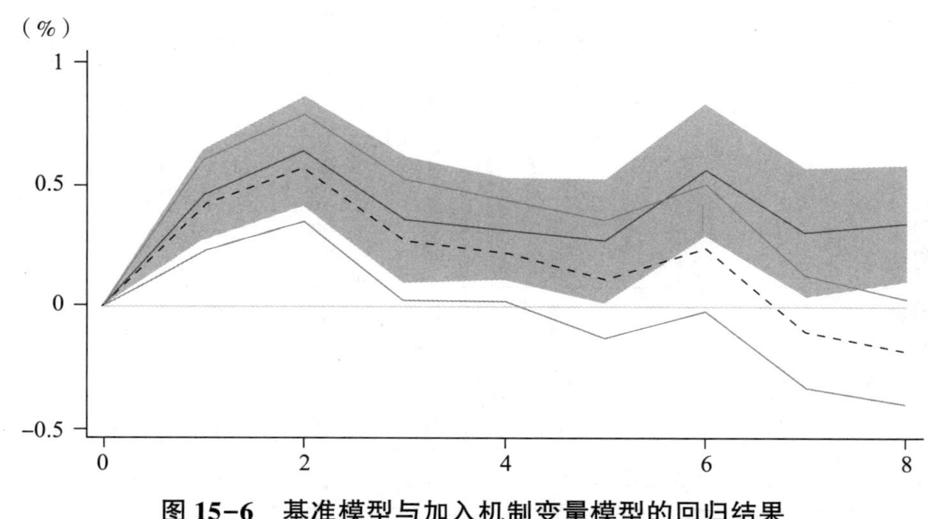

图 15-6　基准模型与加入机制变量模型的回归结果

注：黑色实线表示基准模型货币政策冲击和老年抚养比交乘项的系数（α_i），对应阴影部分为95%的置信区间；黑色虚线表示加入货币政策冲击和城商行海外资产占比交乘项后的 α_i，对应两条灰色实线为 95%的置信区间。数据均以百分比表示。

（二）异质性分析

不同省（区、市）经济发展水平、市场化程度和老龄化程度都有不同，这些差异可能影响老龄化对货币政策有效性的影响。本部分我们将 22 个省（区、市）分为东部、中部和西部三个区域，分析老龄化对货币政策有效性影响的区域异质性。

分别对上述 3 个区域进行基准模型回归，回归结果如图 15-7 所示。图 15-7 显示，中部地区货币政策效力只在冲击发生后的第一期被显著削弱，随后老龄化的削弱效果不断下降且不显著，尤其在冲击后的第二年，老龄化对货币政策的有效性几乎没有影响。东部地区老龄化只在冲击发生后的前两期削弱货币政策效力，随后几期系数虽然仍为正，但大部分不显著。西部地区老龄化对货币政策有效性的削弱效果比较显著，除在冲击发生后的第三期，其余货币政策和老年抚养比交乘项的系数均显著为正。同时，随着时间推移，交乘项系数呈上升趋势，这说明冲击发生后，老龄化对货币政策效力的削弱效果越来越大。在第 7 期，老龄化每增加 1 单位，GDP 增长率对 1 单位货币政策冲击的响应被削弱高达 1.29%。

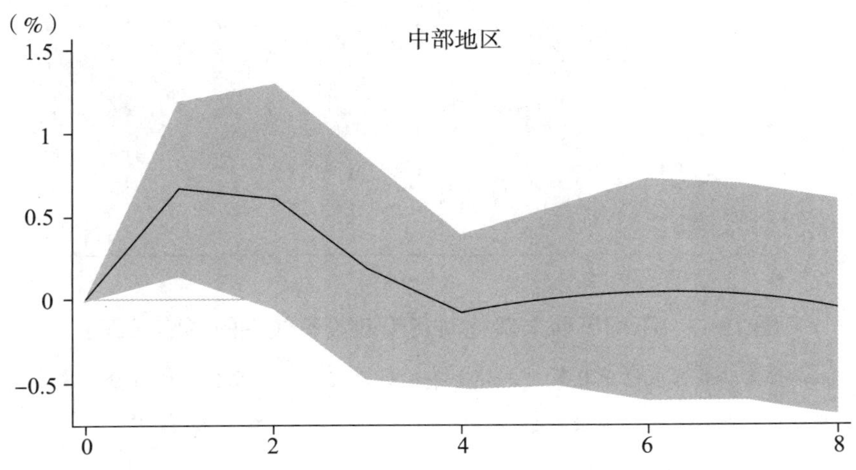

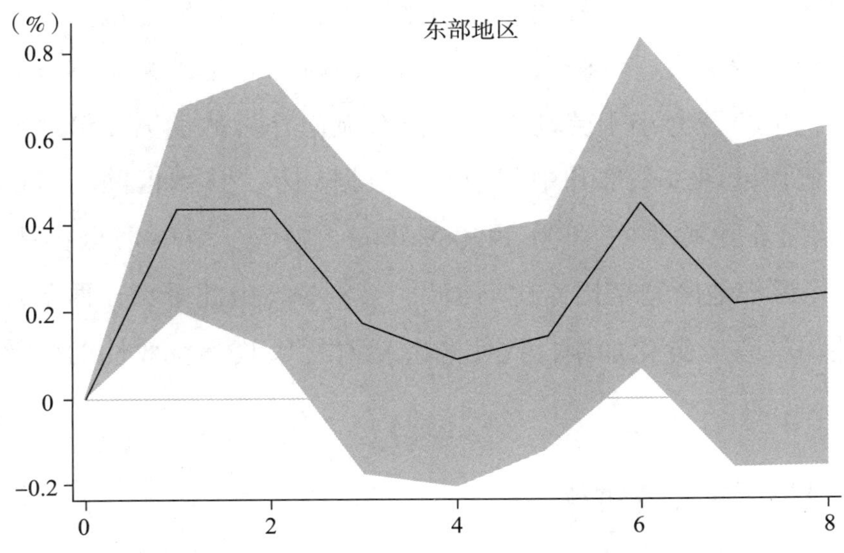

图 15-7　不同区域人口老龄化对货币政策有效性的影响

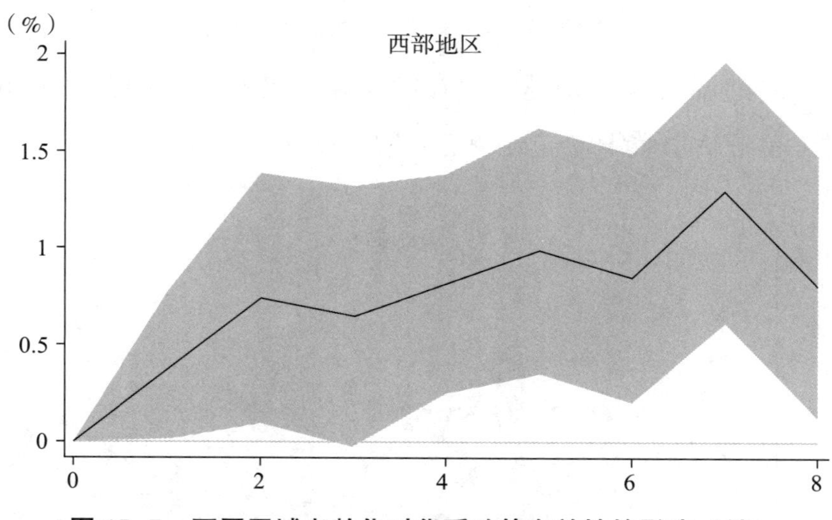

图 15-7　不同区域老龄化对货币政策有效性的影响（续）

注：以上三幅图实线代表货币政策冲击和老年抚养比交互项的系数，以百分比表示。阴影部分表示95%的置信区间。因变量是对数水平。

我国东部、中部、西部地区出现以上差异，是因为西部地区相较东部和中部地区经济发展水平较弱、市场化程度较低，年轻劳动力工资低于年龄较大劳动力的工资，年轻劳动力流出。同时，老年人大多不喜欢改变生活环境，且生存压力小于劳动人口，没有流向外省的动力，最终导致西部地区老龄化程度超过东部和中部地区。数据显示，样本区间内东部和中部地区老年抚养比均值分别为 14.06% 和 14.11%，均小于全国平均水平 14.3%，而西部地区老年抚养比均值为 14.88%。由此可见，西部地区年轻劳动力流出导致老龄化加剧，致使老龄化对货币政策有效性的削弱效果更显著。

五、结论与政策建议

通过理论和实证分析，本章得出如下结论。

第一，短期内，在货币政策冲击发生后的第 1~2 年，人口老龄化削弱了货币政策有效性。

第二，人口老龄化改变商业银行海外资产配置行为，进而影响货币政策有效性。首先，老龄化的结构效应和行为效应增加了我国储蓄；其次，老龄化导致的资本回报率下降、社会需求不足和较高的风险厌恶，降低了我国投资；最后，老龄化降低了我国自然利率。这三方面因素共同迫使商业银行将资产配置到海外。若央行在制定货币政策时未充分考虑这些问题，货币政策在实施过程中将达不到央行的预期效果，即有效性被削弱。该结论在实证模型中得到验证。

第三，人口老龄化对货币政策有效性的削弱效果存在区域异质性。通过本章异质性分析发现，西部地区老龄化对货币政策效力有削弱作用，且这种削弱效果随时间推移越来越强；东部和中部地区在货币政策冲击发生的极短期（1~2 季度）内有削弱效果，之后没有影响。

针对以上结论，本章提出以下几点政策建议。

第一，鼓励商业银行减少海外资产配置，降低人口老龄化对货币政策有效性的削弱效果。人口因素是解决老龄化削弱货币政策有效性的根源，但解决人口老龄化不是一朝一夕的事，因此，相关部门可另辟蹊径，鼓励商业银行缩减海外资产配置，防止更多资产流向海外。比如人口老龄化严重地区的相关部门可对将更多资金配置在当地发展的城商行给予奖励。

第二，银行业开放要稳步进行，要在开放的收益和成本中做好平衡。银行业开放后，商业银行将更多资产配置到海外，不仅如其他文献提到的会增加我国金融风险，也会降低我国货币政策有效性。虽然银行业开放是我国高水平开放的必由之路，但这个过程要有序进行，不宜脚步太快。

第三，西部地区更应重视人口老龄化对货币政策有效性的影响。西部地区人口老龄化对货币政策的削弱效果更明显，不仅要从人口和商业银行方面采取相关措施，也要发展经济、提高市场化水平，以提高年轻劳动力工资，从而减少年轻劳动力外流，以此缓解人口老龄化状况。

（于晓媛　热万·托合达尔　张威）